これからの質的研究法

15の事例にみる学校教育実践研究

秋田喜代美
藤江康彦 編著

東京図書

R〈日本複製権センター委託出版物〉
◎本書を無断で複写複製(コピー)することは、著作権法上の例外を除き、禁じられています。本書をコピーされる場合は、事前に日本複製権センター(電話:03-3401-2382)の許諾を受けてください。

まえがき

　本書は、大学や短期大学等で、学校教育に関する教育学や教育心理学等を学び、様々な教育実践についての研究方法として質的研究法を学ぼうとされている人、また実際にその質的研究法を使ってレポートや卒業論文、修士論文等を書こうとする人が、研究へのイメージを持ってすぐに使える本をと考え、作成したものです。と同時に、小中高等学校等の学校に勤務され、実際に教壇に立ち教育実践をすでに行っておられる方が、新たな着眼をもって実践を振り返りたいと考えられたり、あるいは教育委員会や教育研究所、教職大学院等で教育に関わる実践研究を行おうとされている方たちに向けた本でもあります。

　私ども編者2名は、2007年に東京図書から『事例から学ぶ　はじめての質的研究法』シリーズ全4巻の中で、『教育・学習編』の編集を担当し刊行いたしました。おかげさまで、同書は刊行から12年間に10版と版を重ね、数多くの方に活用していただいてきました。その12年間に生じた学校教育や授業のあり方の変化等にも対応でき、よりわかりやすい本を、また教育に関わる質的研究法のいろいろな方法や工夫も紹介できるように、これまでの質的研究法シリーズとの姉妹編として、独立した1冊の本を編集することとなりました。

　本書の特色は、大きくは3点あります。本全体が前著同様、理論編—事例編の2部構成となっています。理論編では基礎となる考え方を簡潔に説明し、事例編では読み手の方にとって学校教育のどの部分に関心をもっておられるのかという研究する人の関心や問いから始まり、それを具体的にどのようにすると学校教育に関わる質的研究にできるのかを、研究事例をその研究を実際に行った著者自身によってわかりやすく説明してもらうという形を取っています。理論編は編者2名での執筆ですが、前著と執筆担当内容を変えることで全く新たな内容となっています。質的研究の本の多くは、研究法のアプローチ名で章が立っています。これに対し本書の第1の特徴は、学校教育のどのような内容を

問いたいのかという視点から事例編を組み立て、「A. 授業」、「B. 単元やカリキュラム」、「C. 学級集団や小集団」という授業や教室の研究と、「D. 学校組織」、「E. 教師の仕事」という5本の関心の柱を立てた点です。「授業」では協働学習等の研究を中心にし、カリキュラムマネジメントや探究学習など1時間の授業だけではない視点を入れています。また前著ではなかった学校組織の研究やデジタルポートフォリオ等も射程に入れ、この間の教育改革の鍵となる概念や内容も含んでいます。私たちが執筆をお願いする時も「あの研究が面白い、これからの教育を拓くのに有効な視点なので章に入れよう」と先に研究内容ありきで編成しています。ですので、研究法のマニュアル的な構成とは方針を異にしています。そのため、事例編については読み手の関心に沿って、どこからでも読むことができ、特定の章だけを読むことも可能となっています。

　また、第2の特徴として、事例編の各章においても、研究全体の流れを最初に記すことで、研究の流れのイメージを持ち、そのステップに沿って研究方法を解説する形にしています。その内容にさらに関心がある方は、その執筆者が実際に発表した論文等の内容を読んでみれば、研究が進み完成するとこのような形式になるのだと、実際の論文とつなげてみていただけるようにもなっています。

　第3の特徴として、教職大学院や各都道府県等の教育センターなどで研究をする方も近年増えているので、各章の執筆者にも、学校教員で大学院に入った方の修士論文等も一部含んでいます。そして各執筆者に「研究法の心得」を自分の言葉で語っていただいています。その研究内容に関連して比較的手軽に読める書物も紹介されています。ですので、本書は入り口はやさしくても、研究の奥行きへもつなぐようにしています。質的研究法の本ですが、近年の学校教育研究の動向を知るのにゼミ等で読んで議論していただいたり、各章からさらにこんな研究もできるのではと着想を得て使っていただけるようにもなっています。執筆者の大半は30代、40代の力のある若手の研究者です。ぜひその勢いを感じとり、「こんな研究を私もやってみよう」と触発され、探究へのマインドセットをもって、本書を使っていただけるなら幸いです。

編者を代表して　秋田喜代美

目　次

まえがき　iii

第Ⅰ部　理論編
秋田喜代美、藤江康彦

1. 学校教育実践研究のための質的研究法
　　――質的研究とはなにか　　2
2. フィールドへの参加と倫理　　10
3. データの収集　　17
4. データの分析　　24
5. 研究成果を論文等にまとめる　　32
6. 学校や研究協力者への報告　　36

第Ⅱ部　研究事例編

●授業やカリキュラム、教室を探究する
A. 協働的な学習に焦点を当てて授業を研究する

第1章　小グループの談話とワークシート記述の質的分析
　　　　◉物語についての読みが協働によって深まる過程
　　　　　　　　　　　　　　　　濵田秀行　　42

第2章　数学の小グループの談話とノートに基づく記述分析
　　　　◉特定の生徒の授業における行動の意味
　　　　　　　　　　　　　　　　山路　茜　　58

第 3 章　協働的な話し合いを支援する教師の即興的思考の研究
　　　　●授業談話とインタビュー記録の分析によるリヴォイシング時の
　　　　　教師の思考の検討
　　　　　　　　　　　　　　　　　　　　　　　　　　一柳智紀　73

第 4 章　小グループ学習における示すことや注視の働きの研究
　　　　●社会科の小グループ学習の事例を行為に着目して分析する
　　　　　　　　　　　　　　　　　　　　　　　　　　古市直樹　89

B. 単元やカリキュラムを研究する

　第 5 章　長期的探究学習の評価と分析
　　　　●セルフナラティブや KPI 評価から捉える探究学習を中心に
　　　　　　　　　　　　　　　　　　　　　　　　　　坂本篤史　105

　第 6 章　デザイン研究による学校の持続的な改善
　　　　●子どもたちの学習過程の発話データや学習成果の記録を活用して
　　　　　　　　　　　　　　　　　　　　　　　　　　益川弘如　124

C. 学級集団、小集団の展開を研究する

　第 7 章　学級規範と集団の展開の談話研究
　　　　●違和感を出発点に、学級規範と授業観を問い直す
　　　　　　　　　　　　　　　　　　　　　　　　　　笹屋孝允　143

第8章　異質な集団との交流経験についての語りの分析
　　　　◉知的障害児との交流を行った健常児への
　　　　　再生刺激法インタビューをもとに

　　　　　　　　　　　　　　　　　　　　　　　　楠見友輔　159

●学校文化や教師の仕事を探究する──────────────
D. 学校組織を研究する

第9章　授業観察経験の比較文化研究
　　　　◉ベトナム人教師のナラティブ分析から

　　　　　　　　　　　　　　　　　　　　　　　　津久井純　176

第10章　学校改善に取り組む教職員組織を記述分析する
　　　　◉複線径路等至性アプローチを使った
　　　　　スクールミドル集団の分析を中心に

　　　　　　　　　　　　　　　　　　　　　　　　時任隼平　195

第11章　学校組織のアクション・リサーチ研究
　　　　◉高校における学校改革のアクション・リサーチを中心に

　　　　　　　　　　　　　　　　　　　　　　　　木村　優　208

第12章　保幼小連携の取り組みが移行期の子どもと
　　　　その保護者にもたらす効果
　　　　◉数量・質の混合アプローチから

　　　　　　　　　　　　　　　　　　　　　　　　一前春子　223

E. 教師の仕事を研究する

第 13 章　観察とインタビューの混合による教育実践の分析
　　　　　●教師の情動的支援に関する研究を例に

芦田祐佳　237

第 14 章　教師がミドルリーダーへと変容する過程
　　　　　● TEA(複線径路・等至性アプローチ)による、
　　　　　　研究主任の語りの分析

束原和郎　252

第 15 章　学校改革・学校づくりの経験をナラティブ探究で解明する
　　　　　● A小学校の学校づくりの事例を中心に

浅井幸子　273

あとがき　291
索引　　　292

装幀◎高橋 敦（LONGSCALE）

第 I 部
理論編

　理論編では、まず、質的研究の特徴について説明したうえで、教育実践研究における問いのあり方、教育実践研究における質的研究の意義を考えます。次いで、質的研究を進めるにあたっての倫理上の留意点について確認します。そのあと、質的研究の方法論として、調査方法と分析方法について概要を説明します。そして最後に、研究をまとめ、フィールドに対してフィードバックし、研究協力者と共有するための手続きや心構えを検討します。

1 学校教育実践研究のための質的研究法――質的研究とはなにか

　この章では、質的研究の基本的な考え方について説明します。そして、教育実践研究においてどのように問いを立てるのかを考え、教育実践研究における質的研究の意義について検討します。

質的研究の特徴

　質的研究とは、どのような研究のありかたなのでしょうか。質的研究は、単なるデータ分析の方法ではありません。デンジンとリンカン（2006）は質的研究を「一つの固有な研究領域」（デンジン＆リンカン，2006, p.2）であるとし、当面の定義として「観察者を世界の中に位置づける状況依存的な活動」（デンジン＆リンカン，2006, p.3）と述べています。観察者というのは研究をしようとする主体のことを指していますので、研究者自身が対象となる世界＝現場に飛び込んで対象と直接的に関わりながら、対象側の視点から行う研究調査といってよいでしょう。また、状況依存的というのは、フィールドの状況に応じて研究の方法や、ときには研究テーマも変わるという特徴があることを指しています。さらにデンジンらは、質的研究は「世界を可視化する解釈的で自然構成的な一連の実践からなる」（デンジン＆リンカン，2006, p.3）とし、質的研究者は「事物を自然の状態で研究し、人々が事物に付与する意味の観点から現象を理解ないし解釈しようとする」（デンジン＆リンカン，2006, p.3）者だと位置づけています。対象を加工したり実験的に操作したりするのではなく、その性質はそのままにした状況で研究していくこと、対象を人々がどのようにとらえ活動を位置づけていくのかということに着目をすることが示唆されます。

　このような質的研究の特徴として、大きく三つのことが挙げられます。

　質的研究の特徴の一つめは、文脈依存性です。研究者は、フィールドにおける実践の当事者である子どもや教師の行為を、当事者の視点から文脈に即して理解したり解釈します。しばしば、教育実践は「生き物である」とか「生ものである」といわれます。教育実践を構成している「ひと・もの・こと」の状態

は常に一定ではなく、時々刻々と変容しており、複雑に絡み合って実践を形づくっています。そういった変容可能性や不安定さ、複雑さをそのままに教育実践をとらえていくのが質的研究です。つまり、教育実践を要素に整理して、分解して因果をみる（例えば、個人の学習意欲の型と課題の提示方式との相関関係をとらえるなど）のではなく、不安定で複雑なものをそのまま取り出して、不安定さや複雑さをそのまま描き出すのです。そのため、量的研究のように大量の事例や人を研究対象とすることはできません。少数の事例と丁寧に向き合い、事実を丹念に記述・解釈し、ローカルセオリーの生成を志向するのが質的研究法であるといってよいでしょう。

　二つめは、研究者と研究対象との非独立性です。実践の「事実」や意味は、研究者からも実践者からも離れたところで客観的に存在するのではありません。「事実」や意味は研究者が研究対象と直接的間接的に関わり、自らの経験や価値観に基づくとらえ方を用いて、研究対象との間の具体的な関係性に基づいて構築されるとみなされます。その意味では研究者と研究対象とは相互作用的、相互依存的であるといってよいでしょう。例えば、ある学級を訪問し、騒然とした教室の様子を目の当たりにしたとき、我々はどのように感じるでしょうか。ある観察者は、子どもが活発に活動しているととらえるでしょう。別の観察者は、授業の崩壊であると評価するかもしれません。また、ある教科の内容をめぐって生成されている相互作用に対しては、子どもが教科内容をめぐって他者と展開する相互作用の過程であるととらえる観察者もいれば、そこに学級内の規範共有に向けた生徒と教師との交渉の過程をみいだす観察者もいるかもしれません。「事実」は社会的に構築されます。同じ実践に対してどのような意味が生成されるかは、一律に決まるわけではありません。観察者一人ひとりが、どのような価値観や経験をもっているのか、どのような研究上の問いを有しているのか、その現場の文脈をどのようなものとして理解し、当事者とどのような関係性を築いているのか、によって決まるのです。現場の文脈の理解や関係性の形成は、実践世界に身を置き、学級の文化や個人の行為の特徴を理解してこそ可能となります。関係性の形成は当事者との明示的暗黙的な相互作用の上で可能となるのです。その意味で、質的研究は研究者と研究対象とが不可分なものであることを前提として研究を進めていきます。

三つめは、記述と解釈の過程における反省性です。ここでいう反省とは「研究者としての自分が、ひとつの制度の中でどんな立場に置かれているか。そしてそこには、研究活動の歴史的な背景や、研究における個人的側面がどのように影響を及ぼしているか。これらの問題に注意を払うこと」（パーカー，2008, p.36）です。つまり、反省性とは、研究者が自身の立場や自分の立場が研究対象に及ぼす影響を批判的に振り返り、検討し、表明するというありようのことです。質的研究には客観的な基準がなく、対象の選択やデータの解釈など研究調査のあらゆる局面で研究者の主観が大きな影響を及ぼします。研究者は、自らの研究に明示的暗黙的に含まれている恣意性やとらわれを常に自覚し、問い直し、検討し修正していかなくてはなりません。研究の過程で常にふりかえりがなされるとともに、論文などの成果物にも反省性が織り込まれている必要があります。質的研究とは記述することですので、その記述の過程、記述の中にふりかえりが含まれている必要があるのです。

　質的研究において「記述」することは、研究のあらゆる局面でなされています。フィールドにおいて遭遇した、調査上の「出来事」はまずはフィールドノーツに記述されます。さらに調査後、フィールドノーツや映像記録、音声記録の文字化など基礎的な分析資料とする詳細な記録の作成において、基礎的な資料からのエピソードの抽出と再記述において、そして論文執筆に至るまで、繰り返し「記述」されます。その過程は、「記述」することによる、「事実」の再定式化とその意味解釈の過程でもあります。複数の可能な解釈から妥当な解釈を選択するという行為には、研究者自身が、研究対象である実践に対してどのように関与するか、その実践をどのようなものであるとみなすかといった実践への参与のありかたや位置取りと、その参与や位置取りについてのふりかえりや再検討などの省察が伴います。さらに、執筆された論文は、その論文の読者に対しても実践の理解や意味づけ、再解釈や確認を促します。すでによく知っていると思っていたさまざまな実践に対して新たな意味づけがなされたり、これまでの先入観が覆ることがあります。記述を通して、読者が実践の新たな側面や意味を発見するのだといってよいでしょう。このような反省性や発見性は、教育実践とはなにかを再検討する契機も含んでいます。

質的研究で探究する問い

　質的研究か量的研究かを問わず、どのような問いを立てるのかが研究の成否を左右します。研究の問い、すなわち研究設問とは、学術的に意義があることがまず前提です。他方で、研究設問は研究者の対象に関わる関心や、研究者自身がよって立つ社会文化的文脈にも左右されます。研究者の興味関心やフィールドでの経験、これまでの経験に基づく問いが学術的な問いに昇華するよう、常にその学術的意義について確認する必要があります。

(1) フィールドにおいて問いをたてる過程

　フィールドワークでは観察の過程で問いをたてることになります。フィールドにおいて問いを産出する過程について、本山（2004）は、「これは一体なんだろう」、「こんなことが本当にあるのか」と「とまどう」（思いこみが顕在化される）段階—「もしかしたらこういうことか」、「こういう意志や目的があるのか」と「推測する」（素朴な仮説が生成される）段階—「やはりそうだ」、「思ったのと違った」と「確認する」（自らの解釈を試してみる）段階—「これはこういうことだ」、「この現場では起こりうることだ」と「なじむ」（自らの解釈に確証を得る）段階、の循環のなかで、観察者の身体感覚として生じる違和感、気になることの結晶が、問いの原石になると指摘しています。

　とまどう ⇨ 推測する ⇨ 確認する ⇨ なじむ

図 1.1　フィールドにおいて問いを産出する過程
（本山，2004, p.86 をもとに作成）

　また、柴山（2006）は、参与観察の段階を時間の経過にそって「全体的観察期」（情報を網羅的に集めフィールドの全体像を把握する）—「焦点的観察期」（観察の焦点を決め特定の事象や対象について集中して観察する）—「選択的観察期」（初期の問いを概念的に明確な問いに組み替え、その新しい問いにそって観察する）としています。この過程は観察範囲が広いものから狭いものにな

るとともに、問いが荒削りのものからより精緻なものへ洗練されていくプロセスでもあります。

```
全体的観察期  ⇨  焦点的観察期  ⇨  選択的観察期
```

図 1.2　参与観察の段階（柴山, 2006, p.49-51 をもとに作成）

　このようにして、観察から問いをたて、それを研究に耐えうるものとして洗練させていくわけですが、観察者にしてみれば、これまで述べてきたような過程を経てやっとたどり着いた問いであるため、ともすると、誰も気づいていない、全く新しい問いであると思いこみがちです。しかし、導き出した問いが、本当に「これまでの理論で説明できないこと」なのかきちんと吟味していく必要があります。そのためには、先行研究や関連する理論や類似の事例にきちんと目を通し、学問の状況を把握しておく必要があります。文献から学んでいく過程もフィールドワークと同様に時間をかけるべきであるといえるでしょう。

(2) 先行研究に基づいて問いを吟味する過程

　フィールドにおいて問いを立てることとともに、先行研究から問いを吟味することが学術的意義のある問いを探究する上では必要になります。

　先行研究から問いを吟味することは、大きく二つの局面において行われます。まず、フィールドに入る前、あるいはフィールドワークの初期に、自らの問いを形づくったり、フィールドワークから導かれた問いを吟味したりすることです。フィールドに入る前に自らの問いをかたちづくるということは、どういうことなのでしょうか。質的研究法は、まだ明らかになっていないことを探索的に理解しようとしたり、人々がよく知っていると思っているものに対して別の見方を示したりするために用いられることが多いです。そうすると、すでに明らかになっていることやよく知られている事象について、扱っている先行研究を参照することは重視されないように思われるかもしれません。しかし、それはむしろ逆で、仮説検証というスタイルをとらないからこそ、その研究が学術

的、社会的に意義のあるものであることを示すためにも、その問いが問われるべきものであることを明確にしていく必要があります。そのために、例えば、これから対象にしようとする事象についてすでに明らかになっていることはなにか。それをめぐる研究にはどのようなものがあり、どのようなことが明らかになっているか。その分野ではどういったことが論点になっており、どのようなことが問題と認識されているのか。研究対象に関連する事象はどのような概念で説明されていて、その概念が背景としている理論にはどういったものがあるのか。研究対象を適切に説明するためにはどういった方法があるのか。こういったことは調査が始まる前には先行研究から検討していくしかありません。その際に留意したいのは、研究対象となる事象そのもの、研究対象を含む研究領域だけではなく、その対象を含む課題群についての研究や、社会や文化的な背景、その事象をめぐる課題などにも広く目を配るということです。研究者の個人的な関心や経験に基づく問いが、学術的にも社会的にもたしかに問うべきものであるということを示す上では重要な作業となります。

　また、フィールドから導かれた問いを吟味するとは、どういうことでしょうか。質的研究における問いは、フィールドにおいて形づくられ、吟味検討されて、焦点化されたり洗練されたりするということは先に説明したとおりです。フィールドワークが終わり、文字起こしなど記録の整理をしている過程でも、さらには論文としてまとめられている過程においても問いが吟味され、検討されます。なぜなら、質的研究の目的は出来事や経験を記述し、可能な限り説明することである（ウィリッグ，2003）ともいわれ、書くことによって質的研究は形をなすからです。言い方を変えれば、質的研究は、調査によってとらえたことを他者に伝えるための「成果としての記述」のみならず、フィールドにおける「ひと・もの・こと」が何であるのかを理解するために、その事柄の詳細を克明に記録すること、すなわち「わかるための記述」をおこなう営みであるといってもよいでしょう。また、現場の当事者の語りからはしばしば実践の抱える生々しい課題が引き出されます。観察から当該の実践における課題の構造を明らかにしたり、当該の事象が「課題」として語られることの背景にある現場の社会文化的文脈を明らかにするためには重要な情報です。ただし、そこから、現場の問題やひいては社会問題をあぶり出そうとして、実態の報告や問題

の告発にとどまったり、無批判に擁護にまわるなど、学術への貢献から離れていくことがありうる点にも留意が必要です。

フリック（2011）によれば、研究プロセスにおける研究設問は図1.3のような流れを経ます。図からもわかるように、研究の過程においては何度も研究設問の点検とふりかえりを行います。

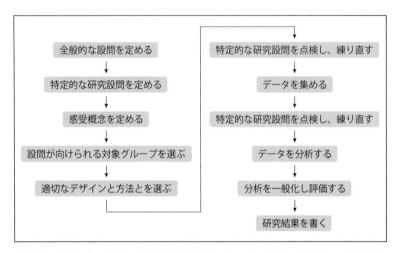

図1.3 　研究プロセスによる研究設問（フリック, 2011, p.118を一部改変）

このように、調査を行うことと不断に研究設問の問い直しを繰り返し行うことが、質的研究においては必要であるといってよいでしょう。

教育実践研究における質的研究の意義

質的研究は、教育実践研究においてどのような意義をもつのでしょうか。

まず、質的研究の意義の一つめは、教育実践に対する評価ではなく意味づけであるという点です。例えば、授業の研究の場合、授業における子どもや教師の発話や行為を対象として採取・記録し、その記録をもとに実践の状況を詳述したり、発話の文字起こしをしたりしてデータを整理します。その上でそのデータをもとに授業の分析を進めます。しかし、学校においては外部の人間から記録を採取され、その記録を文字化して保管されるということは、日常的にはほ

とんど行われません。記録をとられる側の当事者である子どもや教師の立場に立てば、その過程は自らの指導や行為に対する評価であるように経験されてしまいかねません。実際に、実践への質的研究に対する当事者からの抵抗や違和感が示されることがときにあります。しかし、質的研究が目指すのは当該の実践に対する価値づけではなく「意味づけ」です。善し悪しを決する価値づけが、当事者の外部にある基準に基づくのに対して、「意味づけ」は当事者にとってどういった意味があるのか、まさに当事者の側にある基準に基づいてなされるのです。そのことを意識し、明文化して当事者に伝えることで、当事者にとっても安心を感じることができますし、研究者側にとっても常に留意しつつ研究を進めることを可能にします。

　二つめは、仮説生成型だからこそ教育実践を深く理解できるということです。質的研究は、先に述べたように、観察したり、当事者の語りを聴いたりしながら、対象を記述することを通して、わからないことを理解していく過程です。教育実践における事象を、要素に分解せずに複雑なまま研究の対象としていきます。それゆえ、研究が終わったからといって対象の全容が明らかになるとは言い切れません。さらに、質的研究において対象となるのは、特定の実践の特定の時空間に限定された「事例」です。特定の事例から明らかになったことが、他の事例でもいえるかどうか、つまり一般化可能かどうかを検討するにはさらなる探究が必要です。しかし少なくとも一つの事例については当てはまるという点では、私たちの経験上は確からしさがあるということもできます。その意味で、質的研究における記述は、研究対象についての仮説的な説明であるともいえます。特定の対象ではあってもその対象を理解し、理解したことをより多くの人と共有できるように、また、他の事例においてもその説明が可能となるように、記述する過程においては、その実践を深く理解することとなります。仮説検証型の研究であれば、あらかじめ明らかになっていることを組み合わせて仮説を生成し、その仮説がどの状況にも当てはまることを量的に検証していきます。つまり、研究対象がどのようなものか、すでにある程度わかっている、というところから探究が始まるわけです。質的研究においてはその対象がわからないというところから探究が始まるので、わかっていくこと、すなわち理解すること自体が研究の主題になるのです。

2 フィールドへの参加と倫理

学校教育のフィールドに入るにあたっては、3点の大事なことがあります。

1　研究のフィールドとなる場（学校・学級等）を選び、関係性を形成する
2　フィールドに継続的に入るための具体的な時期や時間帯、期間を決める
3　研究協力者からの研究への同意を得る

場を選び、関係性を形成する

　学校は、子どもたちにとって学び育つ公の教育のための場です。先生方にとっては職場であり、研究対象のために設けられたフィールドではありません。その中で研究をさせていただくためには、問いを持って授業や学校の場に参加する時に、まずその学校や協力をいただく方に許可を得る必要があります。参加させていただく学校が母校であったり、大学のゼミの先生の紹介やインターンシップ等ですでに知己の関係にある場合もあれば、全く知らない場にお願いする時もあるでしょう。

　学校長や入れていただくクラスの担任の先生、所管の教育委員会に、研究の目的やねらい等、また期間やどのような形で研究をするのか、研究者本人と共に紹介教員や誰が責任を持って研究を行うのか等を記した文書を提出することが必要です。そして、そのためには事前にまずはアポイントを取って学校を訪問し、研究の概要をご説明して内諾を得ることが大事になります。前節でも述べているように、質的研究では文脈や関係性が研究の成否を決めるカギになります。なぜその学校やクラス、教師に依頼するのかといった文脈や状況が、研究のあり方を方向付けていくのが質的研究の大きな特徴です。それだけに入るフィールド選びは慎重に行うことが大事になります。

　ただし一方で、大学の教員等がフィールドを紹介しても、自分の理想の学校

やクラス、授業ではないからという理由で、他のフィールドをすぐに探そうとする人がいます。そのような青い鳥さがしでは、現実に即した研究はできません。どのような教室や学校にも、そこにしかない独自の魅力や可能性があります。それを記述するという意識をフィールドに入る時にもっておくことが出発点になります。しかしまた一方で、その学校や教室がどうしても好きになれないとか、参観していてつらいと感じるという場合、研究は長続きしません。ですので、まずは数回足を運んで、そこで自分はどのような可能性を見つけられそうかを考えることも、研究として継続的に入れていただく前に大事なのです。また一方で、関係性を深めるにしたがって、その面白さが見えてくることも多々あります。

そのために、ラポールと呼ばれる関係性の形成が大事になります。心理学の専門用語で「ラポールを形成する」とは、相互に信頼関係をもって意思疎通できる関係を創ることを意味します。もちろん、短期間でラポールが形成されるわけではありませんから、学校に入れていただく間での、誠実で真摯な態度が求められます。

参加する具体的な時期や時間帯、期間を決める

学校は、行事や定期試験等もあり、学校の年間のスケジュールの中で動いています。特に学年年度初めの時期は、先生方も入学・進学者への対応で学級づくりのために多忙であり、子ども達も落ち着いていません。ですから、そうした時に学外者が訪れ、フィールドに入ることは難しいといえます。また担任の授業を参観したいと思っていても、教育実習生の受け入れの時期などもあります。一方で学級や授業では1年間のどの時期に観察をするのか、どの単元を検討するのかなどが、研究内容に大きく関連する場合もあります。ですので、どのような問いをもっているからどの時期に研究をすることが必要なのかをよく判断し、その研究の意義も含めて説明をしてお願いをすることが必要になります。学期始めや学年始めから観察等行うことが意味ある場合には、前年度から関係性を築き、準備するなど長期的な計画が必要になります。

特にビデオやカメラ等での記録撮影をする場合には、最初からそれらの機器

を用いるではなく、まず生徒やその教室と研究者が、ラポールを形成することが必要になります。また、なぜビジュアルデータでなければならないのかを説明できるようにし（バンクス，2016）、使用する場合には、子どもたちに機材使用によって教育行為や学習の妨げにならないように、互いに慣れるための時間を見越して研究計画を立てることが必要になります。

研究協力者から研究への同意を得る

　研究を行うためには、どのような人でも研究倫理を遵守することが必要です。「研究倫理」というと難しく聞こえるかもしれません。人の道を守るために、まっとうな道理を守ることが倫理のもともとの意味で、研究のための礼儀作法と考えられるとよいと思います。研究される側の協力者の人権保護と同時に、研究する側の社会的責任と自覚、そして研究する側の人権を守ることも含まれます。倫理には以下のように3つの関心の局面があるといわれます（オルダーソン＆モロウ，2017）。

第1局面　良いことをすると気分がよい （受け手にとって良いことかを判断する）	善行と義務
第2局面　危害への配慮 （研究に協力するかどうかの判断は十分な情報に基づいて協力者が決定する）	尊重と権利
第3局面　慎重な信頼 （研究での危険性をどれだけ排除し協力者に利益があるかを判断する）	危害と利益の比較

　特に、学校教育の場を対象とする場合には、教育を受けている子どもたちはその場から逃れることができないので、その場での研究においては、上記3局面を慎重に考えることが大事になります。

　そして実際の手続きとして、まず大学の卒業論文等で研究をさせていただくためには、大学によっては学内の研究倫理審査委員会に研究計画を申請し、それが認められてからではないと研究が出来ないという体制を取っているところもあります。

また、教育に関する多くの学会が研究倫理綱領や研究倫理規程を有しています。それらは、インターネットでアクセスして会員でなくても読むことができますから、必ず一度目を通してみるとよいと思います。たとえば、一般社団法人日本教育学会倫理綱領、日本教育心理学会倫理綱領、日本教育社会学会倫理規定、日本発達心理学会倫理規定などはWEBですぐに見ることができます。

　特に、質的研究法を行う場合には、個人やクラス、学校の語りや相互作用のやりとりの様子や文脈を、丁寧に厚く記述することが研究の要になります。それだけに研究協力者のプライバシーの保護は重要な問題となります。

(1)　インフォームドコンセント（事前同意）

　学校に対してお願いをする際には、その教師や生徒が自らの意志で研究協力を途中で拒否したり中断できることを、事前に書面で説明をする必要があります。特に記録等において配慮すべき児童等があれば、学校にこうした点をあらかじめうかがうことも必要となります。また学校は公教育を行っている場ですので、学校や学級の状況により、一度研究の受け入れを認めた後でも、途中で中断や取り止めがあり得るということもよく理解していただき、研究を受け入れてもらう必要があります。

　最近では研究同意書をあらかじめもらうことを薦め、論文投稿などでは同意書を受領しているかを確認する学会もあります。ですので、この点も自分が何のためにどのような研究をしたいのかという状況に応じて調べておく必要があります。

　ただし、質的研究では、教育の場に入ってから、自分なりの問いが新たに生まれたり、時には当初の目的と問いを変えて、新たな視点から研究に取り組む方が、その場や文脈での研究として意味があると判断をして変更することもありえます。どうしても、最初の時点では比較的大きな問いを立てがちです。しかし、問いに変更等が生じた場合には、可能ならそのことを研究の途上で伝え、また最終的には問いがなぜどのように変化したのかという研究の目的を伝えて、成果と共に報告するという形が必要になります。

　そして、その際に何を記録したり何を資料として使用するのかも説明することが必要になります。教室での研究の場合には、表2.1のような記録を使用す

ることが多いので、その点も明確にしておきましょう。

表 2.1　授業研究データ（吉崎・村川, 2016　p.155 を基に筆者が一部加除）

①	直接的な行動観察のフィールドノーツや発話の記録（直接的観察）
②	IC レコーダー、DVD を利用した録音録画とその再生による記録（間接的観察）
③	自由記述のカードや用紙での記録
④	あらかじめ用意された用紙や用具の利用（テストや質問紙など）
⑤	作品、ノート、ワークシート、ポートフォリオなどの学習成果物
⑥	面接等でのインタビューとその記録

　特に難しいのは、外部からの人がフィールドに参加するというだけではなく、現職の先生が学級を担任している等の際に、その学級の様子を記録したり生徒の作品やワークシート等を用いて研究を行い論文等にまとめていくという場合です。校長先生や同僚、学級保護者への説明や同意の上に行うことが必要です。また教育実践と研究が同時進行で行われると、研究のために教育実践に歪みが出たり、特定の対象児童を決めることで児童生徒に対する公平性を損なう危険性などが生じたりすることがあります。これは望ましいことではありません。ですので、通常は実践が一段落ついた後、一定期間を空けて、収集したデータを実践とは分けて分析し、研究を整理しまとめるなどの配慮が必要になります。

(2)　情報の秘密保持

　外部からフィールドに入った人が研究を行うことで知り得たプライバシーを、他の人に語ってはならないことは言うまでもありません。その場で知り得たことを他者に話したことが研究協力者への誤解を生んだり、情報拡散の可能性も生じます。研究協力者の協力への感謝の上に研究が成り立っていることを十分に理解することで、秘密を保持することが必要になります。

　匿名性の原則は、事前同意事項であると同時に、データを保持する場合にも一般の人にわからないようにパスワードをかけて保持するなど、データの管理もまた重要になります。近年、特に記録収集したデータが流出しないよう管理すること、USB 等に複写しその記憶媒体を紛失したりしないように管理を厳重に行うことが必要になります。また研究終了後も、基本的には 10 年間はデータを保存することが学会等では一般的に義務付けられています。ただし、卒業

論文等で、そのデータを今後使用しないという場合には、流出しないよう学校や協力者に返却するなどされることが情報のセキュリティとしてよいでしょう。

(3) 研究成果の公開

　研究成果をどのような形でまとめて、どこに発表するのかは、論文ができてから報告すればよいのではなく、研究を始める際に研究協力者にあらかじめ説明をしておく必要があります。卒業論文や修士論文という大学内だけではなく、学会誌や学会発表等で一般公開される可能性があるかどうか、またその場合には別途報告するのかどうかなどを説明しておくとよいでしょう。

　また、収集したエピソード等の事例を発表することが、地域やその研究を行った人との関係から、学校や学級、子どもが同定されるような危険性も質的研究にはあります。その場合に、どのように個人のプライバシー情報を保護するのかを、先生や学校と相談をしておくのがよいといえます。

　インタビューした内容の文字記録やフィールド記録などは、可能であれば、ご協力くださっている先生にあらかじめ確認を頂いたり、記録した音声データなども渡して共有し、何を行っているのかを理解してもらうことで、協力が得られやすくなるといえます。それが、最後になって「こんなふうに書かれたりするとは思わなかった」、「こんなつもりで協力したのではない」といったトラブルにならないための事前予防になります。「研究に来て記録してもらったおかげで、自分では気づかなかったことに気づくことができた、記念になった」などと協力者にも思ってもらえるような関わりとは何かを考えること自体が、倫理的な行為であるといえます。

　さらに、研究を行う時には、誰が研究をする人なのか、誰が協力者なのか、誰が共同研究者なのかを、最初に明らかにしておくことが必要になります。協力いただく先生との共同研究として連名にするのか、協力をいただくことを謝辞等で記すのかもはじめに了解を得ておくとよいでしょう。また近年、卒業論文や修士論文で、学生が自分でデータを収集し執筆したのに、指導教員から「指導を受けたから共同研究である」、「研究室の器材や経費で研究をしたのだから共同研究にするように」、「事後に収集したデータを共同で使用させるように」

などと言われることがらのトラブルも生じています。共同研究なのかどうかなどの、著者に関するルールを明確にして研究を始めることは、研究をする人の権利を守ることにもつながります。当該論文について、指導教員や共同研究者がさらに詳しく分析を行うなどの場合には共著連名研究にすることもあります。常に関係した人との相互信頼と了解が、論文等発表の前提になります。

3 データの収集

本章では、教育実践の質的研究におけるデータ収集の方法について考えます。教育実践研究の中心的なフィールドである教室を念頭におき、そこで観察者としてどのようにふるまえばよいかについて考えたあと、映像記録の採取について考えます。さらに、質的研究において広くとられているインタビュー調査についても考えます。

教室への居方

教育実践研究において、教室は主たるフィールドとなります。教室において観察者は「壁の花」や「透明人間」にはなりきれません。観察者は、教室の中で教師や子どもに対してどのような位置取りをし、どのようにふるまうべきなのでしょうか。

フィールドワーカーの役割には、対象との関わり方や実施期間などによってさまざまなタイプがあります（図3.1）。

図3.1 フィールドワーカーの役割タイプ（佐藤，2006, p.164）

教育実践の現場において、外部の調査者として行うフィールドワークにおいて、「完全なる参加者」となることは基本的にはありません。とはいえ、「完全なる観察者」となることもあまり現実的ではありません。なぜなら、普段教室にはいない者、その学級の正式なメンバーではない者が教室に存在することは、その教室で日頃から生活をしている子どもや教師にとってみれば非日常であ

り、その存在を意識せざるを得ないからです。

　また、「参加者としての観察者」は面接や質問紙調査を実施する文脈を創るため、一度だけあるいは短期間の調査でフィールドを訪れるような場合を指します。そのように考えると、「観察者としての参加者」という身のおき方が、教室においてそこで営まれている実践をとらえる際の観察者の居方になります。

　「観察者としての参加者」は対象となる生活に入り込んでいき、対象者とのあいだに親しい関係性を築きます。「観察者としての参加者」という立場で行う観察は「参与観察」といってよいでしょう。参与観察とは「ドキュメント（文書、記録）の分析、インフォーマントとのインタビュー、直接的な参加と観察、そして省察を同時に組み合わせるフィールド方略」（Denzin, 1989, pp.157-158）であるといわれます。観察に限定されず、インタビューなど直接的に対象者と関わることも含まれています。フィールドの固有な状況における内部者やメンバーの視点に立つことをめざします。それゆえに参与観察においては、調査対象となるフィールドに対して、可能なかぎり「内側の視点を得ること」とともに「系統だったやり方でよそ者としての立場をとること」がより重要となる（フリック, 2011, p.278）ことが指摘されています。むしろ「プロのよそ者」（Ager, 1996）となることでフィールドの当事者である教師や子どもにとって日常的であたりまえのことがらの中に、そのフィールド固有の「ひと・もの・こと」を見いだすことができるのです。

　教育実践の場である教室をフィールドとした場合、観察に際してどういったことに注意すればよいのでしょうか。とりわけ、多くの場合に観察者にとって課題となる、子どもとの関係を中心に考えていきましょう。

　一つめは、基本的に、授業中やそのほかの活動中は子どもに話しかけないようにします。私たちが観察したいのは、子どもたちの自然な学習や生活の姿です。観察者が教室にいる時点ですでに「いつも通り」の教室でありません。その意味では参与観察自体が矛盾をはらんでいるともいえます。観察者がいることによる影響をできる限り抑え、観察者の行為が子どもの認識過程や関係性に影響を及ぼすことによる授業状況や学校生活への侵害は防ぐ必要があります。

　二つめは、ビデオカメラを持って教室を訪れると、子どもたちから「ビデオ

見せて、カメラ見せて」とせがまれることがあります。授業中は断固として拒否しなくてはなりません。場合によっては、不自然でも「無視」をすることが必要です。カメラを覗かせることは、観察者の存在によって子どもの学習活動を中断させてしまうことでもあるのです。子どもは、授業中は学習に専念しなくてはいけないということを十分に理解しています。「ダメなものはダメ」と毅然とした態度をとることは、決して恨まれることはありません。断ることを後ろめたく思うことは、ラポールの形成とは異なる行為です。むしろ、自らの観察者としての責任を放棄しているにも等しいと考えてください。謝ったり、子どもを説得する必要もありません。また、学校というところは、「公平」であることが重視されます。ある一人の子どもにカメラを覗かせることは、覗きたい子ども全員に覗かせることが前提となります。覗かせる子どもと覗かせない子どもを作り出すことは、結果的に、観察者への信頼を失わせることにつながるのです。

　三つめは、フィールドノーツも含め記録類は一切、子どもの目に触れさせないようにします。記録類は個人情報も含めたプライバシーの集積です。観察者にとっては単に授業の流れを書きとめただけのものであっても、子どもがどう受けとめるかは予想がつきません。筆記記録は観察者の主観によって記されますので、ある子どものある行為についての観察者のメモが当該の子どもにとっては全く意図しないものであった場合に、不用意に子どもを傷つけることにもなりかねません。また、筆記記録には教師の側の意図の解釈や事前にもたらされた授業に関する情報が書き込まれている場合もあります。子どもは、基本的には授業の展開を意識しているわけではありません。観察者がいわゆる教師の「手の内」をさらすことで、子どもの授業観が変わるとしたら、観察による教室状況の変容を引き起こすことにつながります。

　教育現場におけるフィールドワークでは、教師との関係づくりも調査としての成否に影響を与えます。調査対象者との関係づくりに関して、メリアム（2004）は、調査参加者の日常生活に自分を合わせ、彼らとの共通基盤をいくつか見出し、ときどき手助けをし、友好的にふるまい、活動に興味を示すことによってラポールを築きあげていくのであるとしています。実践者への敬意に基づき、責任ある倫理的ふるまいが求められるのはもちろんですが、教師の実践や信念

を共有し、時に責任のもてる範囲で業務の手助けをするなどの関係づくりも努めて行う必要があります。このように、観察者の立場について、研究方法上重要な課題であると自覚して、自らのふるまいを反省的に考えていくことが、参与観察においては重要です。

ＡＶ機器を用いて記録をとる

　現場での観察は一度しかできません。慣れないフィールドにおいて記録の厳密性を保障すること、分析段階においてよりデータに密着した分析を行うことに向けては、映像記録の採取が必須です。観察記録の採取は、できればビデオカメラを2セット用意して教室の前と後ろにそれぞれ1セットずつ設置することが望ましいでしょう。ビデオカメラには内蔵マイクがついていますので、映像・音声記録を採取することになります。研究の目的に応じて、別途、音声記録をICレコーダーによって採取することも検討してよいでしょう。授業中は、カメラの操作をしながらフィールドノーツをとり文字記録とします。授業が複数の時間にまたがるときには、教師の許可を得て、休み時間中もカメラを回し続けるとよいでしょう。授業とは異なる文脈における子どもたちの姿や関係性が休み時間にはあらわれます。

　ビデオカメラを操作する上で最低限留意すべきこととしては、次のことが指摘できます。

・発話者にレンズを向ける（場合によってはアップにする）。
・特定の相手に向けて発話している場合はその相手もできればとらえる。
・基本的には、学習者の様子がとらえられる位置にカメラをセットする。
・授業の流れをとらえ適切なところで教師にもカメラを向ける（主発問場面、場面転換のための働きかけ、教師のパフォーマンス場面など）。
・重要な板書場面や最終的な板書を撮影する。
・子どもが挙手をしたら、ズームをひいて誰が挙手をしたのか、クラス全体のどの程度の子どもが挙手をしたのか、わかるようにカメラを動かす。

　もし、複数台ビデオカメラを用いることができるのであれば、1台は三脚を

用いて固定するとよいでしょう。観察を進めるにつれて、注目したいことは変容することがあります。ビデオカメラは、基本的にはその時々で注目したいことに向けられますので、当初ビデオカメラで撮影していたことだけではなく、その周囲でなにが起こっていたのか、注目していた子どもの視線の先に何があったのか、など後から知りたいことがでてくることがあります。しかし、映像記録を撮り直すことはできません。そうであれば、例え注目児を設定していたとしても、映像記録は広角に撮り、できるだけ多くの情報をとらえていくことが後々活用しやすいものとなりえます。後で見返したとき必要な情報が撮影されていなければ、映像記録といえども役立ちません。文字記録と映像記録は、とるときの体の構えが根本的に異なります。撮影に当たっては、授業の状況に敏捷に反応することが特に必要になります。

観察という行為

　そもそも、質的研究における「観察」とはどのような行為なのでしょうか。観察者の認識の次元でいえば、単なる記録採取ではありません。見ているだけ、聞いているだけでは観察とはいえず、研究の問いにつながっていくような認識行為を伴っている必要があります。ただし、観察を始めればすぐになんらかの問いが生まれるわけではありません。それどころか、「現場で起こっていることを徹底的にみてやろう」と意気込んで実際に観察を始めてみても、初めのうちは、確かに「なじみのある」授業の風景だが「なにが起こっているのかが見えない」という感覚をもつことになると思います。これは、「出来事」と遭遇（本山，2004）しているかどうかという問題です。「出来事」との遭遇とは、「調査者が自らの体験を言語化することであり、現場での原初的な認識活動である」（本山，2004, p.85）のです。「出来事」とは、観察者が現場で得た体験の中で言語化する価値があると感じられたものであり、体験の言語化は、これまでの自分の認識をあらためて強く裏付ける体験や、その反対に覆すような体験に際して引き起こされます（本山，2004）。とりわけ、教育や学習の実践は、経験的に「よく知っている」と感じられてしまい、「出来事」として遭遇することが難しい場合があります。焦らずに「出来事」との遭遇を待つことが必要です。

インタビューを行う

　近年、教育実践研究においても当事者への聴きとり調査がおこなわれることが増えています。インタビューとは「インタビュアーとインタビュイーの間の相互行為（インター・アクション）のなかで知識が作られる営みであり、まなざし／見解の間で生じるもの（インター・ビュー）」（クヴァール，2016, p.1）であるといわれています。観察が対象者に対して間接的に関わることが比較的多いのに対して、インタビューは直接的な相互作用によってデータが収集される点が特徴です。インタビュアーの主導による目的的な言語的相互作用であり不均衡な力関係も伴います。そのため、インタビューにおいては観察と同じかそれ以上の倫理的配慮が求められます。具体的な倫理的事項については第Ⅰ部2節で取り上げられています。

　インタビューには、インタビュアーからインタビュイー（対象者）への質問のあり方に応じて、「構造化面接」、「半構造化面接」、「非構造化面接」の三つのタイプがあります。質的研究として行われるものの多くは「半構造化面接」です。「構造化面接」は、インタビュイーの応答も構造化されるという点で質問紙調査に近く、量的な処理もなされます。「半構造化面接」や「非構造化面接」は、ナラティブデータを採取することが目的です。語られた内容だけではなく、語り口や語りの様式なども含めて研究対象とするナラティブ分析や、語られた経験からボトムアップに理論を構築するグラウンデッド・セオリー・アプローチなどによって分析が進められます。対象者の経験についての個人的な意味が明らかになること、複雑な問題を探究することができるという利点があります。

　インタビューという状況について、ここでおさえておきたいのは、以下の点です。一つには、インタビューは社会文化的、身体的な行為であるということです。得られたデータの分析においては、語られたことばの意味だけではなく、どういう立場の人が、どういう文脈において、何をどのように語るか、語り口や声の大きさなど、非言語的行為も含めてとらえていく必要があるでしょう。

　二つには、インタビュー状況に対するメタ的な視点はあくまでも研究者の側にあるということです。研究者にはインタビューの「いま、ここ」の瞬間がどういう文脈であり、研究目的や研究の見通しにおいてどのように位置づくのか

が全部見えています。しかし対象者は、当事者として語りの「いま、ここ」を生きており、研究者の側の意図や目的にはアクセスができないのです。

　三つには、対象者との間にすでになんらかの関係性がある場合には、その影響にも留意する必要があります。研究者と対象者との間に権力関係が構築されうることは先に述べたとおりですが、日常の関係性が対象者の側に脅威や、遠慮、被評価への危惧、などを抱かせることが、語られる内容を左右します。また、研究者の側も、対象者のことを知っているということが、その対象者の語りに対する鋭敏さを妨げることになります。また、参与観察者としての立場をとる場合と同じように、対象者に対する批判的な視点が薄まり、フィールドにおいて共有されている視点を鵜呑みにしてしまう「ゴーイング・ネイティブ」(フリック，2011, p.278) の状態になってしまっていないかどうかについても、常に留意しておく必要があるでしょう。

4 データの分析

　分析は、研究目的や研究設問によって様々な形がとられます。具体的な分析の方法については、次章以降で扱うことになります。この章では、まず、データ収集が終わったあと分析に入る前までに行う準備について説明します。分析資料の作成について触れるとともに、質的分析を進めるにあたっての留意点について説明します。その上で、会話分析、談話分析、ナラティブ分析とコード化についてその概要を説明します。

データの整理

　フィールドワークにおいては、文字、映像、音声など多様な情報が収集されます。分析に入る前にそれらを整理するとともに、不足している情報については早めに入手します。

(1) 対象の属性や環境を明らかにする

　観察記録やインタビューの資料などをもとに、対象となる人々や場の性質を整理しておきます。学校の授業を例にすれば、①対象の基本属性（学年、人数、男女比、教師の年齢や教員歴など）、②フィールドの制度的環境（設置主体の教育方針、地域の環境、学校目標、学校の全体的雰囲気など）、③フィールドの活動環境（教室内の机や椅子の配置といった物理的環境、学級の集団としての規範や学級文化などの社会的文化的環境）、④当事者の意志や信念（教師が子どもをどうとらえているか、授業に対する信念、また子どもの教師観や学習観など）、です。

(2) 対象の活動に固有の特徴を明らかにする

　分析対象が授業である場合を例にとると、次の点を整理して、活動の構造を明らかにしておく必要があります。

　①時間数と各時間の内容（何時間分か、各時の内容や使用教材、主発問など）、

②単元のねらいや本時のねらい、③教科書、教材や教師独自の教具（授業で用いられた教科書、副読本や自作の教材、筆記用のノートなど）、を整理したり入手したりしておきます。

トランスクリプトの作成

　分析をはじめるにあたり、観察やインタビューによって得られた映像・音声記録、文字記録をもとに、分析資料を作成します。まずは記録されたデータをすべて文字化します。この作業はトランスクリプションとよばれ、文字化されたものはトランスクリプトとよばれます。トランスクリプトはどのような分析方法をとる場合にも必要になります。例えば、授業の分析であれば対象となるすべての授業において直接聞き取ったり、機材で記録できた限りですべての発話と、身体の動きや表情なども含めた非言語的行動を文字化することを目指します。そもそも、実践は一回性のものでありそのままでは再現が不可能です。質的研究の過程においては、再現不可能な実践を、ビデオカメラやICレコーダーなどで視覚的情報、聴覚的情報に変換して機械的に保存して繰り返し確認することを可能にします。さらに、記録として残された情報を文字化して、テキストとして他者と共有可能にすることを通して、学術の対象とすることを目指します。なお、トランスクリプトの作成にあたって、当事者の名前はプライバシー保護の観点から、すべて仮名に置き換えます。

　文字化は単なる機械的な作業ではありません。例えば、音声データを文字化する場合に語り手の発話がよく聞き取れないこともあります。何度も聞き返すことで、語り手の声や発音の癖に慣れ、なにを言っているのかが聞き分けられるようになります。しかしそのようにして聞き取った発話が、調査当時に語り手が語ったことばと同一であるという保証はどこにもありません。そこには、文字化した側の解釈が含まれている可能性があるからです。トランスクリプトに非言語的情報も含む場合はなおさらです。視線の向けられた先、表情、身体の動きなどについては、文字化する側が解釈して文字化するしかありません。映像記録が残っていれば、事後的に当事者に確認することも可能ですが、その本人も当時の状態を正確に再生できる保証はありません。トランスクリプトは

「事実」の完全な転写ではなく、新たな「事実」の生成であるといってよいかもしれません。

　そのように考えると、文字化の過程はすでに分析の過程であるといえるでしょう。映像記録を見返したり音声記録を聞き返したりすることを通して、現場でなにが起こっているのかについて、観察を通して調査者自身が経験してきたことを音声記録や映像記録によって確認したり欠落を補ったりします。そのことは、データ上での複数の解釈可能性からある解釈を選択することでもあり、その背後には観察者なりの分析の枠組みの構築過程があるのです。つまり、文字起こしをしながらすでに分析の枠組みや具体的なコードを考え、その妥当性について確認するということを同時に行っているといえるのです。

質的研究における分析のタイプ

(1) 談話分析、会話分析、ナラティブ分析

　談話分析、会話分析、ナラティブ分析は、現実に発せられた発話や語りを文脈から切り離すことなく、その全体性を保持しながら解釈し、状況を記述していくことを重視します。テキストの時間的・論理的構造を解釈の出発点に据え（フリック，2011）、発話や語りの内容だけではなく、それらが発せられ、特定の状況が作られる明示的暗黙的な手続き、言い換えればある発話行為が遂行される過程や秩序を微視的にとらえ、その意味を探究することを重視します。日常の具体的な状況において、実践がどのように生成されるかに関心がある場合にとられます。

　談話はある状況で「実際に使われる言語表現」であり、「何らかのまとまりのある意味を伝える言語行動の断片」（メイナード，1997, p.13）を指し、ナラティブとは「はじめ−中間−終わり」という構造をもつことばのまとまりのこと（能智，2015）を指しています。いずれも、ある程度の長さをもつことばをそのままとらえて分析対象としています。当事者による言語行為をそのままとらえ、言語的相互作用が文脈の制約を受けつつ文脈を作りだしていく様相、言語行為の制度性や局所性、いまここでの語りが示す対象者の生きる世界や経験、を探究するのです。「教育実践」が当事者の言語行為によってどのように成立

させられているのかに関心をもちます。

　分析においては、主に発話事例やエピソードとして基本的には発話や出来事が生起した順序に沿って解釈を進めていきます。とりわけ、複数の異なる立場の人びとからなる教育実践の現場においては、発話が同時多発的に生成される側面とともに、ある一定の秩序にとって順行性をもって生成される側面とがあります（藤江, 2001）。その両者を丁寧にみていくことを通して、学級や学校の文化や教室というローカルな場において、異なる他者間の対話によって構成される文化や社会、認知などを描いていくのです。

(2) コード化

　コード化とは、データのなかに繰り返しあらわれるものを見つけ、比較して、それを言い表す小見出しや要約を付す作業です。その小見出しや要約のことを「コード」といいます。コードを付すことで、データが分類されていき、データ全体を研究者の視野内に収めることができます（関口, 2013）。また、データを分類する際に作られた比較的抽象度の高い概念を「カテゴリー」といいます。カテゴリーは、研究対象となる当事者や実践の世界の枠組みを反映しているものであると考えてよいでしょう。

　コード化はあらゆる種類の質的データに用いることができます。近年開発が進みつつある分析用のソフトウェアの多くも、コード化の手続きを含んでいます。他方で、会話分析のように、特定の形のトークの組織化のような、形式的な構造の解明が主たる課題である場合や、発話や語りの内部構造や全体性をもったまとまりに関心がある場合は、コード化を用いることは難しいことも指摘されています（フリック, 2016）。つまり、データをコード化し、カテゴリーに配列し直すことで、会話や談話、語りの全体的な形や、語る、発話するという行為の意味がそぎ落とされていくことになるからです。

　コード化を行う場合、基本的には収集された資料からコードを生成し、最終的には理論の構築を目指します。コード化は当事者によって発せられたことばや当事者の行為を文字化したデータを、研究者のことばに置き換えることでもあります。それゆえ、もとになった資料はどのような範囲のものでどのような人たちから得られたものか、その範囲を常に検討に置く必要があります。研究

者自身がコード化のプロセスを反省的にとらえ、作られたコードについてのクロスチェックや再チェックなどを行う必要があります。

　以上のように、質的研究における分析法には大きく二つの方向性があります。本文中で言及したようなそれぞれの長所と短所をよく理解して、リサーチクエスチョンや対象者の特徴に応じて活用する必要があります。

「厚い記述」を目指す

　質的研究には様々な分析法がありますが、いずれも実践を記述するための方法であるといってよいでしょう。次章で具体的な論文の書き方を検討する前に、記述という点から分析の方法を決めたり、分析を進めるにあたって気を付けるべきことを考えてみます。

　質的研究においては「厚い記述」の重要性が指摘されています。佐藤（2008）は、「厚い記述」に関して「研究対象となる人びとにとっての個別具体的な意味の世界と、学問の世界を形成する研究者コミュニティのメンバーに共有されている、より一般的で抽象的な意味世界とのあいだに何度となく往復運動が繰り返された時にこそ、はじめて『分厚い記述』を提供できるのだ」（佐藤，2008, p.27）と指摘します。さらに、佐藤（2008）は「その往復運動を通して、『現場の言葉』を『理論の言葉』（ないし『学問の言葉』）へと移し替えていくことになる」（佐藤，2008, p.27）と述べています。さらに、その二つの意味世界を

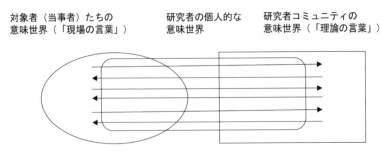

図4.1　分厚い記述における3つの意味世界の関係（佐藤，2008, p.28）

媒介するものとして「研究者の個人的な意味世界」の重要性にもふれ、「厚い記述」における3つの世界の関係を図4.1のように表しています。

「厚い記述」においては、①研究者個人の意味世界が、対象者たちの意味世界と研究者コミュニティの意味世界という2つの意味世界をつなぐ架け橋となっていること、②2つの意味世界のあいだで何度となく往復運動が繰り返され、丹念な意味の解読が行われていくこと、③質的研究者は2つの意味世界をできるだけ対等の立場でつなぎ合わせようとすること、を佐藤（2008）は指摘しています。

その上で、佐藤は、質の低い質的研究にみられる記述として、「厚い記述」に対する「薄い記述」を対置し、表4.1のタイプを挙げています（佐藤, 2008）。

表4.1　薄い記述のタイプ（佐藤, 2008, p.6-11をもとに作成）

データ自体に問題のあるもの
①読書感想文型：
書き手の主観的な印象や感想を中心とする、私的エッセイに近い報告書や論文
②ご都合主義引用型：
自分の主張にとって都合のよい証言の断片を恣意的に引用した記述が目立つもの
③キーワード偏重型：
何らかのキーワード的な用語ないし概念を中心にした平板な記述の報告書や論文
天下り式：
他の研究者が提唱したものを「天下り」式に適用する
たたき上げ式：
自ら収集したデータを分析していくなかで「たたき上げ」式に打ち出していく
④要因関連図型：
複数の要因間の関係を示すモデルらしきものが提示されているのだが、その根拠となる資料やデータがほとんど提示されていないもの

表現のしかたに問題があると思われるもの
⑤ディテール偏重型：
　　ディテールに関する記述は豊富だが、全体を貫く明確なストーリーが欠如している報告書や論文
⑥引用過多型：
　　「生（なま）」の資料に近いものを十分な解説を加えずに延々と引用したもの
⑦自己主張型：
　　著者の体験談や主観的体験が前面に出すぎており、肝心の研究対象の姿が見えてこない報告書や論文

さらに、表4.1の7タイプは、前述した3つの意味世界の記述に対してどのような欠点があるかについても佐藤は言及しています。

表4.2　薄い記述における3つの意味世界の関係
（佐藤，2008，p.29-30をもとに作成）

A. **研究者コミュニティの意味世界に偏った薄い記述（②，③（天下り式），④）**
　記述や解釈において研究者コミュニティのロジック（論理）が大きな比重を占めている場合、研究者が理解した範囲での理論的枠組みに基づく解釈を、現場における意味世界のごく一部に対して一方的に押しつけてしまうことにもなりかねない。

B. **対象者の意味世界に偏った薄い記述（③（たたき上げ式），⑤，⑥）**
　報告書や論文における記述や解釈において当事者たちの意味世界の比重があまりにも大きなものになると、理論的なレベルでの分析は非常に浅いものになりがちである。また、生データに近い資料をそのまま文章のなかに盛り込んでしまうことも多くなる。

C. **研究者の個人的な意味世界に偏った薄い記述（①）**
　読書感想文型では、研究者の個人的な意味世界の比重があまりにも大きなものになっている。そのため、記述や解釈は、その肥大化した個人的な意味世界のなかで自己完結してしまう。

D. **研究者の個人的な意味世界に偏った薄い記述（⑦）**
　読書感想文型に比べれば、自己主張型では、当事者たちの意味世界へのコミットメントはより深いものになっている。しかしこの場合も、記述や解釈は、

> 当事者たちおよび研究者コミュニティそれぞれの意味世界をつなぐ役割を果たすというよりは、個人的な意味世界のなかで自己完結してしまっている。

　とりわけ、教育実践を対象として研究を進めていこうとする際には、表4.2のうち、B、C、Dのパターンの薄い記述になりやすいことに留意する必要があるでしょう。Bは、例えば、実践経験のない研究者が、現場で調査を進めながら出合う「ひと・もの・こと」への、興味関心の高さや現場経験のなさからくる新奇性から、現場での出来事を書き綴るだけで終えてしまうことがしばしばみられます。また、当事者への共感やダブルロール（二重役割）を担うことによるオーバーラポールから、特定の事象にのみ偏った言及がみられたり、当事者の心情を代弁するような記述になることがあります。もちろん、先行研究のレビュー不足によるものも多くみられます。また、実践経験の豊富な教師が自身の実践や同僚の実践を対象として研究を進める場合には、C、Dのパターンに陥らないようにする注意が必要です。日常の実践においては、自らの実践のふりかえりや同僚の実践へのアドバイスは自己内、あるいは学年内や校内に閉じられた報告でよいわけですし、文脈を共有している者同士、多少のことば足らずがあってもお互いに補いあうことができます。しかし、研究は文脈を共有しない第三者ともその知見を共有するものです。自己内、身内のなかでしか共有できないような記述は避けるべきですし、対象となる世界、学問の世界の双方を視野に入れながら対象化して記述することが求められるでしょう。

5 研究成果を論文等にまとめる

論文の構成

　自分の研究の問いに対して、質的な研究を通して何が明らかになったのかを論理を立てて書いたものが、質的研究の論文になります。筋道を立てて論じられていることが重要になります。

　そこで大事になるのは、まず論文タイトルです。論文タイトルがあまりにも曖昧だと何を論じているのかがわかりませんから、できるだけ具体的に何を検討したかがわかるタイトルになっていることが大事です。しかしタイトルが長すぎるのもおかしいので、その場合には、副題をつけるなどの工夫も取られています。タイトルは研究全体を表しますから、指導教員とよく相談されるとよいでしょう。

　また、論文の「問題と目的」としての問いを論じる部分は、論文の最初の要です。自分の研究したい領域の先行研究といわれる論文や文献を収集し、すでに明らかになっていることに対し、何がまだ検討されていないのかという課題を記すことと同時に、なぜその研究が大事なのかという意義を意識して書くこと、だから自分は何を問うのかというリサーチクエスチョンが大事になります。質的研究ではフィールドに入る時に問いを持って入りますが、状況や文脈でその問いが変化します。しかし最終的に論文としてまとめる時には、なぜその問いなのかということを、その最終的な問いを基にしてきちんと説明することが大事になります。

　問題と目的は論文の最初に位置づいているため、最初に書く部分と思いがちです。しかし、実際に論文を書く時には、まず先に方法や記述分析を書き、そのあとで問題と目的を書いたり、先行研究を書いておいても最後に再度見直して構成し直すという再構成の過程を経ることで、論文としての論が書きやすくなります。そして、その問題や目的と最後の全体考察の間の筋がきちんと通っているのが論文なのです。

　質的研究の「方法」の執筆で大事なのは、フィールドの文脈や状況、研究者

と研究協力者の関係などのローカルな情報が書かれていることです。なぜこの研究の目的だと、このフィールドやアプローチなのか、ということです。継続してそのフィールドに入っているとその文脈が研究している人には自明になっています。しかし、論文を初めて読む人にとって、論文の目的と照らし合わせて状況がわかるために、必要な情報が十分に記載されているかが大事になります。また、近年では研究協力者からの倫理的な同意をどのようにいつ得たかを書くことも求められています。

　例えば、同じようなアプローチでも誰の分析方法なのか、なぜその方法を使ったのかなどによって、少しずつ分析手順や名称も違います。参考にした本の書名等を書き、自分が使用した研究方法・分析方法の妥当性を検証できるように、方法は出来る限りきめ細やかに書きます。

　「結果」の執筆では、厚い記述なのでともかく長く詳しく書けばよいというような誤解があります。しかしそこで大事なことは、事実としての生のデータと解釈、考察がきちんと書き分けられていることです。前節でもすでに述べられているように、間に筋が通っており、つながりがよくわかるように構造化されて整理されていることです。結果を、どのような構造で順序立てて書くのかが分かりやすいかを考えることが大事になります。自分が見てきた順序や記述分析した順序で列挙するのではなく、初めて読む人からみてわかりやすいか、という視点から構造化してみることが論文執筆では大事になります。

　また文章だけではなく、内容が簡潔にわかるように図や表を用いることも大事です。その時に、図表タイトルを見るだけで何を表した図表なのかがわかるようになっているかを確認しましょう。また、その図や表についての説明が必要な場合はその直下に注として加えたり、論文外に注を付けるなどの方法もあります。図を作ることが論文の最終目的ではありませんが、一方でアプローチとして図がある方がわかりやすいということも多くあります。図や表に掲載する情報は取捨選択されるのが一般的ですから、何に焦点を当て、何がまだ図表では記載できていないのかを意識されるとよいでしょう。

　「考察」の執筆では、結果を繰り返すだけではなく、先行研究ではわからなかったことを明らかにできたのか、それはどのような意義があるのか、そしてそれはどのような課題や限界があるのかを書きます。どんな論文でも完璧なものは

ありません。だからこそ研究の積み重ねが求められるのです。もっとこういうこともやりたい、やればよかったということを書くだけではなく、理論や方法論的な考察も大事になります。特に学校教育に関わる論文では、教育的な視点からの意義を論じることも大事なことになります。それはすぐに実践に役立つことを書くという意味では決してありません。どのような視座を与える可能性があるのかを書く、ということになります。

また、最後に文献リストをきちんと作法にしたがってつけるのが大事なのは言うまでもありません。文献書誌情報の書き方は、学会誌や大学によって違っている場合がありますので、提出先にあわせて過去に提出された論文などを参考にして書かれるとよいと思います。

筆者は個人的には、先に文献リストを作ると問題が書きやすくなるとおすすめしています。論文は論文が書かれた順で書くよりも、書きやすい所、書ける所から書いていき、最後に構成し直して読み手の眼で読んでから書き上げること、そしてほかの人にも読んでもらいコメントや質問をもらうことで推敲し練り上げていくことができます。その時に研究協力者もまた、大事な対話者の一人です。

そして新たな気づきとして得た知見を、一人のものだけで終わらせず、いろいろな場で発表していくことが、自分の見識を深め、またさらに研究協力者にとっても大きなフィードバックになっていくでしょう。

論文を書くのに困ったら、先行研究として参考にした論文などが、どのように書かれているかという書き方の視点で読んでみて、参考にされるとよいと思います。日本質的心理学会では、『質的心理学研究』という学会誌を出しています。そこには審査委員の査読を経た質的研究法を使用した研究が数多く掲載されていますから、書き方の参考になるでしょう。

論文を学会誌等に投稿する際には、例えば表5.1のような項目に沿って、倫理的配慮をチェックすることが求められています。学会誌投稿ではなく、卒論や修士論文等でも、表5.1のような点を最後にチェックしておくとよいでしょう。

表 5.1　倫理的配慮に関するチェック項目（日本質的心理学会の例）

- ☐ (1) 実験や調査をする前に、研究協力者から同意（インフォームド・コンセント）を得た。
- ☐ (2) 上記に関する具体的内容を本文中でも明記するとともに、研究対象者のプライバシーを守るための配慮（仮名の使用など）もした。
- ☐ (3) 投稿する論文は、自分のオリジナルな論文であり、他誌への二重投稿や盗用はしていない。
- ☐ (4) 既刊の論文の引用に際して（本文・図表・尺度・質問紙項目などを含む）、出典を明記した。
- ☐ (5) 既刊の論文の本文・図表・尺度・質問紙項目などを改変して引用する場合には、出典と改変した旨を明記した。
- ☐ (6) 改変にあたり許可が必要な場合、あるいは、未邦訳の尺度や調査用紙を翻訳・翻案して利用し論文に引用する際、版権をもつ出版社等に許可を得た。
- ☐ (7) 自分が関与した共同研究による成果やデータを利用する場合には、共同研究者の了解を得た。
- ☐ (8) 上記に関する共同研究者の了解を書面でもらった（初回のみ）。

6 学校や研究協力者への報告

　研究終了後には、協力してくださった学校や先生方に速やかに報告を行うことが、倫理的な責任として求められます。時には思うような結果や形にまとめられなかったということもあるでしょう。その場合にも、そのことも含め、正直に報告をすることが必要です。また学校によっては厚い論文をそのまま受け取ってもあまり意味がないと考えられるところも多いようです。ですので、論文と同時にその論文の要旨や、その結果を説明する資料などをつけて、感謝の言葉とともに報告をするとよいでしょう。また前述したように、論文はその学校やその先生の実践を評価するものではありません。そのフィールドに参加したことで、事実から自分が何を学ばせてもらったのか、その意義や意味を伝えるようにしましょう。

　また、まとめた論文だけではなく、例えばそこで記録した内容や分析整理した授業記録、学習過程の記録など、生データに近い一次資料が学校にとっては論文以上に役立つ場合もあります。協力いただいた学校にとって何が求められているのか、どのようにお礼を伝えるのがよいかを考え、報告することが必要でしょう。研究にもう二度と協力したくないと思われるのではなく、研究に協力するのは自分たちにとっても意味がある、研究にも貢献できてよかったと先生方に思ってもらえるようなフィードバックをすることが、よいラポールの形成の結果ということがいえるでしょう。

■引用文献

Ager, M. H. (1996). The professional stranger: an informal introduction to ethnography (second edition). Cambridge Mass: Academic Press.

バンクス, M. (2016)『質的研究におけるビジュアルデータの使用』石黒広昭, 監訳. 新曜社. (Banks, M. (2008). Using visual data in qualitative research. London: Sage.)

Denzin, N. K. (1989). The research act: a theoretical introduction to sociological methods. (3rd ed.). Englewood Cliffs, NJ: Prentice Hall.

デンジン, N.K. & リンカン, Y. S. (2006)「質的研究の学問と実践」平山満義, 訳.『質的研究ハンドブック第1巻:質的研究のパラダイムと眺望』平山満義, 監訳. 岡野一郎・古賀正義, 編訳. 北大路書房. (Denzin, N. K. and Lincoln, Y. S. (2000). The Discipline and Practice of Qualitative Research, In N.K. Denzin and Y. S. Lincoln (eds.), Handbook of Qualitative Research 2nd Edition. London: Sage.)

藤江康彦 (2001)「教室談話の成立機制:行為―ローカルな文化―制度的装置の相互関連に着目して」日本教育方法学会, 編.『教育方法学研究:日本教育方法学会紀要』26, p.73-85.

フリック, U. (2011)『新版質的研究入門:〈人間の科学〉のための方法論』小田博志・山本則子・春日常・宮地尚子, 訳. 春秋社. (Flick U. (2007). Qualitative Sozialforschung. Hamburg: Rowohlt Verlag GmbH, Reinbek bei Hamburg.

フリック, U. (2016)『質的研究のデザイン』鈴木聡志, 訳. 新曜社. (Flick, U. (2007). Designing qualitative research. London: Sage.)

フリック, U. (2017)『質的研究の「質」管理』上淵寿, 訳. 新曜社. (Flick, U. (2008). Managing quality in qualitative research. London: Sage.)

クヴァール, S. (2016)『質的研究のための「インター・ビュー」』能智正博・徳田治子, 訳. 新曜社. (Kvale, S. (2007). Doing interviews. London: Sage.)

メイナード, K. 泉子. (1997)『談話分析の可能性:理論・方法・日本語の表現性』くろしお出版.

メリアム, S. B. (2004)『質的調査法入門:教育における調査法とケース・スタディ』堀薫夫・久保真人・成島美弥, 訳. ミネルヴァ書房. (Merriam, S. B. (1998). Qualitative research and case study applications in education (rev. ed). San Francisco: Jossey-Bass Publishers.

本山方子 (2004)「現場から問題を生成する:〈出来事〉との遭遇から始まる自己・現場・学問との対話」無藤隆・やまだようこ・南博文・サトウタツヤ, 編.『質的心理学:創造的に活用するコツ』新曜社. p.84-89.

能智正博（2015）「質的研究におけるナラティブとディスコース」鈴木聡志・大橋靖史・能智正博，編．『ディスコースの心理学：質的研究の新たな可能性のために』ミネルヴァ書房．

パーカー，I.（2008）『ラディカル質的心理学：アクションリサーチ入門』八ツ塚一郎，訳．ナカニシヤ出版．(Parker, I. (2005). Qualitative psychology: Introducing radical research. London: Open University Press.)

オルダーソン，P. & モロウ，V.（2017）『子ども・若者とともに行う研究の倫理：研究・調査にかかわるすべての人のための実践的ガイド』斉藤こずゑ，訳．新曜社．(Alderson, P. & Morrow, V. (2011). The ethics of research with children and young people: a practical handbook.)

プラサド，P.（2018）『質的研究のための理論入門：ポスト実証主義の諸系譜』箕浦康子，監訳．ナカニシヤ出版．(Prasad, P. (2005). Crafting qualitative research: working in the postpositivist traditions. Armonk, N.Y.: M, E. Sharpe.)

佐藤郁哉（2006）『ワードマップ フィールドワーク【増訂版】：書を持って街へ出よう』新曜社．

佐藤郁哉（2008）『質的データ分析法：原理・方法・実践』新曜社．

関口靖広（2013）『教育研究のための質的研究法講座』北大路書房．

柴山真琴（2006）『子どもエスノグラフィー入門：技法の基礎から活用まで』新曜社．

ウィリッグ，C.（2003）『心理学のための質的研究法入門：創造的な探究に向けて』上淵寿・大家まゆみ・小松孝至，訳．培風館．(Willig, C. (2001). Introducting qualitative research in psychology: adventures in theory and method. Buckingham: Open University Press.)

吉崎静夫・村川雅弘，編．（2016）『教育実践論文としての教育工学研究のまとめ方』ミネルヴァ書房．

【書籍紹介】

①フリック,U.(2017)
『質的研究の「質」管理』上淵寿,訳.新曜社.
　質的研究では量的研究とは異なる基準で研究の質が問われます。その点を異なるレベルや異なる観点からの質について解説し、研究に求められる問いやガイドが書かれているので、質的研究に取り組む人必読の一冊です。

②オルダーソン,P. & モロウ,V.(2017)
『子ども・若者とともに行う研究の倫理:研究・調査にかかわるすべての人のための実践的ガイド』斉藤こずゑ,訳.新曜社.
　子どもや若者に関する研究をする人が特に配慮すべきことが、研究計画段階から文書化や報告までについて書かれています。質的研究だけに特化した本ではないですが、子どもに特化した研究倫理の国際書として有用な本です。

③プラサド,P.(2018)
『質的研究のための理論入門:ポスト実証主義の諸系譜』箕浦康子,監訳.ナカニシヤ出版.
　4つの大きな質的研究の流れの下での13の学派について、何が中心概念なのか、計画やデータ収集、発表の仕方などが説明されています。本書で扱っていない方法も含め質的研究法を概観したい人にお薦めです。

第 II 部
研究事例編

● 授業やカリキュラム、教室を探究する
   A. 協働的な学習に焦点を当てて授業を研究する
                          …… 第 1 章〜第 4 章
   B. 単元やカリキュラムを研究する　　…… 第 5 章〜第 6 章
   C. 学級集団、小集団の展開を研究する …… 第 7 章〜第 8 章

● 学校文化や教師の仕事を探究する
   D. 学校組織を研究する　　　　　　　…… 第 9 章〜第 12 章
   E. 教師の仕事を研究する　　　　　　…… 第 13 章〜第 15 章

第1章 小グループの談話とワークシート記述の質的分析[1)]

● 物語についての読みが協働によって深まる過程

濵田秀行 [2)]

【研究の流れ】

研究テーマの設定	小グループでの学習活動／振り返り／読みの教育／文学的な文章
調　査	授業におけるデータ収集（ワークシートのコピー、ICレコーダによる音声記録）
研究の準備	先行研究のレビュー／テーマの設定／研究デザイン
分　析	バフチンの言語コミュニケーション論をグランドセオリーとする。教科指導のねらいから「分析枠組み」を設定し、事例から詳細を読み取り分析
まとめ	論文としてまとめ学術雑誌に投稿

---

1) 本章で紹介する内容は濵田（2017）において公表した研究に基づいています。
2) https://sites.google.com/a/gunma-u.ac.jp/hamada-laboratory/

欲しいデータをできる限り集める

　本章で紹介するのは、授業における小グループでの協働学習において生徒が本当に学んでいるのだろうかというごく素朴な疑問から始まった研究です。この問いを筆者が抱いたのは、公立高等学校に教員として勤務していたときでした。当時、私は、自分がそれまでやってきた一斉指導の授業スタイルに疑問を感じ、協働のアイディアに基づく授業実践への転換を目指して、授業の展開に小グループでの学習活動を導入することに挑戦し始めていました。生徒たちは、その新しい授業スタイルを好意的に受け入れてくれているようでした。ただ、それまで教師が授業ですべきことの中心を説明と考えていた私には、自分の授業に設定した小グループでの生徒の協働学習が学びと呼べるものになっているのか不安で仕方ありませんでした。

　質的な研究において、どのようにフィールドに入るかというのは悩ましい問題です。この研究における筆者のように、自分の実践的課題の解決のために調査を行いたいという場合には、フィールドエントリーの手続きに困ることはあまりないでしょう。その一方で、実践対象についての責任（例えば私の場合だと教員としての生徒に対する責任）というものがありますから、自分が最善と考える実践のあり方を歪めてまで対象についての観察やデータ収集を行うことはできません。当時の自分なりに考えてデータを収集するために教室にビデオカメラを持ち込むことは控え、自分自身が身に付けたICレコーダで授業の音声を録音するとともに生徒が授業中に書いたノートやワークシートを回収するという方法を採りました。

　また、自分自身の実践を分析の対象とする場合、恣意的な解釈の危険を伴います。本研究では、休職して大学院博士課程へ進学するという筆者の個人的な事情により、授業の実施とデータの解析との間に１年以上の期間が空くことになりました。このような冷却期間によって、授業事例についての恣意的な解釈の危険性が低下し、自身の実践を対象化して記述的分析の客観性を高めることが多少なりともできたのではないかと考えています。ただ、事例についての解釈が恣意的なものとなる危険が全くなくなることはありません。こういったリスクを軽減するために、多種多様なデータを可能な限り集め、それらを突き合

わせながら矛盾のない解釈を行うこと、データの分析や論文執筆の過程において他者からの批判的なコメントを受けることなど、意識的に手立てを講じることが肝要となります。

対象実践の概要を整理する

　分析の実際について具体的に紹介する前に、対象となる生徒や場の性質、授業の特徴を整理して報告しておきましょう。授業実践は公立高等学校（普通科）の1年生の学級（男子23名、女子16名、計39名）で2008年6月に行われたものです。対象の学級では、4月の入学時から聴き合いが行われるよう教室の雰囲気作りを心がけ、互いの意見について積極的に聴くこと、すなわち質問することを促し、意見についての根拠を確認し合うといった話し合いのルールの共有を図りました。

　対象実践の始めの数時間は、すべての机が前方を向く配置で授業がスタートし、小グループでの学習活動の際に席の近い3人で机を合わせるよう指示しました。多様性の保証という観点から小グループが同一の性別の生徒によって構成されることがないよう配慮しました。後半の授業では、開始時から机の配置を小グループとする場合もありました。

　分析の対象とするのは、多くの高等学校1年生の教科書に掲載されている芥川龍之介「羅生門」を教材とする文学的な文章を読む授業（全12時間）です。使用されている教科書（明治書院『新 精選国語総合』）では、1段組12ページの分量になります。第1時間目にテキストについての「気になった表現・追究してみたい疑問」を生徒に書いてもらいました。それを筆者が物語の場面や言及されている表現ごとに整理して学習課題として編集しワークシートを作成しました。ワークシートは上下2段組のレイアウトです。上段には、「気になった表現・追究してみたい疑問」として生徒が言及した状景や事物についての描写をテキストから抜き出して印刷しました。下段は、生徒がその引用部分についてそれぞれの読みを書けるよう空欄となっています。生徒からすれば、クラスメイトの問いに基づいて教材を読むという課題に以降の授業で取り組むということになります。2時間目以降、ワークシートの学習課題について生徒がそ

れぞれの考えを書き入れ、それを小グループで交流し、さらに教室全体で議論を行い、授業の終わりに生徒が学習過程を振り返るという展開を基本のパターンとしました。

　分析の対象となるワークシートには上下2段組で欄が設けられています。上段にはテキストから引用されたことばが印刷されており、下段の空欄には上段のことばについての読み（感じたことや考えたこと）を書く欄が設置されています。この欄については、個別の学習時における自身の読みを鉛筆で記入し、小グループでの話し合い時におけるメモを青ボールペンで記入するよう指示しました。筆記具を変えることは、そうすることで生徒が小グループでの学習活動において他者の読みを積極的に取り込むようになるのではないかと考えてのことです。

　この手立ての結果、回収したワークシートは、授業中に直接観察することのできなかった個々の生徒の学習過程を分節して捉えられるという特徴を備えるデータとなりました。鉛筆による書き入れ（1次記述）は、生徒がそこに取り上げられているテキストのことばについての自身の考えを外化するために行ったものです。青ボールペンによる書き入れ（2次記述）は、小グループでの読みの交流において触れた他者のアイディアやそれに創発されたアイディアをメモしたものです。もうひとつ、授業の終わりに学習を振り返る際にこれらの書き入れを対象として新たに書き入れられたもの（3次記述）があります。

　授業実践について研究する認識論上の立場によって、何をデータとして検討の対象とするかも変わってきます。本研究では、人間の行為を文化的な道具に媒介されるものと捉え、その文化的な道具のありようが人間の学習や思考と不可分の関係にあるとする社会文化的アプローチ（ワーチ，2002）という認識論の立場に依拠しました。このアプローチでは、人間と環境とを、内界と外界の2つに明確に分けて考えるのではなく、人の認知をその人の置かれた文脈と切り離せないものと考えます。つまり、教室における談話のルールや学習活動の形態、ワークシートの様式等は、文化的な道具として、生徒がテキストのどこに着目し、どのように他の生徒と言葉を交わすのかという行為を媒介する重要な要素として捉えられることになります。

分析の焦点を定める

　対象となるデータについて詳細な分析を行うにあたって「気になった表現・追究してみたい疑問」の内容を精査し、主要な登場人物である「下人」に対する態度がメンバー間で顕著に異なっている小グループに焦点を当てることにしました。テーマやテキスト、課題についての考え方が多様であることこそ、授業において他者と一緒に考えることで理解が進む（建設的相互作用）ためのリソースだと考えられています（三宅ら，2016）。それぞれのアイディアに相違があるからこそ聴き合う必要が生じますし、自分とは異なるアイディアに出会うことは自らのアイディアの見直しにつながります。そこから新たな思考の展開も期待できるでしょう。ですから、協働学習の過程について分析を行う場合、まずは、そこに参加する子どもの発話や記述など、彼らのアイディアが外化されたデータを丁寧に検討することが必要となります。

　ワークシート記述についての精査の結果から、カオリ（女子）とシゲル（男子）という2人の生徒に注目しました（表1.1）。カオリの記述内容は、そのすべてが登場人物「下人」の心理にかかわるものです。これに対して、シゲルのすべての記述内容は状況の描写について言及しています。カオリとシゲルとでは、テキストに対する読みのスタイルが違っていました。そこで、この2人が

表1.1　教材テキストに対する反応の相違

カオリ	シゲル
・「ある強い感情」	・ただ，所々丹塗りのはげた…きりぎりすが一匹止まっている。
・ニキビを気にするところ	・夕やみはしだいに空を低くして…薄暗い雲を支えている。
・なぜ「下人が雨やみを待っていた」とかいたのか。	・風は門の柱と柱の間を…吹き抜ける。
・下人の心にはある勇気が生まれてきた。	・丹塗りの柱に止まっていたきりぎりすも…もうどこかへ行ってしまった。
・下人の心はだれも知らない。	・もちろん，右の手では赤くほおに膿を持った大きなにきびを気にしながら聞いているのである。
・下人の心からは恐怖が少しずつ消えていった。	

小グループにおける協働学習を通して、それぞれの読みをどのように更新するのかという点に焦点を当てて分析を進める方針を立てました。

　ここでの2人の読みのスタイルの違いは、物語についての理解を深める上で密接に関連する「なる」視点と「みる」視点と呼ばれる読みの構えのあり方（宮崎，2008）に対応しています。教科教育実践についての研究では、その授業の学習目標、および、その教科の特質や固有の学びのあり方に応じて具体的な発話や記述を分析する「分析枠組み」を設定し、これに基づいて学習者の理解を捉えていくことが必要になります（白水，2007）。この授業では、互いの読みを交流することでそれぞれの読みを更新していくことが目指されていますから、虚構世界の存在や現象がことばによってどのように提示されているかという点について考えることは、実践の中心的なねらいにかかわる課題と言えます。

　生徒が、物語の虚構世界の存在や現象をどのような意識を通して捉え、表現しているのかということを判断するための「分析枠組み」が必要になりました。そこで日本語表現における主観性、主体性について論じた澤田（2011）等の議論を整理し、下記のような標示表現に着目して生徒のことばを分析することとしました。

- 「お父さん」や「ここ」、「昨日」、「来る」などの出来事における対象の取り方にかかわる表現（直示）
- 受身表現、使役表現、「あげる」や「もらう」などの授受表現（態）
- 主観的把握を反映する主語の省略
- 内的な感情や評価についての表現

　実際の分析を具体的に紹介する前に、談話過程において生徒が声にしたことばや音声データと、生徒がワークシートに書き入れたことばとの違いについて確認しておきましょう。前者のことばには対面するコミュニケーションの相手への意識が強く反映されることになります[3]。それに対して、後者のことばは、

3）個々の発話を対話過程を構成する一つの部分として捉えるこのような視座は、バフチンの提唱した「発話の対話的定位」のアイディアによって用意されるものです。

自分で後から振り返る目的のために生成されるものですから、他者の理解を志向する修辞上の編集・加工は少なくなります。音声データと比較した場合、ワークシートへの書き入れには、生徒が他の生徒の読みをどのように受け止めるのかという自己内対話の過程にアプローチしやすい特質があると考えられるでしょう。

当事者にとっての意味を考える

　これから見ていく小グループの学習活動過程では、教材テキストの6番目の形式段落から、下線部の描写が取り上げられ、この表現に対する生徒の読みの交流が行われました。

　　雨は、羅生門を包んで、遠くから、ざあっと云う音を集めてくる。夕闇は次第に空を低くして、見上げると、門の屋根が、斜につきだした甍の先に、重たく薄暗い雲を支えている。

「羅生門を包んで」、「音を集めてくる」という「雨」の説明のしかたと「(羅生)門」を「見上げる」という位置情報から、語り手によるこれらのことばが登場人物「下人」、あるいは虚構世界の「下人」に間近い位置から対象を捉える意識に基づいて発話されたものであると判断できます。

　取り上げられているテキストのことばについて、シゲルは「気になった表現・追究してみたい疑問」として書き出しています。ワークシートの配布後に個人

　　発話は言語コミュニケーションの連鎖の一貫であって、これを先行する諸々の環から切り離すことはできない。それらの環は、この発話のうちに直接的な返答の反応や対話的な応答を生み出すことによって、この発話を外からも内からも規定しているのである。
　　だが発話は、言語コミュニケーションの先行の環だけでなく、後続の環とも結び付いている。発話が話者によってつくられるとき、後続の環はもちろんまだ存在していない。けれども発話は最初から、ありうべきさまざまな返答の反応を考慮して構築されるわけで、本質的には、それらの反応のために発話はつくられるのである。〈中略〉話者は最初から、彼らの返答を、能動的な返答としての理解を期待している。発話の全体がいわば、この返答に向けて構築されるのである（バフチン、1988、pp.179-180）。

で課題に取り組んだ際、下段に書き入れられた1次記述を見ると、

「下人の心に、重くのしかかる不安感?」

とあります。自分の考えに自信がないのでしょう、疑問符が付けられています。バフチンの「発話の対話的定位」のアイディア[3]に則っていうなら、この授業の読みの交流活動は、シゲルのこのことばにより深く本質的な了解を示す応答のことばをさし出す誰かの存在を求めて始まっているということになります。

シゲルのこのことばの宛先となることを引き受けたのは、シゲルとは異質な読みを提示していたカオリでした。図1.1の左側が、カオリが書き入れを行った実際のワークシートの写真です。右側に示したのは、ワークシートの同欄に残っていた消された文字の痕跡から復元した1次記述の内容です。☐は、判読不能の箇所で「羅生門」だと推測されます。

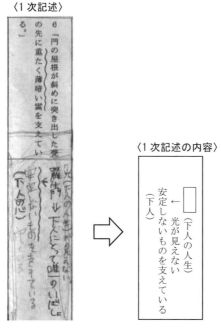

図1.1 他者の読みの再文脈化

左側の１次記述を見ると、カオリは個別活動の段階では、引用部分に描かれている内容について「下人」を対象化して距離を置いて「みる」意識からの読みを書き入れています。これに対し、シゲルは「下人の心に、重くのしかかる不安感？」と書いています。テキストのことばが描写の対象とする「羅生門」の様子が「下人」の心理とつなげて意味づけられています。彼のこのことばは「下人」に「なる」意識を通して得られる意味を踏まえたものと捉えることができます。シゲルのワークシートにはその左下に「居場所のない下人の唯一の寄所〔ママ〕」との書き入れがあります。形式段落の５に「『雨に降りこめられた下人が、行き所がなくて、途方にくれていた。』というほうが、適当である。」とあり、これを彼なりに言い換えたものだと推測されます。この「居場所のない」も「下人」に「なる」意識から「羅生門」に意味づけを行ったものだと捉えられるでしょう。

　カオリの２次記述を見ると、彼女が自身の読みにシゲルのことばを取り込んでいることが捉えられます。書き入れを見ると、カオリは１次記述で書いていた右の２行をいったん消して、１行に「光（下人の人生）が見えない」としてまとめて欄の右端に寄せて鉛筆で書き直しています。枠内のレイアウトを見ると、１行目の１次記述に比して２行目の２次記述がやや大きな文字で書かれています。「羅生門⇒下人にとっての唯一のいばしょ」と「安定しないものを支えている」とを「←」でつなぐために、１行目をやや小さめに書き直したと捉えられます。

　欄の一番左で、カオリは鉛筆書きの「(下人)」を青ペンでなぞり「(下人の心)」と上書きしています。この「(下人の心)」は「安定しないもの」と一部重なるほど近く書かれています。「安定しないもの」が「(下人の心)」を意味しているという理解のあらわれと捉えられるでしょう。上段の引用文の「重たく薄暗い雲」に「安定しないもの」と同様の波線が付されています。この２つが対応する関係にあるという理解を示すものと捉えられます。

　カオリの記述から、この協働学習における彼女の自己内対話過程の一端を捉えることができます。彼女は、小グループ活動において出会った他者（シゲル）の異質なことばを自身の読みに取り込むために、自らが虚構世界について構築した意味をいったん解体し、編み直しているのです。この過程において、彼女

の読みは「下人」という登場人物を客体化して「見る」ことで得られる意味と「下人」に「なる」意識を通して得られる意味とをつないだものとなっています。生徒の協働によって虚構世界の現象に対する多元的な意味づけが達成されているのです[4]。

カオリのこの自己内対話の過程は、教師を含む他の生徒との対話過程に織り込まれています。この小グループでの読みの交流活動は、シゲルの教材テキストのことばに対する引っかかりに対して、より深く本質的な了解を示す応答のことばを探究する過程でもありました。彼が「？」のニュアンスで示したことばの宛先をカオリが引き受け、そのことばを自分の読みの中に組み入れることで応答しているのです。そのシゲルの引っかかりも、教材テキストのことば、それを読むように促した教師のことばがなければ存在しません。

そして、カオリが小グループでの交流的な活動において更新したこの読みも、談話過程において発話されることによって応答のことばに出会うことになります。

視野を広げてみる

今度は、少し視野を広げ、小グループの学習活動とそれに続く教室全体の議論とを関連づけて分析してみましょう。表1.2は、形式段落8段落冒頭の「下人」の「大きなくさめ（くしゃみ）」をめぐって教室全体で行われた議論の談話過程です。その話題にかかわってカオリのワークシートを見ると、1次記述として「悪い状況を変えるための区切り」とあるのが確認できます。シゲルの方は「盗人になるしかないという気持ちを吹き飛ばそうとする」と書いています。シゲルは、吹き飛ばす「気持ち」の内容を「盗人になるしかない」と具体的に書いており、カオリと比較すると「下人」に「なる」意識でことばを発していることが捉えられます。なお、同グループのもう一人のメンバーであるアヤコのワークシートは空欄でした。

---

[4] 我が国の文学教育においては、文章が描く対象についての主観的意味づけと客観的意味づけの統合ということが伝統的に重視されています（cf., 西郷, 1998）

ワークシートから、カオリのことばが小グループでの読みの交流においてシゲルとアヤコの両名に取り込まれたことが確認できます。それぞれのワークシートには、

　　「悪い状況を変えるための一区切り」（シゲル）
　　「悪い状況を変えるための区切り。」（アヤコ）

と2次記述が行われています。

　小グループでの学習活動に続いて行われた教室全体での議論では、他のグ

表1.2　自分のことばが後続の授業展開において他者にリヴォイスされる

番号	発話者	発話内容
101	教師	どうですか…。なんかこう気持ちがこもってるんじゃないかなっていうことですね。それは私も思ったんです。何か気持ちがこもってるんじゃないかっていうの…。アヤコさんどうですか？。
102	アヤコ	悪い状況を変えるために区切りとしてした。
103	教師	あ、悪い状況を変えるために区切りとしてくしゃみをしてみた。区切り…何でくしゃみが区切りになる…なる？
104	アヤコ	（カオリ、シゲルと顔を見合わす。5秒程度の沈黙）
105	教師	シゲル君何で？
106	シゲル	さっき雲がもやもやした心を表してたってあったのでそれを吹き飛ばそうと思って。
107	教師	吹き飛ばそうと思って…。それはどこに表れてますか。
108	シゲル	（2秒程度の沈黙）
109	教師	くしゃみすると吹き飛ばせる。くしゃみしようとしてしたっていうこと？
110	シゲル	（頷く）
111	教師	えーっと、私…どうかね。もう一人いってみようか。アサミさんどうですか。
︙	︙	︙
114	ムネノリ	「大きなくさめ」の1行前に「勇気が出せずにいたのである」と書いてあるので、そこを奮い立たせるためにしたのではないかと思います。
115	教師	おー、そう…ね。ありがとう座ってください。どうかね。えーと今のところ、もう一回見ていこう、みんなでね。〈以下略〉

ループの生徒から

 「あたりが寒いということが分かる」（アユミ）

 「寒くなってきた」（タツヤ）

 「元の主人が下人の噂をした」（ユウキ）

 「下人の途方に暮れる感が、こうくしゃみでもうどうすることもできねーやみたいな」（ジュンヤ）

といった読みが順に提示されました。発話101では、そのジュンヤの発言に応じた教師が、彼の読みにあった「大きなくさめ」と下人の心理の関わりに言及し、その上でアヤコを指名しています。

 102のアヤコの発話は、「大きなくさめ」を「悪い状況を変えるための区切り」とするカオリの読みのことばを「リヴォイス[5]（revoice）」（O'Conner & Michaels, 1996）するものです。アヤコはカオリのアイディアに基づいて発話していますので、カオリの「代理人」という位置づけになるでしょう。カオリは全体の場における以降の一連のやりとりを自分の読みと関係づけながら聞いていたと推測できます。

 続く過程において教師は生徒に考えた理由の説明やテキストの根拠となる箇所を示すことを求めています。これに応じたシゲルは、106の発話において「さっき雲がもやもやした心を表してたってあったので」と表1.2に先行する談話過程において「重たく薄暗い雲」を「下人」の心理と重ねて捉えた発話と関連づけています。

 シゲルのこの発話によって、カオリのことばは、「下人」に「なる」読みのあり方とより強く関連づけられることになりました。さらに、「区切り」としての「大きなくさめ」という意味づけは、ムネノリ（114）によって物語テキストの別のことばと関連づけられ、「下人」が自身を奮い立たせるためにしたという解釈が付け加えられました。この発言に応じた教師（115）は、「今のところもう一回見ていこう、みんなでね。」と物語テキストにもどってそれぞれの読みを確認することを生徒に促しています。

---

[5] リヴォイスとは、談話過程において、ある発話が、他の参加者によって口頭で（もしくは文字として書かれることによって）、再度、発話されることをいいます。

ここまでの談話過程において、「区切り」としての「大きなくさめ」というカオリの読みは、アヤコやシゲル、教師のリヴォイスによって、その意味内容を少しずつ変化させています。その談話過程に聞き手として参加するカオリは「大きなくさめ」を「区切り」とする自分の読みを、「なかば他者の言葉」（ワーチ，2002）として、なかば他人のものでありながら、なかば自分のものとして聞いていたということになります。

さらに視野を広げてみる

　ここでさらに視野を広げ、先ほどの談話過程と個別の振り返りにおけるワークシートへの書き込みとを関連づけて分析します。図1.2は、この授業時間の終末にカオリが授業の内容を振り返って書き込み（3次記述）を行ったワークシートです。

　表1.2の談話過程で話題となっていた「大きなくさめ」に対する「区切り」という意味づけのことばがぐるぐると丸で囲まれています。カオリのこの読みは、先ほど見たように教室全体での議論において、先行の発話や物語テキストのことばと関連づけられ、「下人」に「なる」意識を通じて得られる意味づけがなされています。幾重にも重ねられた丸囲みは、「大きなくさめ」を「区切り」とする読みをめぐる談話過程（表1.2）を振り返りながら書き込まれたものだと推測されます。

　カオリの3次記述では、この「区切り」を中心において、その前後で何がどう変わったのかという問題意識から諸記述を関係づける構造化が図られています。ワークシートの「区切り」の右部分を見ると、物語の形式段落6にある「雨」と「雲」、それぞれについての書き入れが大きな括弧で1つにくくられています。そのまとまりの下には、横書きで「変わりがない」と書き込まれています。このまとまりの上部中央を始点とする矢印は左に伸び、形式段落8から引用された「風」の描写についての読みとして書かれた2次記述「新しい動き」に終点をおいています。

　この3次記述では、「大きなくさめ」を「区切り」と見ることで、物語テキストの一連の表現について、物語の世界に新たな展開が起こるだろうという語

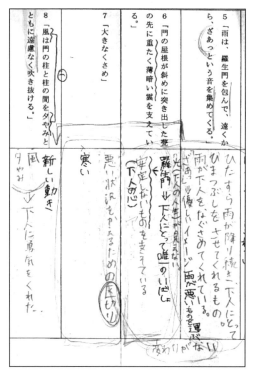

図1.2　1・2次記述を操作の対象とする3次記述

りの世界の予感と「安定しない」身の上の「下人」に「光が見えない」状況を脱する「勇気」が湧いてくる物語世界の登場人物の心理変化という2つの意味づけが同時に行われています。つまり、「区切り」ということばを結節点として、物語の出来事の当事者にとっての意味づけとそれを語るものにとっての意味づけが関連づけられているのです。

　カオリが自分の読みについて行った構造化は表1.2に示した談話過程をなぞりながら、さらにより広い範囲についての一貫した解釈を展開するものとなっています。振り返りの学習活動が、単なる確認の時間ではなく、生徒がその授業の話し合いを踏まえてさらにもう一段、読みを深める創造の時間と捉えうることが分かりました。

まとめ

　授業の過程において生徒が記述したことばと談話過程のことばとを関連づけながら、生徒がテキストや他者、また自己とどのように対話したのかを詳細に記述し考察を行いました。その結果、生徒の協働によって物語についての読みがひらかれていくダイナミックな過程が捉えられました。この研究で注目したワークシートのほかにも、実際の授業では、ノート、ホワイトボード、模造紙、付せんなど、子どもの思考を外化し共有を促す道具がさまざまに利用されます。これらのデータを談話過程の音声データと関連づけて分析することで、子どもの学びについてより深く理解することができると思います。

　授業実践を対象として質的な研究を行うことで、自身の授業についての見方や考え方が問い直されることになります。私自身、この研究において、授業とはどのような営みなのか、学ぶとはどういうことか、物語を理解するとはどういうことか、物語を教室で読むことの意義は何か、そもそも授業研究とは何か、など、さまざまな問いに向き合うことになりました。

　授業研究には、よりよい授業の実現に資することを目指して行われるという特質があります。ただ、その成果が実際の授業実践の改善につながるにはそれなりの時間がかかるのではないでしょうか。授業実践をめぐるさまざまな立場を越え、授業や子どもが「見える」ということについて関心をもつ先達や仲間とつながりながら共に探究を続けていくことが大事だと思います。

> **研究法の心得**
> ❶研究法ありきではなく、自分の問いとじっくり向き合うことから対象と方法を選択することが大事。
> ❷先行研究を読むときに成果としての知見や問いの立て方ばかりに目を奪われずに、その方法論について意識して見るようにする。
> ❸この本のようなテキストは、実践について書く前に読み終えてしまっておくのではなく、執筆途中でつまずいたときに参照できるよう手元においておきたい。

■引用文献

バフチン,M.(1988)『ことば 対話 テキスト』新谷敬三郎・伊東一郎・佐々木寛,訳. 新時代社.

濵田秀行(2017)『他者と共に「物語」を読むという行為』風間書房.

三宅なほみ・東京大学CoREF・河合塾,編(2016)『協調学習とは―対話を通して理解を深めるアクティブラーニング型授業―』北大路書房.

宮崎清孝(2008)「視点の働き―より深い理解へ向けて」宮崎清孝・上野直樹『視点』東京大学出版会, p.101-189

O'Connor, M. C., & Michaels, S. (1996). Shifting participant frameworks: Orchestrating thinking practices in group discussions. In D. Hicks(Ed.), *Discourse, learning, and schooling.* pp.63-103 New York: Cambridge University Press

西郷竹彦(1998)『西郷竹彦 文芸・教育 全集1 文芸学入門』恒文社.

澤田治美編(2011)『主観性と主体性』ひつじ書房.

白水始(2007)「協調学習における理解深化プロセスをどうとらえるか」『はじめての質的研究法[教育・学習編]』秋田喜代美・藤江康彦,編. 東京図書, p.49-74

ワーチ,J.V.(2002)『行為としての心』佐藤公治・黒須俊夫・上村佳世子・田島信元・石橋由美,訳. 北大路書房.(Wertsch, J.V(1998). *Mind as action.* New York: Oxford University Press.)

【書籍紹介】

①佐伯胖・佐々木正人,編(2013)『新装版アクティブ・マインド』東京大学出版会
副題は「人間は動きのなかで考える」。認知を個人内に閉じたものではなく外界との相互作用として捉える研究の実際について幅広く知ることができます。

②J・ブルーナー(2016)『意味の復権〔新装版〕―フォークサイコロジーに向けて―』
岡本夏木・仲渡一美・吉村啓子訳. ミネルヴァ書房
人間研究についての古典的名著です。意味の問題を文化的観点から捉えることの重要性について学ぶことができます。質的研究の潮流を創った本の一つです。

第2章 数学の小グループの談話とノートに基づく記述分析

● 特定の生徒の授業における行動の意味

山路 茜

【研究の流れ】

研究テーマの設定	生徒の授業中の数学理解の経験／授業中の全発話とノートの収集
調査	1学級における一連の授業観察／わからなさの対処行動への着目
分析の準備	分析対象とする生徒1名の決定／視点（聴く・援助要請）の設定
記述分析	事例の構造化／学習状況の記述／聴く・援助要請の行動特徴分析
考察	状況を切り離せない行動の意味／1事例であることの研究の限界

最初の問いをたてる

　生徒は日々続く授業の経験の過程で、どのように学習内容の理解を進めているのでしょうか。このような疑問をもった場合、明らかにしたい対象が授業過程で生じることは明確なため、授業を観察して研究を進めることはすぐに思い浮かぶかもしれません。しかし、観察を始める前に考えるべきことが多くあります。本章では、筆者が行った研究（山路，2017・2019）[1]を題材に、小グループの談話やノートに基づいて特定の生徒の授業経験にアプローチする方法をみていきましょう。

　まず、上述の疑問のままでは問いが漠然としています。例えば、"どのように"というのは、認知的側面として頭の中で理解が"どのように"質的に変化しているかという意味を指すかもしれません。あるいは、社会的側面として教室で教師や他の生徒と"どのように"関わって学んでいるかという意味を指す場合もあります。他にも、認知面と社会面の両者の関係を捉えること等が考えられ、視点は定まっていません。どのような側面に着目して理解の進め方を捉えるかによって、収集して読むべき論文や調査方法は変わります。

　筆者は、生徒の理解の質的な変化のきっかけが教室の文脈の中で具体的にどのような生徒の行動に表れているかを明らかにしたいと考えました。教室の文脈にそって学習の変容過程を検討しているこれまでの研究は、授業の談話記録に基づいて分析が行われています[2]。

　例えば、ヤッケル・コブ・ウッド（1999）は、数学の授業を1年間観察・記録しました。その談話記録と教師の振り返りから、ある子どもの予想外の発言をきっかけに、数学的に異なる考え方の発言を推奨し、何を数学的に洗練された説明とするかについての了解といった数学に特有の規範が教室に生成されていった過程で、10の概念が学習されたことを描き出しています。

---

1) 「中学校の数学授業における一生徒の文字式理解プロセスの質的研究―聴くことと援助要請に着目して」
2) Cobbらの研究以外にも、数学教師である自身の教室での授業を分析しているLampert（1995）や、授業への参加の仕方について小学校から中学校への変容を分析している大谷（1997）などもあります。

筆者がさらに興味をもつのは、教室で同時に学習する生徒たちが、さまざまな授業への参加スタイルをもっていることです[3]。教師が介在する学級全体での談話に、生徒は必ずしも発言する形でのみ参加しているわけではありません。生徒はそれぞれどのようなスタイルで授業に参加し、どのような学習過程を辿っているのでしょうか。それを明らかにするためには、学級全体の談話記録だけではデータとして十分ではないと考えられます。

　他の調査方法としては、研究者側で用意した課題を提示して、生徒のワークシートへの記述をあわせて分析する方法が挙げられます[4]。授業の前後や単元の前後で、ワークシートに記述された課題に対する得点の変化や方略の変化を分析すれば、生徒の理解の質的な変化そのものを詳細に明らかにすることができるでしょう。

　ワークシートという生徒の記述は、生徒の理解の質を探る上で貴重なデータです。発言されて教室で公式に共有された考えのみならず、どの子がどのような考えをもちながら授業を経験していたかが窺えます。ただし、ワークシートに何を記述させるかという点で、筆者はもう一度自分の明らかにしたいことと向き合うことになりました。

　研究者側から事前―事後課題の提示や、特定の指導法を教師に依頼する等の介入をしてその間の変化を辿るという研究デザインにすると、研究者側で授業の中に枠組みをあてはめることになります。ある概念についてどのように理解を進めていたかを、信頼性と妥当性[5]のある基準で明らかにするためにはこの方法が適しています。しかし、筆者の関心は生徒の授業の経験を、生徒の「今－ここ」の視点に立って捉えるところにあると気づきました。介入のない自然な環境（natural-setting）で生徒は何を考え、理解につまずいたらどのように行動しているのでしょうか。そこで、生徒の授業中のすべての記録が残るよう、学級全体での談話に加え、小グループになったときの談話と、ワークシートで

---

[3] 秋田・市川・鈴木（2002）は、「発言はしないが他者の話は聴く生徒」などの生徒の参加スタイルを明らかにしています。
[4] 例えば、小田切（2013）が詳しいです。
[5] 信頼性とは、同じ条件下で同じ結果が安定して得られるか、妥当性とは、はかろうとするものを的確に捉えられているかを表す度合いのことです。

はなくノートを分析材料として用いて研究を進めることとしました。

　この段階で、冒頭に示した疑問よりは絞り込めてきました。しかし、まだどのように分析するかの視点を絞り切れてはいません。実は、本章の研究事例の分析視点は、調査計画書を提出した時点ではなかったものです。全くなかったというよりは、言葉になっていなかったと表現した方が正確かもしれません。いずれにせよ、計画書の時点では、生徒の数学の概念理解をいかに捉えるかという学習論に関する文献収集と検討を中心に行い、その分析枠組みの中で生徒の行動を考察する予定でした。

　見出しを「最初の問い」としたのはこのためです。質的研究では、問いが観察を通して更新されることは必然的といえます。むしろ、観察時に絶対の視点をもってしまうと、その場で起こっている事実を見落としてしまうリスクを抱えます。十分にレビューして問いをもって観察に出かけることは重要ですが、柔軟であることも質的研究者として心がけるべき重要な姿勢です。

目的に照らして観察対象と方法を決める

　観察対象と観察方法は表2.1の通りです。研究の問いが、生徒の授業経験と学習過程の変容にあったため、必然的に観察の頻度は、週3回の数学の授業すべてとなりました。9月初旬から11月中旬まで、定期試験や学校行事を除き、単元をまたいで継続して観察しました。授業は学級全体での議論に加え、毎回の小グループの議論がありました。学級全体の際はコの字型の机配置で、課題に取り組む際に4人グループになっていて、1回の授業で複数回グループになることもありました。

表2.1　観察対象と観察方法

協力者	中等教育学校　数学教師　1年生1学級（男女20名ずつ）
対象授業	文字と式／一次方程式／一次不等式　計16時間
記録の方法	ビデオカメラ1台　ICレコーダー10台　ノート収集

観察の際の注意点は、①教室内を歩き回ってなるべく多くの生徒／グループの様子を把握すること、②必要以上に喋らないことでした。

　①は、観察されているという精神的負荷を特定の生徒だけに偏らせて与えないためと、観察の時点で特定の視点だけに立って気づけることを狭めないためです。

　②について、観察初期には困ったときに筆者に助けを求める生徒も現れました。このようなとき、「皆はどう思うの？」等と投げ返すようにして、直接援助することは控えました。廊下で会えばお互いに挨拶をしますが、授業中には徐々に自分たちの力で課題に取り組むようになりました。

必要なデータとその収集方法を考える

　目的に照らして必要なデータは、①一斉スタイルでの談話のデータ、②小グループでの談話のデータ、③生徒のノートでした。特に②が、特定の生徒の授業経験にアプローチする方法の特色となるデータです。

　収集方法は、まず、各グループに1台ずつ行き渡るよう10台のICレコーダーを用意し、各レコーダーにグループ番号の印を付けました。レコーダーは授業開始前に教師に渡し、筆者が授業の流れを妨げないようにしました。そして、教師が授業開始時に教卓の上で録音ボタンを押し、各グループから1名取りに来るよう指示し、取りに行った生徒が持ち帰って机上に置くという手続きをとりました。

　この調査方法は、生徒の授業中の呟きや席の近い生徒との談話をすべて拾うという点で貴重な情報をもたらす一方で、重大な注意点があります。自分が生徒だと想像してみれば自明のことと思いますが、机上にレコーダーを置かれることは生徒にとって非常に負荷のかかることです。協力教師がこの方法を許可した背景には、第一に筆者がこの学級に、本研究の前に週2回の頻度で3か月ほど授業観察に訪れていて、生徒にとって全く知らない人ではなかったこと、第二に教師が担任する学級であり、教師の生徒との信頼関係のなかで可能と判断できたことがあります。それでも実際のところ、レコーダーを置き始めた頃に、置く前までは多くの発言をしていた生徒が急に発言を控える姿もみられま

した。教師のフォローもあって、レコーダーを気にして発言しないという生徒の姿は次第にみられなくなりました。

着目する生徒を決める

　授業観察を進める過程では、事前に固い枠組みを設けていないため、さまざまなことが起こります。筆者にとって最も予想していなかったことは、1名の女子生徒（真帆・仮名）との出会いです。学級全体での議論では一切発言をしないのに、気づけばいつも小グループになると「わからない」と言いつつ最後まで議論に没頭する真帆の姿から、筆者に新しい問いが浮かびました。それが、生徒は授業中にわからないことがあったとき、どのような行動をとって対処するのだろうか、という問いです。

　彼女が気になり始めると、他にも学級全体では自ら発言しないのに小グループになると積極的に発言する生徒がいることに気づきました。そこからは、記録の取り方は変えないものの、そのような生徒に意識を向けつつ観察を進めました。

　真帆を中心に分析を進めようと決めたのは、すべての観察を終えた直後です。観察期間中、授業を終えると時間の許す限りで教師と授業についての話をする時間をもらっていましたが、その中で真帆の話を筆者が初めて出したときは、教師の出した数学の成績優秀者の中に真帆の名前はありませんでした。しかし、方程式と不等式の単元を終え、定期試験の結果、真帆は満点をとり、教師も驚いたように筆者に知らせてくれました。また、彼女のノートを見ると、板書されたことのみならず自分の考えや他の生徒が発表した考えなどが記されており、さらに間違えていた部分も消さずに後から書き足すようにされていました。そこで、研究の目的に照らして焦点をあてる対象としてふさわしいと判断し、決定しました。

　当然、研究であるため学級の中でその生徒に焦点をあてる妥当性の検討も必要です。論文投稿時にも査読者との間で慎重に議論を重ね、真帆以外に同じ条件に該当する生徒がどのくらいいたか等、丁寧な記述を心がけました。

分析の視点・枠組みを定める

　ここで最初の問いを振り返ると、生徒は日々続く授業の経験の過程でどのように学習内容の理解を進めているのか、特定の生徒の「今－ここ」の視点から授業への参加スタイルをふまえて明らかにすることでした。この問いが、授業観察を経て具体的に変わってきました。授業中にわからないことがあったとき、どのような行動をとって疑問を解消しているのかということです。真帆に着目することをふまえ、いよいよ分析をするための視点・枠組みを1つに定めることが必要となります。

　分析の対象は、ビデオカメラとレコーダーの音声から作成した学級全体での談話記録と、真帆のグループの談話記録です。発話の単位は話者交替を基本とし、発話には通し番号を付けました。通常、分析の視点が定まっていないとここで作業はストップしてしまいます。

　そこで、いつのどの行動に着目するのかという視点と、今の研究課題において何が事例なのかを考える必要が生じます。実際に着目したのは、「聴く」という行動と「援助要請」という行動でした。学級全体での教室談話からだけでは捉えられない生徒の学習に資する行動として、教師や他の生徒の発言を「聴く」という行為が指摘されています。「聴く」とは、他者の発言を自らの内に取り込み、流れの中で理解することです[6]。

　また、小グループでの学習の際に、わからないことをそのまま放置せず、他者に助けを求める行動は「援助要請」と呼ばれています。依存を示すものではなく、わからない状態にあることや、何がわからないかを相手に伝えることは、その行い方によって、効果的な学びのスキルだと考えられています[7]。これらの研究は、それぞれ個別に研究されてきました。そこで、この2つの観点から、

---

[6] 授業後に聴いていた内容を子どもに書いてもらう課題によれば、能動的な聴き方の観点として、誰が何を発表したか著者性を保つ、自分の言葉で言い換える、要約することが挙げられています（一柳，2009）。

[7] 答えを直接求めるのは依存的援助要請、ヒント・解き方の説明を求めるのが自律的援助要請です（瀬尾，2007）。また、行い方として、柔軟に尋ね方を変えながら具体的に質問を続けることが望ましいとされます（Webb & Mastergeorge, 2003）。

真帆の学習過程における両者の行動を授業の文脈に位置付けて分析を進めることにしました。

また、談話記録から何を事例として抽出するのか、質的研究にとっては重大な問題です。生徒の行動を授業の文脈に位置付けるという研究課題では、授業がどのように進行したかを可視化しながら分析する必要が出てきます。そこで、学級全体か小グループかという活動形態の切り替えを単位として談話記録を分節化し、真帆の行動を検討することにしました。

枠組みは、真帆の理解の質的な転換点から設定されました。課題を与える等の介入なしの研究デザインのため、教師が作成して実施された定期試験の問題内容と正答率から、理解の転換点にあたる話題を特定し、その話題に関わる談話場面とノートの記述を筆者が同定して事例としました。

記述分析する

今回の課題では、事例の授業中の位置付けが重要な意味をもっています。言い換えると、生徒の行動を切り出して一般的な特徴を見出すのではなく、目指すは授業のどのような文脈の中で生まれた行動かを明らかにすることと、その状況下でどのような意味をもつかをセットで考察することです。

そこで、まずは授業展開における真帆の学習状況と事例の位置を図に整理し、一度その物語を記述する方法をとりました。その上で、各事例の中身を詳細に検討しました。各事例は切り離されたものではなく、対とみなして解釈しました。方程式の授業の中で、解法の違いについて学習した2時間分の分析を例に、

・学習状況
・聴き方の特徴
・援助要請の仕方の特徴

の順にみていきましょう。

〈学習状況を描く〉

図2.1は、授業展開と真帆の理解プロセスの時系列に沿った関係図です。授業ではまず、等式を成り立たせる値を解と呼ぶことから、1つひとつ値を代入

して成り立つ値を探す方法が、方程式の基本的な解き方だと導かれることが確認されました。しかし、それだと解を探す負荷が大きく、負荷を軽減するためには洗練された解き方を見つける必要があると共有されました。そこで、「$2x = 6$」を例に、等式の性質を利用した解法が確認されました。2つの解法が出たところで、生徒たちは教師から、代入の場合と等式の性質を利用する場合とで、負荷以外に質的な違いがあると思うがそれは何かと問われました。

　図2.2左の［事例1］はこのときの真帆の学習状況を示します。2つの解法の質的な違いが、解がその1つであることを示しているか否かにあるという議論について、机上のレコーダーに発話は確認されなかったため、真帆は［事例1］のノートの通り、聴くという行動をとっていたことがわかります。この内容は、後の定期試験で多くの生徒が理解していなかったことが明らかになった点でした（学年正答率35％）。真帆は、正答したことからも内容を正しく聴くことができていたと捉えられます。

　その後、授業では等式の性質を用いて方程式を正しく解くことが目指され、小グループでの議論を挟みながら展開し、真帆は式変形につまずきながらも、グループの仲間に援助要請することで学習を進めていました。

　次の授業で、新たな解法として移項の考え方が学級全体での議論の中で確認されました。移項するとなぜ符号が変わるかを考えるため、黒板には「$x + 6 = 10$」が項を強調して「$x + (+6) = 10$」と記され、「$x + (+6) + (-6) = 10 + (-6)$」を経て「$x = 10 - 6$」とされていました。項を明示化することで、絶対値が同じで符号の異なる数を足したと解釈でき、打ち消すために移項すると符号が変わるというメカニズムがよくわかるように議論が進められました。

　ところが、真帆はその話を聴いてはいたものの正しく理解できていなかったことが、図2.2右の［事例2］のノートからうかがえます。途中式に「$(-2x) + (+5) + (+5) = 11 + (+5)$」（ママ）という記述があります。この個人作業中の机上のレコーダーに基づく談話記録によれば、隣の席の隆之に対して、「これをまず括弧にして項に分ければいいんでしょ？」（1863）と尋ねていました。その時点では、教師の発言が始まったため返事は保留されました。

　しかし、すぐ後で黒板に解答が示されると、表2.2の［事例2'］の通り、隆之に「何の間の式もなく、いきなり＋5を右においてもいいの？」（1877）と

	活動形態	授業展開		真帆の理解プロセス	
		内容		学習状況	行動
1時間目	学級全体	成り立つ値を代入して見つける解法と等式の性質を利用した解法の比較 [事例1]		解がその値だけだと示せるか否かの違いだと、聴いて書く	聴く
	グループ	等式の性質を利用して $2x=6$、$6=3x+9$ を解く		$6=3x+9$ について、$0=3x+3$ までの変形で手が止まり、援助要請	援助要請
	学級全体	$2x=6$、$6=3x+9$ の解答確認		解答をほぼ板書通り、書く	聴く
	グループ	$-1=x$ から $x=-1$ への変形を等式の性質に基づいて示す		$-x=1$ まで確認しながら自分で変形するが、そこで困って援助要請	援助要請
2時間目	学級全体	移項を用いた解法 移項すると符号が変わる理由		項に分けて括弧をつけて考えるとわかりやすい、と書きとる	聴く
	個人	移項を用いて $-2x-5=11$ を解く		隣の隆之の解答を見て、移項して符号を変えたことに疑問を露呈 自身は $(-2x)+(+5)+(+5)=11+(+5)$ と書き、援助要請（ママ）	援助要請
	学級全体	$-2x-5=11$ の解答確認 [事例2]		隆之に確認し、移項すると符号が逆になる、と書き加える	聴く 援助要請
	グループ	教科書の問題で演習		右辺の文字の項の移項、2個同時の移項、-1 の乗除等、援助要請	援助要請

図 2.1 方程式の解法の違いに関わる授業展開と真帆の理解プロセス

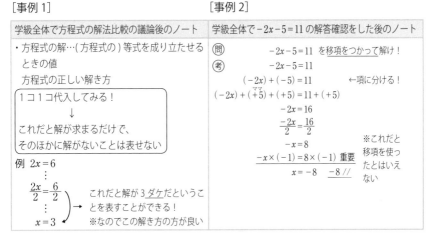

図 2.2 聴いて自分の言葉で書いたノート

表2.2 聴いても理解できなかった疑問を解消する援助要請［事例2'］

\multicolumn{2}{c}{$-2x-5=11$ を移項をつかって解く課題の個人作業場面}
隆之	真帆
1878. 移項。 1880. 先生さっき、移項してやれって言ってたじゃん。	1877. ねえねえ、これ何の間の式もなく、いきなり＋5を右においていいの？ 1879. いいんだ。 1881. あ、そっか。

短く尋ね、「あ、そっか。」（1881）と移項のイメージを改めたことがうかがえます。逆にいえば、ノートの「これだと移項を使ったとはいえない」の記述は追記されたものであるため、真帆は括弧を用いて式を書き直し、その上で両辺から足したり引いたりすることが移項であると誤解し、議論を聴き1人で正しく理解することに失敗していたと捉えられます。

〈聴き方の特徴を描く〉

　以上の学習状況における真帆の聴き方について、［事例1］からより詳しく検討します。このノートの記述の中で、このとき板書されていたのは例の式変形のみでした。要するに、その他の記述は真帆が教師や他の生徒の発言を聴いて書いたものであり、真帆が板書の模写をしていたのではないことがわかります。

　またこの内容は、学級全体での談話記録に基づけば、教師を中心に特定できるだけで9人の生徒が発言していた議論を反映したものです。一人ひとりの発言を抜き書きしたわけでもありませんでした。「これだと」という記述に着目すると、代入による解法とその欠点、それに対して等式の性質に基づく解法とその利点というように、教師と複数生徒の発言から真帆が内容を統合していることがうかがえます。これは、要約して他者の発言を聴くという能動的な聴き方の観点（一柳, 2009）に値すると解釈できます。

〈援助要請の仕方の特徴を描く〉

　ただし、能動的に聴く態度であっても必ずしも正しく理解が進んだわけでは

ないことが、すでに確認した移項に対する真帆の誤解からわかります。真帆が自分の誤解に気づいたのは、個人作業の時間から学級全体での議論に移り、途中式が確認されたときでした。[事例2]は個人作業中から誤解を解くまでの時間をかけて記されたノートです。[事例2']で真帆は、隆之に+5を右辺に移してもよいか尋ね(1877)、隆之に移項だと短く答えられています(1878)。ノートへの追記を見ても、誤解は解けたようであることがわかります。

　この談話は、肯定か否定で簡潔に答えられる援助要請発話と、移項だという結論を示す援助発話との短い対話でしかありません。ここだけ見ると、具体的な質問をするという望ましい援助要請ではなく（Webb & Mastergeorge, 2003)、答えを直接求める依存的な援助要請（瀬尾, 2007) だと見受けられます。＜学習状況＞の中でみた通り、個人作業中から真帆は「これをまず括弧にして項に分ければいいんでしょ？」（1863）と隆之に援助要請を行っていて、隆之の [事例2'] での応答は学級全体での議論の流れとそれまでの真帆からの質問をふまえた上で、真帆のわからなさの内容が何であるかを推定して指摘したものであると捉えられます。

　このように、まず物語を描いて[事例1]と[事例2]が生じた文脈とその2事例の関係を明らかにし、その上で各事例にみられた生徒の行動を設定した視点で解釈する構造で分析を行いました。また、[事例2]では同時進行であったノートの記録と談話記録について、一方を[事例2']と記し、図2.2と表2.2をあわせて分析しました。レコーダーを机上に置き、ノートを収集した研究法の特色であるといえます。

　本章で取り上げたのは方程式の解法の違いに関する事例2つで、個人作業中や学級全体での議論中の隣の生徒との呟きによる談話でした。他に、文字式の異同判断に関する事例1つと、不等式の解法の性質に関する事例2つの分析も行いました。前者の事例は、グループの談話と、その際に発話されながら丸を書き込まれたノートの分析であり、後者は、本章の[事例1]と[事例2]の逆の関係、つまり良質とされる援助要請をしたにもかかわらず理解が十分に定着せず、後に能動的に聴くことで理解不足が解消された2事例の分析でした。

　発話をカテゴライズしたり、事例の単位を揃えたりしなかったかわりに、授

業文脈における事例間の関係、そして談話とノートの関係を重層的に記述する方法をとったことで、解釈の質を一定程度保てたと考えられるでしょう。

事例分析したことでみえた新しい視点を考察する

　授業の刻一刻と変わる状況の中で、特定の生徒が理解の質の転換点にどのような行動をとり、それがその生徒にとってどのような意味があるかを検討してきました。しかしそれは、あくまで個別具体な事例の中身を描いてきたに過ぎません。最後に、それらを描いたことで研究や実践に対して何が新しく視点として得られたか、要するに研究や実践への意義を先行研究と比較して述べることが必要です。

　聴くことと援助要請を個別にではなく、特定の生徒の学習状況にそって検討することが今回の課題でした。先の［事例1］と［事例2］から描かれたのは、真帆が学級全体での議論を能動的に聴く態度であったものの正しく理解できず、自分の考えと学級で共有されて進む理解とのズレに戸惑いながらも、個人作業場面や学級全体での議論場面に隣の隆之に援助要請を行うことで対処していた様子です。そして、聴くこと単体では能動的な態度でも誤解をし、逆に援助要請単体としては依存的な態度でも誤解を解消するきっかけとして有効に働くことが明らかになりました。

　このことから、聴くということが、他者の発言を話し合いの流れで理解することを含み、状況から切り離しては考えられないことが改めて示されました。能動的に聴く態度があっても内容を理解する水準で聴けているかは文脈に依存し、さらにはある状況で理解していなくても、後に別の行動をきっかけに理解が進むこともあることがわかりました。

　また援助要請についても、生徒をむやみにラベル分けしてはいけないことが示唆されます。生徒に与えられる課題の種類によって、援助要請の内容や援助要請と援助のバランスが変わることがすでに示されていますが（山路, 2013）、援助要請が自律的か依存的かを状況から切り離して判断することはリスクが伴うことが今回の事例からいえるでしょう。1人でつまずきを抱える生徒の学習を支援する上で、どのような学習状況で援助要請をしているかなどに注意を払

うことの重要性が示唆されたといえます。

研究で明らかにできた範囲を真摯に受け止める

最後に、研究の限界を示さなければなりません。特に今回の研究は1名の生徒に焦点をあてた事例研究です。別の生徒でも同じことがいえるのかという再現性の問題はつきまといます。むやみに一般化をはかることはできません。しかし、行動の意味を文脈にそって捉えなければ、その生徒の学習過程における努力を明らかにすることはできませんでした。なぜこの生徒が聴くことや援助要請を状況に応じて柔軟に行えるのかについては、検討すべき今後の課題として導かれます。このように、特定の生徒に目を向けて重層的に分析することで、授業をみる視点が更新されていきます。視点を更新し続けることが、この研究法を用いる者の使命なのではないでしょうか。

> **研究法の心得**
> ❶教室では、見たいものを見ず、「今-ここ」で起こっていることを柔軟に感じとる。
> ❷事例は枠をはめて切り出すよりも、生徒目線の物語の中で何が事例かを考える。
> ❸分析の視点に照らして、事例間の関係と事例内の意味を重層的に記述する。

■引用文献

秋田喜代美・市川洋子・鈴木宏明（2002）「授業における話し合い場面の記憶―参加スタイルと記憶」東京大学大学院教育学研究科紀要, *42*, p.257-273.

一柳智紀（2009）「児童による話し合いを中心とした授業における聴き方の特徴―学級と教科による相違の検討」教育心理学研究, *57*, p.361-372.

Lampert, M.（1995）「真正の学びを創造する―数学がわかることと数学を教えること」秋田喜代美, 訳.『学びへの誘い：シリーズ「学びと文化」』佐伯胖・藤田英典・佐藤学, 編. 東京大学出版会, p.189-240.

大谷実（1997）「授業における数学的実践の社会的構成　算数・数学科の授業を事例に」『質的研究法による授業研究　教育学／教育工学／心理学からのアプローチ』平山満義, 編. 北大路書房, p.270-285.

小田切 歩（2013）「高校の数学授業における協働的統合過程を通じた個人の知識統合メカニズム―回転運動と三角関数の関連づけに着目して」教育心理学研究, *61*, p.1-16.

瀬尾美紀子（2007）「自律的・依存的援助要請における学習観とつまずき明確化方略の役割―多母集団同時分析による中学・高校生の発達差の検討」教育心理学研究, *55*, p.170-183.

Webb, N. M., & Mastergeorge, A. M. (2003). The development of students' helping behavior and learning in peer-directed small groups. *Cognition and Instruction, 21*, pp.361-428.

Yackel, E., Cobb, P., & Wood, T. (1999). The interactive constitution of mathematical meaning in one second grade classroom: An illustrative example. *Journal of Mathematical Behavior. 17*, pp.469-488.

山路 茜（2013）「中学校数学科のグループ学習における課題の目的に応じた生徒のダイナミックな関係―N.ウェブの「援助要請」を手がかりとして」教育方法学研究, *39*, p.25-39.

山路 茜（2017）「中学校の数学授業における一生徒の文字式理解プロセスの質的研究―聴くことと援助要請に着目して」教育心理学研究, *63*, p.401-413.

山路 茜（2019）『中学校数学の授業における相互作用プロセス』風間書房.

【書籍紹介】

①稲垣忠彦・佐藤学（1996）『授業研究入門 子どもと教育』岩波書店
　研究法の解説書ではなく、授業と授業研究に対する教師の常識を問い直す本ですが、授業と向き合う者であれば心構えとして必読です。「授業の観察と記録」「授業の記述と分析」の部分は、なぜ仮名で記述するかなど、本章の研究法にも通じます。

②清水美憲, 編著（2010）『授業を科学する』学文社
　国際共同研究「学習者の観点からみた授業研究（略称：LPS）」の一環として、同一のデータベースから多角的な授業の質的分析が掲載されています。

③河野麻沙美（2012）『算数授業における協同的な学習過程の検討』風間書房
　特定の生徒への着目ではありませんが、その教室で児童たちが自分たちなりの図的表現を用い、「立ち戻り」ながら数学の知識構築を行う過程が詳しく記述・分析されています。

第3章 協働的な話し合いを支援する教師の即興的思考の研究

●授業談話とインタビュー記録の分析によるリヴォイシング時の教師の思考の検討

一柳智紀

【研究の流れ】

フィールドから生成したリサーチクエスチョンに基づき、データとの対話を幾重にも繰り返しながら、授業におけるやりとりとインタビューにおける語りとの関連を読み解いていくところが、本研究の特徴です。

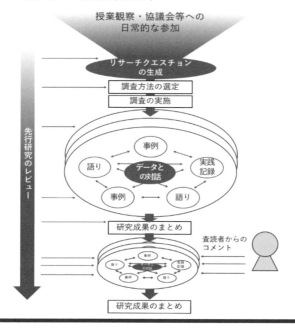

授業中の教師の思考に焦点を当てる

　授業では、教師と子ども、子どもと子どもが話し言葉や書き言葉だけでなく、視線、指差し、ジェスチャーを含め、様々な形でコミュニケーションをしています。とりわけ、子どもたちが主体的に関わりながら協働的に学ぶ授業では、子ども同士のコミュケーションが重要となります。そのため、協働的な学習の実現に向け、話し合い活動や小グループでの問題解決などが取り入れられることがあります。

　しかし、そうした活動を取り入れても、なかなかうまくいかないという事態もあります。このときに重要になるのが、実際に子どもたちが問題に取り組んでいる際に子どもたちの様子を見取り、思考し、子どもたちの協働をどのように支援するかです。なぜなら、「授業の中での教師の振る舞い方、特に教師が子どもの書き言葉や話し言葉をいかに受け止め、用いるかが、いかに子どもたちが学習に取りかかり、ひいては何を学ぶのかを決定的に形成する」（Barnes, 1992）からです。

　では、協働的な学習を組織し、支援する際、教師はどのようなことを感じ、考えているのでしょうか。以下では一柳（2014）を具体例に、研究の進め方や分析方法などを紹介していきます。

フィールドからリサーチクエスチョンを生成する

　本山（2007）は、フィールド調査から研究を進める際、誰にとってのどういう「問題」であるのか、「個人誌的文脈」「現場の文脈」「学問的文脈」の3つの文脈に照らして検討する必要があり、いずれの文脈にも関わってこそ、教育の改善に資する深い追究がなされた学術研究となると指摘しています。以下では、この3つの文脈に照らして、どのようにリサーチクエスチョンを生成していったのかを整理したいと思います。

(1) 個人誌的文脈

　筆者はこれまで、授業における「聴く」ことに興味を持って研究してきました。とりわけ、子どもたち同士が話し合い、学び合う協働的な授業において、発言しない子どもも含めてどのように他の子どもの発言を聴いて授業に参加し、学んでいるのかに興味を持って研究を進めてきました。そして、教師の「リヴォイシング[1] (revoicing)」という方略が、子どもの「聴く」という行為を支援していることが明らかになってきました。

　その中で、教師は授業においてどのように子どもの言葉を聴いているのだろう、という関心が生まれてきました。なぜなら、これまで参観させていただいた教室では、子どもの発言一つひとつに耳を傾ける先生方の姿が必ずあったからです。さらには、教師のリヴォイシングは、教師自身がどのように子どもの言葉を聴いているかを反映した行為であると言えます。

(2) 現場の文脈

　しかし、授業を参観させていただいていると、事例1のように先生方はいつも、すべての発言に対してリヴォイシングを行っているわけではありませんでした。また、誰に向けてどのように言葉を返すかも、場面によって異なっていました。なぜこのような違いが生まれるのだろう、その背後にはなにがあるのだろうという疑問が湧いていきました。

　また、これまで継続的に観察をさせていただいていた協力校（小学校）では、過去5年以上にわたり「一人ひとりの学びを大切にした授業の創造」という研究主題のもと、児童による話し合い中心の「聴き合い、学び合う」授業実践が行われていました。しかし、研究授業後の協議会では、授業者や参観した先生方から、児童の言葉をどう聴いたらいいのか、うまく聴けない、話し合いをうまく組織できない、という悩みがしばしば出されていました。それは、話し合い活動を取り入れてもなかなかうまくいかないという悩みであり、実際の状況

---

[1] O'Connor & Michaels (1996) は「議論の中で他の参加者によって行われる、口頭もしくは書き言葉での、ある子どもの発話の、ある種の再発話」と定義しています。本研究では教師によるリヴォイシングを取り上げましたが、学習者によるリヴォイシングも研究されています（例えば渡邊, 2014）。

事例1

> 101 小松：明るいオレンジ色って書いてあるから、おみつさんは明るい色が好きなのかな。
> 102 先生：あ～、ここの（と教室前方に戻り、黒板に貼られた教科書の挿絵を拡大した模造紙を指しながら全体に向けて）、明るい色が見えた時に、おみつさん明るい色好きなんだろうな～…（約3秒待つ）…大野さん。
>
> （中略）
>
> 103 先生：はい、品川くん。
> 104 品川：あぁ、「口の中で何かもごもご言いながら、にげるように店の前をはなれました」ってところで、何を言ってるのかな、って。
> 105 先生：水村くん。
> 106 水村：「口の中で何かもごもご言いながら」ってところが気になりました。
> 107 先生：大橋くん。

※児童の名前はすべて仮名。波線部はリヴォイシング。以降も同様。

の中でどう判断し、考え、応じていくか、という実践的な知識についての悩みであると思われました。

　そこで、先述したリヴォイシングに際し、先生方がどんなことを感じ、考えているのかを検討していくと、子ども同士が「聴き合い、学び合う」のを支援するために必要な教師の実践的な知識に迫り、協力校で目指す授業づくりにおいて先生方が抱えている悩みや課題にも対応するのではないかと考えました。それは、「教師の聴くという行為について知りたい」という自身の関心とも合致していました。

(3) 学問的文脈

　では、自身の関心や現場の先生方が抱えている悩みや課題に応える先行研究はあるのでしょうか。リヴォイシングを扱った先行研究では、特定場面におけるリヴォイシングの機能や、教師によるリヴォイシングの形状と機能の組み合わせによる使い分け（藤江，2000）が明らかにされているものの、その際の思考や判断の特徴は検討されていませんでした。一方、授業中の教師の即興的思考を扱った先行研究では、教師が多元的な視点に基づき子どもの発言や学習状況を認識していること、授業観や学習観として概括される信念が即興的思考に

影響を及ぼすことが指摘されていました（佐藤ら，1990）。しかし、子どもの発言や学習状況を認識する視点の相違がどのように具体的な行為に反映されているか、そこに信念はどう関わっているのかは、十分に明らかにされていませんでした（図3.1）。

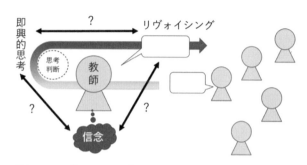

図3.1　リヴォイシング、即興的思考、信念における関係

　これらを踏まえ、リサーチクエスチョンを「リヴォイシングに際し教師がどのような視点からどのように子どもの発言や学習状況を認識し、その認識がリヴォイシングにどのように反映されているか」としました。そして、教師の信念に着目しながら検討することで、教師のリヴォイシングにおける即興的思考の特徴を明らかにすることにしました。

リサーチクエスチョンに基づき協力者や研究方法を選定する

　上記のリサーチクエスチョンに基づき、調査を行うことにしました。ここで意識したのは、「はじめに方法ありき」ではなく、リサーチクエスチョンに応え、明らかにしたいことを明らかにするにはどのような方法がよいのかを考え、柔軟に方法を思考し、選定することでした。

(1) 協力を依頼する

まず、どなたに協力していただくかを考えました。協力を依頼した小学校では、どの先生も日常的に児童が協働的に学ぶ授業を実施されていました。しかし、教師のリヴォイシングにおける即興的思考の特徴をより詳細に明らかにするためには、佐藤ら（1990）の知見から、自身の実践について豊かに語ることのできる熟練教師を対象とするのがよいと考えました。そこで、協力校で児童による話し合い中心の授業を5年以上実践している葛城先生（仮名、女性、教職歴20年以上）に調査への協力を依頼しました。葛城先生は協力校で研究主任を務めるだけでなく、毎年3回以上の公開授業を行い、聴くことを重視し、聴くことに基づいた児童による話し合いを中心とした「聴き合い、学び合う」授業の創造を日々目指し、実践の向上に努めていました。

また、葛城先生は授業観察を行った年度の協力校の研究紀要に執筆された実践記録の中で、「聴く必然性を感じること、友だちの言葉によって自分を豊かにしていくこと、自分の言葉をリアルタイムに紡ぎだし、更にみんなに打ち出すこと、表現できてこそ初めて、学びの実感が生まれるのではないだろうか」と述べていました。ここから、協力校での継続的な実践の中で、葛城先生が話し合いに対し、単に自分の考えを発言するだけでなく、他者の発言を聴くこと、さらに聴いて考えたことを自分の言葉にして発言することが重要であるという信念を形成してきていることが推察されました。

なお、即興的思考の特徴を明らかにする上で、複数の教師を対象としてグラウンデッド・セオリー・アプローチによってボトムアップに描き出す方法も考えられます。しかし、この研究では葛城先生お一人を協力者としました。それは、リヴォイシングにおける教師の即興的思考の一般的な特徴を描くことよりも、授業におけるリヴォイシングという具体的な行為と即興的思考の関連をより詳細に検討したかったためです。

(2) 方法を考え、選ぶ

次に「リヴォイシングに際し教師がどのような視点からどのように子どもの発言や学習状況を認識し、その認識がリヴォイシングにどのように反映されているか」を明らかにするための方法を考えました。

一つは授業の観察です。観察は、葛城先生が担任する5年生学級において、4月から2月まで毎週約1～2回、計20回行いました。こうした頻度で行ったのは、研究に必要なデータを集める以上に、回数を重ねることで葛城先生の授業に対する信念や授業中の振る舞い、児童の様子などの理解を深め、その後の分析の基礎とするためです。もちろん、倫理的な配慮として負担にならない範囲で観察をお願いしました。観察にあたっては、児童の学習状況と葛城先生の対応の両方が記録に残せるよう、毎回、教室前方からビデオで撮影しました。

　もう一つは授業後に行うインタビューです。これは、児童の発言や学習状況についての葛城先生の認識や教授行為の意図を捉えるためです。観察した授業のうち、クラス全体での話し合いが中心になされた3回の授業（いずれも『わらぐつの中の神様』）について、授業日から1週間以内に以下の手順で行いました。最初に、ビデオ記録と筆者によるメモからトランスクリプト[2]を作成し、発言ターンごとに整理しました。次に、自身の解釈と児童の発言内容の関係がリヴォイシングの有無にも関わっていると予想されるため、秋田・市川・鈴木（2001）にならい、児童の各発言がテキストを理解していく際にどの程度重要であるかを自身の解釈に基づいて3段階（3：大変重要、2：重要、1：普通）で葛城先生に評定してもらい、その評定値をトランスクリプトに記入してもらいました。さらに、そのトランスクリプトを見ながら、授業の流れに沿って児童の発言の印象や児童の学習状況、自身の応答の意図などを自由に語ってもらいました。このとき必要に応じて質問を追加し、リヴォイシングの意図やそこで用いている言葉の意味を尋ねました。

　なお、授業を振り返る方法には、特定場面のビデオを見ながらそのとき考えていたことなどを語ってもらう再生刺激法もあります。ビデオの使用は、当時の状況を想起しやすいという利点があります。一方で、研究者が場面を特定したビデオの場合は研究者のバイアスがかかったり、他の場面と関連づけて語りにくかったりします。また、本研究ではリヴォイシングにおいて用いる言葉にも着目したかったので、そうした言葉が音声として流れてしまうビデオではなく、書き言葉であるトランスクリプトを用い、できるだけ自由に他の場面や発

---

[2] 音声データや映像データを文字や記号を用いて書き起こした記録

言とも関連づけて語りやすいようにしました。ただし、当時の状況を想起しやすいよう、トランスクリプトには表情や視線、立ち位置、板書内容など、できる限りの情報を含めました。

データと対話し、データ間のつながりを読み解く

(1) 全体的な概要を把握する

　分析は、各授業からリヴォイシングを同定するところから始めました。そのために、まずオコナーとマイケルズ（1996）の定義を受け、児童の発言に対する応答発言に該当する発言ターン内に、児童の発言を繰り返したり、内容を維持したまま言い換えたり要約したりしている場合、その応答発言を「リヴォイシング」と定義し、ビデオと文字記録から、定義に当てはまる葛城先生によるリヴォイシングを同定しました。

　その結果、インタビューを実施した3回の授業において、話者交替を単位として発言回数をカウントしところ、児童の発言に対する葛城先生の応答発言157回のうち、リヴォイシングは83回（52.9％）でした。ここから、葛城先生はすべての児童の発言に対してリヴォイシングを行っているわけではないことがわかりました。さらに、重要度評定とリヴォイシングの関係から、葛城先生はテキストを理解していく際に重要だと自身が考える発言をリヴォイシングしているのではないこと、すなわち児童の発言の重要度にかかわらずリヴォイシングを行っている（行っていない）ことが示唆されました。

(2) データを「集中して読む」

　次に、リヴォイシングにおける葛城先生の即興的思考の特徴をさらに詳細に明らかにするために、授業でのやりとりとインタビューにおける語りを質的に検討しました。このとき心がけたのが、直接的で、印象に基づいた表面的な読み方を行うのではなく、語りの一つひとつの言葉に注意を払い、その意味を多層的に捉え、より分析的な解釈へと高めるために「集中して読むこと」（ギブス, 2017）です。具体的には、リサーチクエスチョンに基づき、

(1) 葛城先生がどのような視点から、どのように児童の発言や学習状況を認識しているのか
(2) その認識がリヴォイシングにどのように反映されているか
(3) そのようなリヴォイシングにおける即興的思考に、継続的なフィールドワークから推察された聴くことを重視した話し合いに対する葛城先生の信念がいかに反映されているか

という観点から、繰り返し何度もデータ（トランスクリプト、インタビューでの語り、実践記録等）を読み、一つひとつの言葉の意味を考察しました。

　例えば、次のような事例がありました（事例2）。クラス全体で行う話し合いの冒頭になされた寺田さんの発言(201)を受け、葛城先生は「おみつさんは？」と、彼女の言葉を繰り返しています（203）。さらに、彼女の発言（204）を受け、「好き」という言葉を繰り返し、「書いてないけどそう思ったんだ」と寺田さん本人に問いかけています（205）。こうした繰り返しから、葛城先生の応答（203、205）は、寺田さんに宛てられたリヴォイシングと捉えられます。

　授業でのやりとりに着目すると、「好きという言葉を出してくれた」から、葛城先生が寺田さんの発言のうち「好き」という言葉に着目していることがうかがえます。また、続く「そう思った」の主語は寺田さんです。ここから、これらの応答を通して先生が彼女の視点に立って、彼女の解釈に寄り添おうとしていることがうかがえます。一方、「書いてないけど」からは、葛城先生がこのとき本文と関連づけて彼女の発言を聴いていることがうかがえます。

　インタビューの語りにも着目すると、「おみつさんの暮らしぶりが、いろんなところから見えてくるといいかなっと、思っていた」にあるように、葛城先生が主人公の暮らしを読み深めることをねらいとしていたことがうかがえます。そして、「まだ見えてきてなかった」からは、自身の解釈と比較して寺田さんの発言を聴き、彼女の解釈では不十分だと認識していることが読み取れます。こうした一連の認識は、この授業において主人公の暮らしを読み深めようとする授業者としての視点に基づいていると考えられます。一方で、「『好き』っていう言葉を手がかりに」、「そこまで、見えるといいかな」といった言葉からは、やはり授業者としての視点から、葛城先生が彼女の発言をその後の話し合

事例2　テキストを読み深める契機としての判断

授業でのやりとり（11/12）	授業後のインタビューでの語り
子どもたちは互いが向き合うようにコの字型に座っており、葛城先生は教室前方に椅子を置いて座っている。読んで分かったことを話し合うことが確認され、話し合いが始まる。今井さんが発言したのち、寺田さんが指名される。 201 寺田：おみつさんはいつもくるくると働いていたので… 寺田さんがそう話し始めると、葛城先生はジェスチャーで全体に向けて声を発するように示しながら、大きな声で全体に話しかけるように伝える。寺田さんは少し声を大きくし、発言を続ける。 202 寺田：おみつさんは働くのが好きっていうか… 203 先生：（寺田さんに）<u>おみつさんは？</u> 204 寺田：働くのが好き… 205 先生：（寺田さんを見て、彼女に）<u>好きという言葉を出してくれたのね。書いてないけどそう思ったんだ</u>（寺田さんがうなずく）。はい、福田さん。	ここのところでおみつさんの暮らしぶりが、いろんなところから見えてくるといいかなっと、思っていたかな。（じゃ、寺田さんのところでは、「好き」という言葉が、やっぱり先生にとって…）うん、働くのが好きっていうのと働かざるを得ないっていう、こうおみつさんの暮らしの状況までは、まだ見えてきてなかったんだけど、「好き」っていう言葉を手がかりに、もちろんそういうような働き者の面もあるけども、そうじゃない、生きていけない厳しい状況っていうのかな、そこまで、見えるといいかな〜と思って。
206 福田：おみつさんは、いろんなところで働いてるから… 207 先生：ごめん、ちょっと待って。（と福田さんの発話を中断し、他児童の姿勢が整うのを待つ）…ごめんね、今樫野さんに伝えるからね。（福田さんに）はい、お願いします。 208 福田：（対面に座っている樫野さんの方に向かって）おみつさんは、働き者…っていうか、いろんなところで働いていて…（首をかしげ言葉につまる） 209 先生：（うなずきながら全体に向けて）<u>福田さんいろんなところ〜ってこう言葉をもらったら、ここかな〜って頭の中で浮かべていくといいよ。</u>（そう言うと、黒板に貼られたテキストを拡大印刷した模造紙を指でなぞりながら読み返す。約4秒後、全体に向けて語りかける）今おみつさんの話出たでしょ？（といって児童を見渡す）…そこのところで、おみつさんのことはあっこんなふうに気がついたよ、こんなふうに書いたよ〜っていうのを、今伝えられると伝えといてください。	（寺田さんの発言についての語りにつなげて）で、福田さんのところで、少し働かなきゃいけないとか、おみつさんの働いてる場所が、いろんな場面で、たぶん書いてないとこまで見えてきたかなと思って…感じがしたのね。実際の労働とか。（それがこの「いろんなところ」ですか？）うん、うん。だから朝市にも出かけていくし、もちろん兄弟の面倒もみるだろうし、家事労働もするだろうし、野菜を売るってことは畑もするだろうし、こう広がって見えるといいかな〜って。

いの展開に位置づけて認識していることがうかがえます。それが、授業中の「好き」という言葉の繰り返しや、「出してくれた」という言葉に反映されているのではないかと考えられます。すなわち、みんなで読み深めるのに貢献してくれている、というニュアンスがこのリヴォイシングには含まれているのではないかと考えられるのです。

　続く福田さんの発言（206、208）を受けて、葛城先生はうなずきながら、「いろんなところ」という彼女の言葉を繰り返し、同時に「もらったら、ここかな〜って頭の中で思い浮かべていくといいよ」と、周囲の児童に促すように語りかけ（209）、テキストを読み返しています。ここから、葛城先生の応答（209）は、クラス全体に宛てられたリヴォイシングと捉えられます。続けて、葛城先生は福田さんの発言中の言葉を用いていないものの、彼女が言及した「おみつさんの話」について、気づいたことやワークシートに書いたことを「伝えといてください」とクラス全体に向けて発言を促しています（209）。

　こうしたリヴォイシングの言葉や宛先からは、葛城先生の応答が福田さんの発言をきっかけに話し合いを展開させようとする授業者としての視点に基づいていることがうかがえます。インタビューの語りにも着目すると、「書いてないとこまで見えてきたかな」からは、先生が自身の解釈に照らしながら彼女の発言と寺田さんの発言との相違を聴き取っていることがうかがえます。さらに、授業の中で先生がクラス全体に向けて繰り返している「いろんなところ」という福田さんの言葉について、先生は自身の考える「いろいろなところ」を挙げながら、それらが「広がって見えるといいかな〜って」思っていたと語っています。これらの語りからも、葛城先生が授業者としての視点から、彼女の発言のうちにその後の話し合いに対する展望を見いだし、労働について読み深める契機になると判断していることがうかがえます。

　しかし、寺田さんと福田さんの発言いずれについても読み深める契機になると捉えているにもかかわらず、リヴォイシングの宛先は異なっていました。ここにはどのような意味があるのでしょうか。

　もう一度、インタビューの語りに戻ると、葛城先生は寺田さんの発言について、主人公の暮らしを読み深める「手がかりに」なると認識している一方で、「まだ見えてきてなかった」と、解釈が不十分とも認識していました。そのために、

全体ではなく本人に宛てたリヴォイシングにより、発言を取り上げるに留まっているのではないでしょうか。

　しかし、次に発言した福田さんの発言のうちに、自身の解釈との関係だけでなく、先行する寺田さんの発言との関係を聴き取ることで、「福田さんのところで、少し…見えてきた」と、児童の解釈が深まってきていると捉えることで、福田さんの発言がテキストを読み深めるのにより適した契機になると判断したのではないかと考えました。このような即興的思考が、リヴォイシングにおいて福田さんの解釈を端的に示す言葉をクラス全体に向けて繰り返し、関連する発言を促すという点に反映されていると考えました。

　最後に、こうした即興的な思考に、葛城先生の信念はどのように反映されているのかを検討しました。先行研究（樋口，1995）では、児童の発言を繰り返すとともに別の児童を指名することで、他の児童から意図した応答が出るのを待つという対応行動を取ることが指摘されています。上記の葛城先生のリヴォイシングは、こうした指摘と共通しているように見えます。しかし、葛城先生が児童の発言を修正や否定の対象として認識していないことは明白です。そうではなく、先行する他児童の発言との関係を聴き取ったり、児童の視点に立って児童の読解過程を推論したりする中で、その後の話し合いに対する展望を見いだし、授業の展開に位置づけて認識しています。すなわち、単に自身の意図した応答が出てくるのを期待していたのではなく、発言を契機に児童が話し合うことを期待していることがうかがえます。ここにこそ、「単に自分の考えを発言するだけでなく、他者の発言を聴くこと、さらに聴いて考えたことを自分の言葉にして発言することが重要である」という、児童による話し合い中心の授業を継続的に実践してきた葛城先生の信念が反映されているのではないかと考えました。

　このことは、別の事例からも読み取ることができました。冒頭で示した事例1の小松さんの発言（101）に対して、葛城先生はインタビューで次のように語っていました。

> （小松さんの、先生あの絵を指しながら確認されてたんですけど。）色が好きっていうか、あのおみつさんのお洋服もね、オレンジっぽく書かれていたから小松さんそう思ったのかも。でもあのお店の中で唯一色が付けられてるのね。だから小松さんはオレンジ好き、私も自分がオレンジ好きってよく言うけど…ほんとはね小松さんが言った明るい色が好きっていうより、雪下駄の、人目をひく、品のいい感じ。小松さんにね、そうじゃなくってっていう言葉が子どもから出てきて、それだけじゃなくってっていうのがでてきたらいいな〜（あ〜、そういうのも期待して？）うん、期待はしてる。それもあるけどとか、それだけじゃなくてみたいな言葉がやがてこの子たちから出てくるといいな〜っていう期待感があって、こう一つなんか未完成なものが出てきた後に、言葉を塗り重ねてくれるっていうかな。

「小松さんそう思ったのかも」からは、ここでも葛城先生が小松さんの視点に立って、彼女がどこから「明るい色が好き」と解釈したのか推論していることがうかがえます。その一方で、「それだけじゃなくっていうのがでてきたらいいな〜」と、話し合いのイメージとともに周囲の児童に対する期待も語っています。

ここから事例2と同様に、授業者としての視点から先生が小松さんの発言のうちにその後の話し合いに対する展望を見いだし、彼女の発言がテキストを読み深める契機になると判断していることがうかがえます。このとき、インタビューの語りからは、葛城先生は周囲の児童が単に自身の期待する解釈を発言することを期待しているのではなく、小松さんの発言を聴いて、「それだけじゃなくて」とつなげて意見を出すことで話し合いが展開することを期待していると捉えることができます。さらに、「一つなんか未完成なものが出てきた後に、言葉を塗り重ねてくれる」からも、葛城先生が周囲の児童が発言を聴いて考えたことを発言し「言葉を塗り重ねて」いくことが重要であると考えており、また児童に期待していることが読み取れます。

こうした語りからも、クラス全体に向けたリヴォイシングにおける葛城先生の即興的思考は、単に自分の考えを発言するだけでなく、他者の発言を聴くこと、さらに聴いて考えたことを自分の言葉にして発言することが重要であるといった話し合いに対する先生の信念を反映していると考えられました。

対話を重ね、「今、ここ」で生まれる意味に言葉を与える

　以上のように、授業における具体的な葛城先生のリヴォイシングと、インタビューでの語りを往復しながら、それぞれどのように関連しているのかを考察していきました。さらには、リヴォイシング間での相違や共通点についても比較しながら考察していきました。事例の中には、上述した事例とは異なり、児童の発言内容だけではなく発言の仕方を取り上げたり、リヴォイシングを行わなかったりする場面もありました。そうして、一見すると説明がつかないようなリヴォイシングについても、事例を比較し、語りを比較し、先行研究の知見と比較し、実践記録等に示されている葛城先生の信念に照らして、その意味を深く考察することで、複雑で多様な葛城先生の即興的思考に迫ることができました。

　こうしたプロセスにおいて査読者との対話も重要でした[3]。実は、初めて研究をまとめて投稿した際には、リヴォイシングにおける教師の多元的な視点や、教師の信念といった分析の観点は扱っていませんでした。これらの観点の必要性は、査読者のコメントを受け、もう一度先行研究を読み直し、さらにはすべてのデータを見直し、データの意味を問い直す中で見えてきました。そして、それらの観点から再びデータを見直すことで、新たな気づきがあり、事例の意味が見えてきました。いわば、査読者との対話を介してもう一度、データや先行研究と対話し直すことを繰り返したのです。それにより、自分には見えていなかった事例間のつながりや、言葉にできなかった即興的思考の特徴が明確になっていきました。鋭いコメントにくじけそうなときもありますが、なぜそのような指摘がなされるのか、査読者（読み手）にはどのように見えているのかと、その指摘に耳を傾けてみると、事例からまた違う声が聴こえてくるのです。

　こうして明らかにされた授業中の教師の思考の特徴は、教師はなにを思ったか、考えたか、学んだかという静的な特徴ではなく、教師はなにをどのように

---

[3] 多くの場合、学術論文は査読というプロセスを経て学術雑誌に掲載されます。査読では、査読者が論文を審査し、学術雑誌に掲載可能かどうかを判断します。その際、掲載可能な水準にはなく修正が必要である場合は、査読者から具体的な修正箇所についてのコメントがあり、さらなる修正が求められます。

感じているか、考えているか、思っているかという、情動を伴う動的なプロセスの特徴です。具体的な談話などのプロセスデータ間の関連、それらとインタビューの語りなどの事後のデータとの関連、他のデータとの関連を詳細に検討することで、まだまだ明らかにされていない、「今、ここ」で生まれるダイナミックなプロセスの特徴に迫ることができるのではないかと思います。

> **研究法の心得**
> ❶データと対話し、データ間のつながりを読み解く。
> ❷一見すると説明がつかないところにも、必ず意味がある。
> ❸査読者との対話も楽しむ。

■引用文献

秋田喜代美・市川洋子・鈴木宏明（2002）「授業における話し合い場面の記憶―参加スタイルと記憶」東京大学大学院教育学研究科紀要, *42*, p.257-273.

Barnes, D.（1992）*From Communication to Curriculum*（2nd Ed.）. Harmondsworth: Penguin.

ギブズ，G. R.（2017）『SAGE 質的研究キット 6 質的データの分析』砂上史子・一柳智紀・一柳梢，訳．新曜社．

一柳智紀（2009）「児童による話し合いを中心とした授業における聴き方の特徴―学級と教科による相違の検討」教育心理学研究, *57*, p.361-372.

一柳智紀（2014）「教師のリヴォイシングにおける即興的思考―話し合いに対する信念に着目した授業談話とインタビューにおける語りの検討―」質的心理学研究, *13*, p.134-154.

藤江康彦（2000）「一斉授業における教師の「復唱」の機能：小学 5 年の社会科授業における教室談話の分析」日本教育工学雑誌, *23(4)*, p.201-212.

樋口直宏（1995）「授業中の予想外応答場面における教師の意思決定：教師の予想水準に対する児童の応答と対応行動との関係」日本教育工学雑誌, *18(3/4)*, p.103-111.

本山方子（2007）「相互作用にみる発達的変容：特定の子どもに目を向けたエスノグラフィー」『はじめての質的研究法［教育・学習編］』秋田喜代美・藤江康彦，編．東京図書, p.134-162.

O'Connor, M. C., & Michaels, S.（1996）. Shifting participant frameworks: orchestrating thinking practices in group discussion. In D. Hicks（Ed.）, *Discourse, learning, and schooling*（pp. 63-103）. New York: Cambridge University Press.

佐藤学・岩川直樹・秋田喜代美（1990）「教師の実践的思考様式に関する研究（1）：熟練教師と初任教師のモニタリングの比較を中心に」東京大学教育学部紀要, *30*, p.177-198.

渡邉三津（2014）「学習者相互の revoicing を起こす授業の条件―「意味づけ論」による分析を通して―」臨床教科教育学会誌, *14(1)*, p.99-107.

【書籍紹介】

①波平恵美子・小田博志（2010）『質的研究の方法―いのちの"現場"を読みとく』春秋社
質的データといかに丁寧に向き合うか、方法だけでなく研究者に必要な態度と心構えが、対談形式によって書かれています。

②グラハム・R・ギブズ（2017）『SAGE 質的研究キット6 質的データの分析』砂上史子・一柳智紀・一柳梢, 訳. 新曜社
質的データを収集し、記録し、分析するという一連の流れを、基礎的なところから具体例に沿って丁寧に解説しています。

③ドナルド・A・ショーン（2007）『省察的実践とは何か』柳沢昌一・三輪健三, 監訳. 鳳書房
研究方法を扱っているわけではありませんが、省察的実践者として教師を捉え、その専門性を明らかにする上で、理論的にも方法論的にも土台となり、多くの示唆を与えてくれます。

第4章 小グループ学習における示すことや注視の働きの研究

● 社会科の小グループ学習の事例を行為に着目して分析する

古市直樹

【研究の流れ】

問題と目的を認識する
自身の問いに基づく学術論文収集／
学術論文検討に基づく自身の問いの変化／
学術論文と自身の問いとに基づく研究上の
問題・課題・目的設定

▼

方法を認識する
研究目的に基づく研究方法設定／
現場の状況に基づく具体的な研究方法決定／
現場との実際の関わり方に基づく継続的な
調査方法調整・分析方法調整

▼

現場を経験し記述する
分析結果としての事例の表の作成／
表に対応させた事例叙述

▼

対象を理解する
事例の叙述内容の要約／
事例の有する本質的構造の論証

▼

研究を省察する
研究成果の確認／研究全体の妥当性の検討／
残された課題の明確化

問題と目的を認識する

　授業において小グループ学習の場面は、子どもの学びがコミュニケーションにおける思考の関わり合いとして現れやすい典型的な場面です。また、複数人の思考の関係が発話内容に表れるという前提に基づき授業中の小グループ学習の事例を発話内容に着目して分析する研究はよく行われます。しかし、学びは心のありようの変化であるのみならず行為（いわゆる「身体行為」）でもあり、コミュニケーションも、伝えるという行為です。授業中の小グループ学習における発話内容を行為と関係づけて分析する研究はあまり行われていません。

　小グループ学習は基本的に教室空間の中でも特に小グループごとの小さな空間で行われるため、小グループ学習を理解するには、そのつどの視線、見るという行為に着目することが重要です。見る行為と関係づけて授業中の小グループの発話内容を分析する既存の研究は、いずれもコミュニケーションの検討を主眼として会話を扱っているため、発話内容に重点を置くと共に、見る対象を主に身体（会話の当事者の身体）、特に顔に限定して扱っています。見るという行為に特有の機能や教育学的問題としての特性を見出すためには、身体以外の物を見ることも考慮に入れながら、見るという行為にコミュニケーションのみならず教材や学びの内容も密接に関連させた検討を行う必要があります。

　以上に鑑み、本研究では授業中の小グループ学習におけるジョイント・アテンション（以下JA：Joint Attention）に着目します。JAとは、端的にいえばコミュニケーションにおいて誰かの注視と他の誰かの注視とが連鎖的に生じることです。JA研究では、注視や、誰かに物を示す（すなわち注視させる）ための身振りもJAに含意されます。

　JA研究においてJAには二項関係のJAと三項関係のJAがあります。二項関係のJAとは端的にいえば目が合うことであり、自他関係の起源あるいは基礎に関する概念であり、空間あるいは注視対象を強調する概念ではありません。一方、三項関係のJAは誰かと誰かが同じ物を連鎖的に注視することであり（「誰か」が集団である場合もあります）、身体やその諸部位が当事者にとっての空間全体の中に物として位置づけられる上で重要となります。

　授業中の三項関係のJAに着目すると、教室空間のありようが問題になりま

す。教室におけるあらゆる物（身体やその諸部位も含む）が、注視対象として思考に取り込まれる可能性をもつと考えられるようになります。また、注視はいかなる行為にも伴いうるといえます。そのため、教室内の共同行為を三項関係のJAに着目して検討すれば、教室内の物の位置関係やその変化とコミュニケーションとの関連を詳細に分析できます。例えばAさんの音読した隣のBさんの筆記内容を向かい側のCさんが聴き取って書き写すというようにアプロプリエーション[1]や道具の使われ方として検討でき、教材の扱われ方として検討するならば、教育に関する研究主題としての特性が生じます。

確かに、今日では、身振り等による「非言語的コミュニケーション」が授業における思考や概念変容等に密接に関係しているとする研究も多くみられます。しかし、それらは社会的関係の検討において三項関係のJAに焦点を合わせていないため、教材等の物や空間のありようを重視しません。また、やはり発話内容を主な分析対象とし、身振りという行為については、発話内容を補う形象化（embodiment）とみなし、発話と共に生じたもののみを考慮しています。三項関係のJAという概念装置は、授業や小グループ学習の研究において質的に教育学独自の主題を扱うこと、すなわち、実際の行為や身体や空間や物の生成過程の中に微視的に教材とコミュニケーションとの関係（例えば読み書きと会話との関係）を見出すことに寄与すると考えられます。以上を根拠とし、本研究では三項関係のJAに着目して授業中の小グループ学習の事例を分析します。

また、JAを小グループ学習の研究で主題とすることの意義に鑑みると、物の位置の関係性やその変化を重視する必要があるため、JA（三項関係のJA）を共同行為として考えねばなりません。別言すれば、注視を心（注意）のありようの表れ（心から物へ）としてのみならず、いわば情報取得（物から心へ）としても扱えることを、今一度踏まえねばなりません。乳幼児等の研究においてJAに対する関心は心のありようの表れに偏る傾向にありますが、おとなや

---

[1] 社会文化的アプローチにおいてアプロプリエーションとは、他者に属する何かを取り込んで自身のものにする過程であり、概念の所有に関する問題であり発話内容の分析に援用されやすいですが、文字等の物や読み書き等の行為による媒介が実証的検討で十分に考慮されてきたわけではありません。

学齢期以降の子どもの心のありようを注視等の身体のありようのみで判断することは困難です。そのため、授業中のJAの研究では、物や空間のありようを考慮しJAを共同行為（の一部ないし一種）として考えることも有益であり、また、心のありようを探る上では発話内容（や筆記内容）も重要になります。

　従来のJA研究は、JAを社会的関係形成や言語発達の基礎として扱うことが多いため、個々の場面を記述して分析することはあまりありません。そのつどの会話に内在する授業中のJAを検討するには、JAに関する行為の概念も、具体的な事例の分析に適した形で新たに整備されねばなりません。

　詳説は次節で行いますが、本研究では、JAを微視的に個々の三項関係のJAとして特定すべく〈示す−注視する〉という概念対を立てます。示すという行為については、物の位置の関係性への関心に基づき、示す相手・示す者・示される物という三者の位置関係に着目して類型を作成します。そして、これらに基づいて捉えた行為を発話内容と関連させて事例を分析します。

　また、本研究では中学校社会科の小グループ学習の事例を扱います。初等教育に比べると中等教育では、授業中の小グループ学習が小グループごとに自立的に（文字通り小グループ学習として）行われます。そして、次の2つの理由から社会科は授業中の小グループ学習の意義や必要性を顕著にもつと考えられます。第一に、社会科で扱われる主題は総合的であり、地図や史料、条文、統計資料等の様々なJA対象が授業中に利用され、人文学・社会科学全般に関わる多様なディスコースが生じる可能性があるからです。第二に、社会科が市民性（citizenship、学習指導要領では「公民的資質」）の育成を主要なねらいとしているため、社会科の授業では、各生徒が授業の主題を身近な問題に引きつけ議論を通じて価値判断を行う機会が必要だからです。

　以上に基づき、本研究では中学校社会科の授業における小グループ学習場面を事例とし、JAにおける行為を先述の概念対や類型に基づいて捉え、行為を発話内容と関係づけて当事者各々の思考過程の関係を分析することを課題とします。そして、授業中の具体的な小グループ学習場面においてJAのどのような機能がどのような仕組みで生成しているかという構造を明らかにすることを目的とします。

方法を認識する

　以下、事例の登場人物名、学校名、学級名は仮名です。本研究ではZ校（公立中学校、各学年3学級、各学級40名弱）で2009年に社会科の普段の授業場面の観察と記録を実施しました（計13日、計35コマ）。行為に関する実証的な研究では撮影が重要です。Z校で調査を行ったのは、Z校の社会科教師たちとのそれまでの親交により、ビデオカメラによる継続的な授業撮影と各授業の一部始終の撮影の承諾を得て、研究倫理遵守に関する誓約書をもとに授業映像の静止画の公開も許可されたからです。さらに、2008年までの授業見学等により学校や教室の生活世界に精通していたことが発話内容や行為の妥当な解釈の一助になると考えられたことや、交通事情も理由です。

　Z校において小グループ学習は4人1組で行われます。授業中の小グループ学習の時間には、発話内容や行為、机上の物を明細に記録できるよう、カメラの置ける場所に最も近い小グループを撮影対象として選定し観察しました。授業直後の休み時間には、可能な限りで、当該小グループの生徒に小グループ学習の感想を自由に話してもらい、聴き取った内容を筆記で記録しました。

　次節以降で述べるように、事例検討では、行為と発話内容を関連させて小グループ学習における具体的な当事者各々の思考過程の関係を分析しました。授業中の小グループ学習の時間は、生徒が机を動かして小グループを作ってから、教師が各小グループでの作業や議論の終了（中断ではない）を求める発話を行うまでですが、本研究は共同行為の生成過程を微視的にみるものですので、小グループ学習の時間の全体にわたって連綿と続くすべてのJAを扱うことはできず、また、共同行為の生成過程を複数の場面として断続的に抽出し比較検討等を行うことも不必要でした。とはいえ、発達心理学的なJA研究のように検討対象を2人の単一のJAに限定することもできません。すくなくとも、そのような限定に必然性がありません。よって、1つの事例の中にも多様なJA（JAにおける多様な当事者、注視対象）やJA間の多様な関係（多様な差異、同一性、因果性）を見出せるよう、複数のJAが連続して生じる場面を抽出し分析しました（2009年6月15日第4時限3年3組）。ここでJAとは、やはり前節で述べた通り、特に三項関係のJAです。

当該事例では、共同行為としての読み書きもありました[2]。生徒は小グループを作りながらも各自で手元の課題に取り組むことになっていたため、他者の顔や手元をちらちら見つつも概ね自身の手元で読み書きするような、コミュニケーションや思考の静かな生成過程もありました。また、読み書きに散発的に短い発話が介在するため、読み書きと会話（聴く・話す）との関係、文字言語（授業中の筆記内容も含む）と音声言語との関係もありました。さらに、当該単元「アジア・太平洋戦争—日本はなぜアメリカやイギリス等の大国に宣戦布告したのか」が、「事実論題」「政策論題」「価値論題」という社会科の授業における討論の主要な論題[3]に関わっているため、当該単元における小グループ学習はおそらく教材というJA対象についての各自の思考や価値判断が生じやすいという性質を有していました。以上から当該事例は、授業において一般的によく起こるが教師からは目立たず、従来の授業研究や小グループ学習研究で十分に扱えておらず、なおかつ（社会科の）教材や授業主題に関する学びの契機が表れやすい事例と考えられました。そのため、本研究の問題と目的に鑑み、分析に値する事例と判断されました。

　示す、注視するという行為は、具体的には次のように捉えられました。まず、示す行為は特定の物を相手に注視させるための行為です。示す相手・示す者・示される物という三者の位置関係をもとに、

　　　presenting（相手の手元で示す行為）
　　　showing（自身の手元で示す行為）
　　　pointing（指す行為）

を概念化でき、pointing は特定の物を相手に注視させるためにそれに他の物（の先）を向けることです。図 4.1 として掲載しました。また、注視は（顔の様子も確認可能であれば特に目が開いた状態で）目が何かに向き続けることとしま

---

2)「談話分析」ではノート等に授業後まで残った筆記内容を分析することもありますが、本研究ではカメラのズーム機能も使い授業中の筆記内容の生成過程を考慮しました。
3)「事実論題」は過去の事実の真偽に関する論題、「政策論題」は政策の妥当性を事実認識に基づいて問う論題、「価値論題」は事実認識や政策の妥当性の判断を左右している価値規範自体を問う論題とされます。

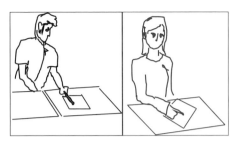

図4.1　小グループ学習場面のpresentingかつpointingの例（左）とshowingかつpointingの例（右）

した[4]。

　小グループにおける共同行為を視線に着目して分析した先行研究に準拠し、示す（注視させるために行う）という意図の有無や内容（示す相手と対象）や注視対象も、各当事者の発話内容の関係の他に物の位置関係やその変化、特に身体のありようを考慮して、映像をもとに筆者と30代学生が独立に判断し、両者の判断を照合し合い、観察時の筆記録も踏まえて協議して特定しました（例えば「A君の指している文字を注視している」というように）。特にpointingについては、指す道具（「他の物（の先）」）の動きと共に「相手」か「対象」が変更されるか推察不可能になるまでを1回とし、「対象」を、映像記録と我々の知識が許す限り細かく捉えました。例えば地図へのpointingも、地図のどの箇所（例えばどの島）へのpointingかまで見極めました。また、注視全般と目によるpointingとの客観的な区別が難しかったため、今回特定されたpointingは概ね手や手で持った物によるpointingでした。

　「手元」は所有に関わります。物の位置関係を重視して小グループ学習の事例を検討する本研究では、示される物を相手が受け取ればpresenting、示す者が持ったままであればshowingとしました。示される物が机上に置かれる

---

[4]「見る」は、（目が開いた状態で）顔が何かに向き続けることや顔が何かに向く動きとしました。例えば、直後の注視対象を含む何かに目が開いたままの顔が向くことです。それは広義には、直後の注視対象を視野に入れることです。顔は、相対的に注視対象よりも大きい何かに向いているといえます。

場合は、どの机（「誰の机」）に置かれるかが showing と presenting との区別の基準となりました。

事例は表 4.1 として掲載し、事例で使用している白地図は図 4.2、成員の机の位置関係は図 4.3 として掲載しました。

表では、各生徒の発話内容と JA に関する行為とが記述しました（前者は横書き、後者は縦書き）。表において上から下へという向きで映像における時間の進行を表しましたが、任意の2点間の距離が表す時間の長さは不均質でした。番号の位置で開始時点を表し、番号の位置の上下関係で時間的前後関係を表しました（同じ高さである場合はほぼ同時であったということ）。授業中の小グループ学習の事例における発話内容と共同行為との関係を分析している先行研究と同様、発話内容は発話中にその発話者の3秒以上の沈黙がある場合に番号

表 4.1　小グループ学習における JA の事例

[表：発話内容（柴、轟、藤、視の各生徒による発話）と JA に関する行為、秒数が記載されている。以下、主な発話を抜粋する。]

秒数	柴	轟	藤	視
00:04	101「中国」	201「ねえここって」	301「はあ？」	
00:07	102「一部だよ、対立してて」	202「こんだけ？」		401「あ？何？」
00:10			302「おかしいでしょ？」	
00:14		203「あ、でも、だから沖縄戦」		
00:21	103「イギリス」	204「え、じゃ」		
00:24				
00:27			303「え？」	
00:39			304「じゃあ」	
00:45	104「インドシナフランス」			
00:50	105「だけど日本がバーって」			
00:56		205「だからイギリス隣のだから？」		
01:00	106「でもイギリスはドイツに負けて劣勢して」			
01:09		206「だからアメリカがバーッて近くまで」		402「イギリス、B、ブ」
01:16				403「（小声で）「じゃあやっぱり」
01:21			305「え、でも」	
01:39				「続きまま紙をめくっている」
01:44		207「アメリカ」	306「アメリカ？」	
01:48			307「じゃあドイツもやっぱり、味方だしね」	
01:57		107「そこって」		
02:03		108「ここって…オランダじゃね？」		
02:11		109「ほら」	404「オランダ…パッとしね」	
02:14			208「え？オランダ仲いいじゃん、蘭学とか」	
02:30			308「韓国って」	
02:33		110「韓国は日本でしょ」		
02:37			209「じゃあ中国じゃん」	
02:41		111「中国はCじゃん」		
02:46			210「でもアメリカでしょ？」	
03:00		112「日本」		
03:04			309「沖縄？」	405「わけわかんね」
03:09			310「中国ってどこまで？」	
03:13				406「いつのだ」

以降、机上の物を指したり注視したりしない会話へと移行する。

の変更により区分しました。紙幅の都合上、個々の発話に要した時間は無視しましたが、1つの「…」で約1秒の間を表しました。また、事例全体の経過時間も記しました。各行為の開始時点と終了時点との特定は、発話や他の行為との比較により相対的なものとして文脈に即して行いましたが、厳密には行えなかったため、発話の番号のある高さにだけ秒数を記しました。行為は先述の概念対や類型に基づいて捉えましたが、事例そのものとして掲載した表ではそれらの行為をまずは事例に即して具体的概念によって記述しました。

　また、事例を文章として叙述したものを表4.2として掲載しました。そこには、事例における行為間の関係が位置関係として理解されやすいよう、俯瞰の挿絵を添付しました。映像を主とした観察記録をもとにどの行為も含まれるようにして描いた最小限の挿絵です。頭部を○とし、注視とその向きを▲と点線によって表しました。示すという行為の際の腕は、presentingとshowingの場合は腕の大まかな輪郭で表し、pointingの場合は矢印で指示方向と共に表しました。また、行為が特に錯綜している局面については、読者がより容易に想像できるよう、図4.4として映像の静止画も掲載しました。

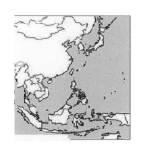

図4.2　机上の白地図（インド等の南アジアは全域が掲載されていなかった）

図4.3　机の位置関係

図4.4　静止画
［柴⑥］［轟⑧］［藤⑪］［梶⑦］の場面（顔の部分にぼかしを入れた）

表 4.2　事例の叙述

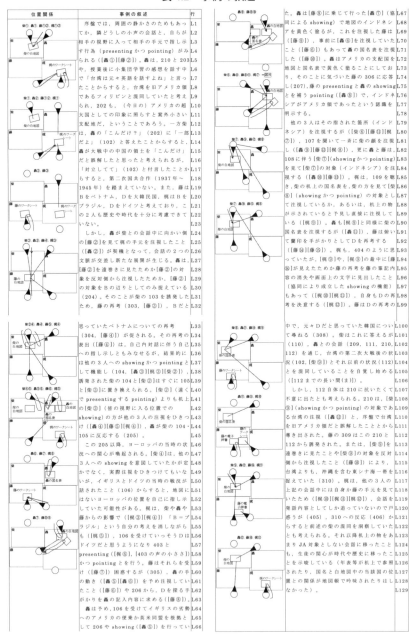

現場を経験し記述する

　事例は、「アジア・太平洋戦争─日本はなぜアメリカやイギリス等の大国に宣戦布告したのか」という単元の一授業における小グループ学習の場面でした。生徒には、東・東南・南アジア地域の太平洋戦争開始直前の勢力図を各自が作成するという課題が与えられていました。当該地域に所在する現在の国家が当時どの国家の植民地であったかが記されている国名表をもとに、現在の国境のみが印刷された白地図を、当時の各列強国の支配地域がわかるよう色分けし、最終的には、「ABCDライン」の各アルファベットが表す国家と、その各国が協力して日本に対し禁輸措置をとった理由とを明らかにすることになっていました。

　事例では、地図等の机上の具体的な物がJA対象となり、会話を初め共同行為が地理学的・地政学的な探究の契機を孕んで展開し、終盤では歴史や時代を考慮する必要性も認識され始めました。また、地図にないヨーロッパの状況が考慮されつつ、終盤では再度日本（「日本人」）の立場からみた問題、特に今日の日米中関係の問題に関わるような関心が生じていました。

対象を理解する

　事例では、共同行為が、注視、特に会話の相手を初め他者への注視ではなく机上の物への注視に媒介されて多元的・重層的に生成していました。自身の手元にある何かと他者の手元にある何かとは同じであるというような物の同定（同一視）がアプロプリエーションを誘発し、自身の手元にある何かを向かい側の他者が別の何かとして認識しているというような物の同定自体の差異が、アプロプリエーションの差異を生んで話の内容や会話に複数の文脈を生み、かつ、誰が何と何とを同じ物として認識しているかを私は知っているというような物の同定を共有しているという認識（自覚）によって、その複数の文脈が交差していきました。

　showingは複数の他者の注視をひきつけていました。一方、presentingは特定の他者への働きかけとなっていました。各自で課題に着手して間もない序

盤では生徒が俯いているということもあって、示したい物を相手の視野に入れるためにpresentingが行われていました。特に、注視対象を同様に同定しやすく小声で話しかけることもできる隣の生徒に対して行われていました。全成員での会話に移るとshowingも増えました。

また、相手の耳元で小声で話したり、自らが相手の視野に入って相手の手元で何かを指し示したりというように、問いへの応答としての示す行為がまず問い手へのpresentingとなっていました。ただし中には、離れた位置で示すことができるというpointingの性質をも象徴しているものがあり、そこでは、物の同定に基づき相手の手元が自身の手元に、presentingがshowingに置き換えられて初めて注視が集まっていました。確かにpresentingは、特定の相手に応答を求めますからその相手によるアプロプリエーション表出を促し、当事者間で思考の比較や相互比較が生成するための重要な契機になるでしょう。しかし、問いへの応答としてのshowingは、特定の相手（問い手）への示す行為であるという点でpresentingと同様であり、また、会話では必然的にアプロプリエーションが連なるため、事例では〈showingを受けてのshowing〉も連なっていました。

〈showingを受けてのshowing〉は各自の手元にある物の同定によって可能になります。前述の通り、物の同定の差異が話の内容や会話に複数の文脈を生みつつ、物の同定の共有の認識（自覚）がその複数の文脈を交差させるため、物を介して思考の比較や相互比較が生成するには物の同定における差異も同一性も不可欠です。示すという行為はまず後者のための行為です。事例ではpresentingやshowingをpointingが補うという形で生じたものが多く、そのような補いが共同行為において協同により成立する場合もありました。例えば、生徒Aのpresentingや生徒Bのshowingを生徒Bのpointingが補っていました。自身の方へ身を乗り出してきて自身の手元の紙をめくった相手にその下の紙のどこかを着色して示したり、誰かの読み書き対象の生成過程にその誰かの思考を見出したりというように、showingの機能が協同によって成立することもありました。

今回の事例では、社会科における討論の主要な論題のうち「事実論題」と「政策論題」に関わる思考の比較や相互比較の一端が、教材というJA対象を介す

る共同行為の中で生成している様子がみられました。しかし、自他認識の再構成に至るほど根本的に思考が比較・相互比較されるには、例えば、諸条件に照らした戦争や侵略の是非の判断を規定している価値規範そのものを問う等、「事実論題」「政策論題」の背後にある「価値論題」に関わる思考も必要であったと考えられます。

研究を省察する

　本研究では、授業中の小グループ学習におけるJAの事例においてJAのどのような機能がどのように生成しているかを、JAに関する行為や物の位置関係に着目して解明しました。物を介して思考の比較や相互比較を生成させるという機能の一端が、物（文字や地図）の同定における差異と同一性や、指す行為を中心とした幾種かの示すという行為の協調に基づくものとして明らかになりました。事例では、幾種かの示すという行為の協調や、示すという行為そのものが、共同行為において協同として成立することもありました。

　事例では、文字や地図が、向かい合った者どうしと隣の者どうしとでは別様に同定されたり、向かい側の他者よりも隣の他者に優先的に示されたり、向かい合っている者どうしの間で音読を伴って示されたり注視されたりしていました。砂や粘土や積み木等に比べ、文字や文章や図表等には一応の客観的な向きがあります。すなわち、どの位置から見なければならないかを規定する一応の客観的意味があります。そのため、授業中の小グループ学習におけるJAを分析する上で、物の位置関係、特に当事者の位置関係による物の同定の差異を考慮することは不可欠です。幼稚園における教師と幼児たちとの一対多のJAを「学校的スキル」として分析する先行研究では、JAは注意の共有（のための文脈共有）という心のありようの問題としてのみ検討されています。一方、今回の事例では、位置関係への関心に基づいて概念化された幾種かの示すという行為（presenting、showing、pointing）が協調したりそれが共同行為において協同として成立したりしていました。授業中の小グループ学習におけるJAがより物や空間（位置関係）のありように関する問題としてグループ活動の成立機制に関わっている可能性を垣間みることができました。

(1) 指すという行為

　今回の事例では、特に指す行為（pointing）が他の示す行為（presenting と showing）を補う機能を有していました。客観的意味によって物が細かく同定され区別される空間においてほど、指す行為はコミュニケーションの重要な手段となるでしょう。指す行為は、当該空間におけるあらゆる物を明確に示しうるため、三項関係の JA を象徴する示す行為でもあります。

　また、今回の事例では三項関係の JA の中でも特に机上の物への JA が多くみられました。机上の物への JA が少ない小グループ学習は各自の（既存の）考えを伝え合うだけの会話や、ひいては「雑談」に終始しがちです。各自の考えの伝え合い、協力や協調性、二項関係の JA は、社会的関係の形成のために重要であるものの、目を見て話さねばならない等という規範に拘ることは、（特に小グループ学習における）教材に関する学びの促進のためには必要ではありません。思考の比較や相互比較が、三項関係の JA によって共同行為に埋め込まれた重層的なメタ認知として、意味の共有し合いと各自の学びとの相乗的促進に寄与すること、特に机上の教材についての学び合いに寄与することによって初めて、小グループのコミュニケーションは教育学的な検討対象として明確に独自性を有し、狭義の小グループ学習も成立します。

　指す行為は、コミュニケーションの主題や内容を教材へと関係づけるという点でも、教材に関する各自の思考の比較や相互比較を生成させることに寄与しうるという点でも、教育学的に重要な主題といえます。教材についての学びにおける協力や協調性の自己目的化を克服し、教材についての学び合いとして小グループのコミュニケーションの生成過程を分析するには、机上の何かへの JA や指す行為に着目することが重要です。指す行為の有無や頻度は、実質的な小グループ学習の場面を抽出するための大まかな指標にもなるでしょう。今後は当該小グループの外（黒板等）にある物を指す行為のみられる事例も検討したいところです。

(2) 光と音との関係

　物の同定の差異が小グループにおける注意の共有の妨げにもなると考えれば、物が放つ光だけでなく音も小グループのコミュニケーションにおいて重要

になります。今回の事例において声（特に発話音）や打音は、他者に視野に入っていない場所を向かせる機能も有していました。

ただし、小グループ学習では小グループ内のどこに誰がいるかが予め認識されているため、相手を見なくとも会話すること（聴いたり話したりすること）ができます。今回の事例においても、各成員の机上が視野に入れば、そのつど他者の顔を見なくとも（すなわち参照視[5]が省かれても）誰が机上の何を示しているかは認識されていました。一般的な会話に比べ小グループ学習では生徒間で目が合うこと（二項関係のJA）が少なく、前述の通り今回の事例でも机上の物を見ながらの共同行為が多くみられました。今回の事例では指す行為にペンが用いられることが多く、このことは小グループ学習が協同的な読み書きであることを象徴しています。協同的な読み書きは机上の物へのJAを要します。誰かの机上の物を注視し視野が狭くなりやすいからこそ、ペンで指す行為が他者にまず他の場所を見せるために打音を出して行われることもありました。

(3) 研究方法に関する示唆

相手を見なくとも会話できるということは、会話しつついかなる物を見ることもできるということであり、当該の会話の内容と他の何かとに同時に注意を向けることができるということでもあります。今回の事例でも、隣の生徒との会話中に向かい側の生徒の行為や手元を注視して向かい側の会話にも参加しようとする生徒がいました。

確かに、誰の発話内容を聴き取ろうとしているかは、何を注視しているか、特に誰（の顔）を注視しているかにより示唆されます。また、話し手が発話中に誰か（の顔）を注視することは、誰に話しているかを示す行為です。しかし、何が見えているかや何を注視しているかと、何が聞こえているかや何を聴いているかとは必ずしも相関するわけではありません。

5）三項関係のJAは、発達心理学で明らかになっているように、原則として二項関係のJAに基づき相手と物とを順にまたは交互に注視することで可能となり、そのような注視が参照視といわれます。しかし参照視の省略も、予め周囲の物をどう同定し位置関係をどう認識しているかに関わっているため、会話が音の意味のみならず光や物の意味も共有し合うことであり空間の共有し合いであるということを示唆しています。

つまり、発話内容だけでなく見るという普遍的な行為も考慮すると、コミュニケーションや共同行為の多元的重層性がより明らかになります。本研究においても、見るという行為を発話内容と共に分析の俎上に載せることにより、会話（聴く・話す）をより多元的・重層的なものとして分析することができたほか、授業の最中の共同行為としての読み書きや筆記内容の生成過程もいくらか扱うことができたといえます。

会話や読み書き自体は行為です。授業研究では、授業中の学びやコミュニケーションを検討するための手がかりとして言語が分析対象となってきましたが（e.g.「会話分析」をはじめ「談話分析」）、言語を扱う行為を分析する視座は確立されていません。JAに着目する空間分析は、言語の生成過程と言語を扱う行為の生成過程とを一緒に分析する視座をつくることに寄与しうるため、授業研究の新たな方法を考える上で示唆に富むでしょう。

今後は、社会科の事例をもとに、「価値論題」に関する内省的な思考に物や空間や共同行為という一見不必要な契機がJAによってどう関わりうるか考察することも課題となります。

研究法の心得

❶ 長期の連続した参与観察により現場の意味世界を熟知しなければならない。
❷ 教室における会話を理解するためには、発話や発話内容だけではなく、筆記内容や、注視をはじめとする身体のありようも考慮する必要がある。
❸ 授業中の教室において、発話が生じていない時間・場所で何が起こっているか、そして、それが発話や発話内容とどう関係しているかを知ろうとしなければならない。

【書籍紹介】

① 中田基昭 編著（2010）『現象学から探る豊かな授業』多賀出版
　学校現場の意味世界に内在しながら実践的探究としての授業研究を行う上で必要となる現象学的な態度が、事例に基づいて平易なことばで具体的に描出されています。

② 無藤隆（1997）『協同するからだとことば：幼児の相互交渉の質的分析』金子書房
　幼稚園等における子どもの相互行為の事例を、ジョイント・アテンションにも着目しながら、心理学的な関心に基づいて質的に分析しています。

第5章 長期的探究学習の評価と分析

● セルフナラティブや KPI 評価から捉える探究学習を中心に

坂本篤史

【研究の流れ】

長期的探究学習の実施と評価手法の全体的デザイン	プロジェクトの目的やカリキュラムの検討／評価のタイミングと手法、役割分担の暫定的策定
▼ 長期的探究学習の参加者間での評価項目の検討	生徒や教員を交えたワークショップの開催／議論を基に評価項目と手法の合意形成
▼ ルーブリック評価の実施・活動過程での多面的なデータ収集	流動的な活動の展開を組織的にフォロー／役割分担に基づく協働的なデータ収集
▼ ナラティブデータの質的分析	セルフストーリーなどを通した生徒の意味づけ／以後の活動のデザインへの反映
▼ まとめ	ルーブリック評価の分析と報告／生徒の課題意識形成からの学習効果の意義を考察／成果と課題の整理

長期的探究学習の実施と評価手法の全体的デザイン

　長期的探究学習の評価と分析について述べる前に、前提を整理することが必要です。

　現在の学校教育において、長期的探究学習が求められる理由として、第一に、社会情動的資質への着目があります。従来の教科学力、いわゆる認知スキルだけでなく、非認知スキルが、将来の成功に関わっているというエビデンスが出されています（秋田，2015）。長期的探究学習を通して、子どもたちが問いを持ち、他者と協働しながら、自分たちで活動や成果物を創造することで、学校教育を終えた後にも生きるコンピテンシーを育てることが重要と言えます。

　第二に、社会の変化です。少子高齢化や、高度情報化などの一方で、変化の激しい社会であり、何が起こるか予測が難しく、VUCA社会[1]と呼ばれています。学習指導要領の改訂では、「社会に開かれた教育課程」がキーワードとして掲げられ、社会の課題を正確に捉え、自分ごととして引き受けていく子どもたちを育てていく必要があります。また、高校での総合学習の名称に「探究」という言葉が入るなど、生徒が実際に社会に関わって活動していくことが求められています。

　第三に、学ぶ意味の回復が求められている点です。PISA2015の結果によれば、日本の生徒は、科学的リテラシーの得点は高いものの、科学者になりたいと思う割合は低くなっています。学校で学ぶ内容が社会での実践や将来と切り離されている傾向にあるため、「社会に開かれた教育課程」が新学習指導要領の中心的になっていると考えられます。一方、日本の教育実践として、総合学習等で実際に社会に関わる経験をする教育実践が蓄積されてきました。ところが、それらの実践によって、子どもがどのように成長したのか、まだ実証研究や研究方法論の蓄積が弱いところです。

　制度的、政策的に長期的探究学習が求められているということは、それによ

---

1) VUCAとは、Volatility（気まぐれ）、Uncertainty（不確実）、Complexity（複雑）、Ambiguity（曖昧）の頭文字をとった言葉です。現代社会の特質を表す言葉として使われています。

り子どもにどのような学びが達成されたのか、エビデンスを示す必要があります。しかし、明確な手法があるわけではない現状があります。本稿で示す分析、評価の手法も、過渡的なものです。今後、実践や研究の蓄積が特に求められることでしょう。

本稿では、筆者自身が関わった地方創生イノベーションスクール 2030 東北クラスター（以下、東北クラスター）でのプロジェクト学習の事例を中心に、2 年間にわたる長期的探究学習の分析と評価の方法論について述べます。

地方創生イノベーションスクール 2030 は、東日本大震災に対する復興教育プロジェクトとして実施された OECD 東北スクールの後継プロジェクトです。東北のみならず、各地の中高生たちが自分たちの地域課題を見出し、海外と連携しながら課題解決を行うプロジェクト学習の実践です。東北クラスターでは、"Think Green" を大きなテーマとしたプロジェクト学習を 2015 年度から実践してきました。目標の一つとして、中高生たちに 2017 年 8 月実施の生徒国際イノベーションフォーラムに向けて、政府へ提言する政策をつくることを投げかけ、地方創生と同時に政策づくりを進めました。参加した学校は、福島市立第二中学校および岳陽中学校の生徒たちが課外活動として、また、OECD 東北スクールの知見を生かして創立されたふたば未来学園高校の生徒たちが正課の一環として、そして、2016 年 8 月から気仙沼市の中高生が課外活動として参加しました。

少子高齢化や IT 化、残る職業の変化、過疎地域の消滅の危機など、2030 年の課題を認識するところからスタートしてプロジェクト学習が始まりました。筆者は、プロジェクト学習における学習過程や学習効果を分析・検証するローカルリサーチャーとして、生徒たちにじかに関わる場面もあれば、客観的な評価に関する議論にも参加しました。データ収集や分析は、OECD 東北スクールと同様に、外部企業の協力を得ています。プロジェクト学習が「社会に開かれた教育課程」と結びつくのであれば、このように外部と連携して評価も実践していくことには、新しい可能性があると考えます。

長期的探究学習の評価における課題を整理すると以下の 3 点にまとめることができます。

第一に、ペーパーテストでの測定がなじまない点です。長期的探究学習で身

に着けるべきは、単に知識を記憶し再生できるかどうかではなく、知識を活用する力や、異質な他者と協働する力など非認知的なスキルの測定が求められます。そのため、パフォーマンス評価など、教育評価の新たな手法を取り入れる必要があります。

　第二に、授業という特定の場であれば、録画等が容易なのですが、外での活動や社会の他者と関わる活動が多くなるので、多様な場所に分かれたり、移動を伴う活動的な学習過程となります。そのため、生徒の学習過程を追うことが容易ではなくなります。変化の見えやすい生徒に焦点化して映像データを残したり、生徒自身に活動の意味を振り返って語ってもらったりすることで、生徒の学習過程を記述していくことが長期的探究学習の評価としても求められます。

　第三に、長期にわたるので収集するデータ量が膨大となる点です。また、活動的な授業となると、調査者がスケジュールを合わせて移動し記録することが容易ではなくなります。さらに、生徒の活動や偶然の出会いによって、突発的に予定が変化することもあります。したがって、長期的探究学習では、調査者側も協働し、組織的にデータ収集を行うことが求められます。

長期的探究学習の参加者間での評価項目の検討

　長期的探究学習での学習成果を評価するために、パフォーマンス評価が注目を集めています。

　パフォーマンス評価は、「知識やスキルを状況において使いこなすことを求めるような評価方法の総称」（西岡ら，2017：p.12）と言われています。つまり、特定の知識が身についたかを測定するペーパーテストではなく、ある特定の状況を設定した複雑な課題を与え、それに対する解決を実際に行う行為を評価する方法です。そのときに用いられる課題を、パフォーマンス課題と言い、「具体的には、レポートやリーフレット、プレゼンテーションなどによって、理解の深さを評価する課題」（西岡ら，2017：p.11-12）が用いられます。

　そのような課題の結果は、短答式や選択式の問題に解答するペーパーテストと異なり、客観的に点数化することが容易ではありません。そこで用いられるのがルーブリックです。ルーブリックとは「成功の度合を示す数レベル程度の

表 5.1 ルーブリックの例

評価基準 英文作品について

	内容
5	旅行で経験したことについて、よかったことが自分のエピソードと意見を交えて具体的に説明されている。今後の旅行計画に参考になる内容であり、発表全体が魅力的である。文法上の間違いがほとんどない。
3	旅行で経験したことについて、よかったことが自分のエピソードと意見を交えて説明されている。
1	研修旅行での印象に残った出来事エピソードが、不十分な内容で少量、文法的には正しくない文で説明されている。
重み付け	×12

評価基準 発表について ※各項目は別々に評価する

	暗唱	伝えようとする意思	音量
5	メモを全く見ないで発表している。	よく目が合う。 伝えようとしている。	よく聞こえる。
3	メモを時々見ている。	あまり目が合わない。 とりあえず言っている。	聞こえにくい。
1	メモを読んでいる。	まったく目が合わない。 伝える気がない。	聞こえない。
重み付け	×2	×3	×3

西岡ら（2017）p.47

尺度と、それぞれのレベルに対応するパフォーマンスの特徴を記した記述語からなる評価基準表」（西岡ら，2017：p.16）です。

　このような表を元に、パフォーマンス課題に対する生徒の回答を評価するのですが、この表の作成過程が最も重要となります。一般に、ルーブリックは以下の手順（図5.1）にしたがって、実際の生徒の作品を、複数の採点者で協議しながら作成されます。そのとき、採点者間で、何が良いのか、生徒に何を身につけてほしいのか、という暗黙の学力観が表出され、すり合わされることになります。

> 1．パフォーマンス課題を実施し、学習者の作品を集める。
> 2．パッと見た印象で、「5：すばらしい」「4：良い」「3：合格」「2：もう一歩」「1：かなりの改善が必要」という5つのレベルで採点する。複数名で採点する場合はお互いの採点がわからないように工夫する（たとえば、筆記による作品の場合は、評点を付箋紙に書き、作品の裏に貼り付ける）。
> 3．全員が採点し終わったら、付箋紙を作品の表に貼り直し、レベル別に作品群に分ける。それぞれのレベルに対応する作品群について、どのような特徴が見られるのかを読み取り、話し合いながら記述語を作成する。
> 4．一通りの記述語ができたら、評価が分かれた作品について検討し、それらの作品についても的確に評価できるように記述語を練り直す。
> 5．必要に応じて作品の観点を分けて、観点別ルーブリックにする。

西岡ら（2017）p.16

図 5.1　ルーブリックの手順

　西岡ら（2017）では、パフォーマンス評価の活用事例として、園部高校における様々な教科での実践例が述べられ、ルーブリックを活用することで観点が定まり、具体的な子どもの学びの過程が見えてきたことが報告されています。このように、ルーブリックを作成することで、子どもの学びの見方が定まり、学びを見取って、フィードバックすることの指針が立てやすくなります。

　東北クラスターでは、これからの生徒に求められる学力に基づいて知識・スキル・価値観（ファデル・ビアリック・トリリング, 2016）の3観点6レベルのルーブリックを作成しました（図5.2）。これはOECDの学力に関する議論の中で整理されたものをルーブリックに落とし込み、各6項目となっています。この表に関して、関わる先生方と議論したり、生徒たちからも意見をもらいながら、一方で、関わる先生方との議論を通じ、大人としてこれからの社会に生きる生徒に身に付けてほしい力を見定めて作成しています。

　教員、大学生をまじえて、記述語を検討しました。そのとき、コミュニケーションと語学力が一緒になっていたのを分けました。また、知識に関する記述も具体化しました。メタ認知という項目も入れていましたが、ルーブリックへの自己評価自体がメタ認知的な活動となるため、メタ認知という項目があると、メタ認知をメタ認知的に評価することになり、適切ではないという議論から除

下位項目	知識						スキル						価値観					
	地球や日本世界	経済のしくみ	自然の摂理・論理	環境問題	将来予測	イノベーション	コミュニケーション	語学力	企画力・実行力	問題解決力	リーダーシップ・フォロアーシップ	教育力	自律性	チャレンジ	多様性の受容	社会的正義	独創性	自己変革
理想的な大人レベル (Lv5)	地球を変えるため地球や日本世界や社会科学の知識を活用している	企業などと協力しながら経済戦略を立てている	自然科学の知識技術を活用しながら技術開発を行う	新しい環境技術・政策を楽しく改善する	持続可能社会や思想を考え広範に広めつつ、新しいライフスタイルをつくる	革新的な技術の実現をめざして立ち上がり始めている	意味深いメッセージを用いて、世界に広く発信できる	国益を考え、地域や国益、世界に戦略的にコミュニケーションに成功できる	プロジェクトをマネジメントし、幅広い視野で問題を解決へ導く	組織をこえて、慣習のある組織を変革に努める	他の自律性を引き出しながら組織に判断できる	自他の自律性を事業化・発展させる力に大きな価値があると判断できる	予測不可能な不確実な社会であっても立ち向かえる	宗教や政治思想、慣習の違う多様な国際問題に参加できる	平和と民主主義のために独自のアイデアを発見し支援できる	社会変革に関わる独自のアイデアを発見し行動する	自分の社会的役割を自覚し行動する
学校や地域のリーダーレベル (Lv4)	実体験と知識の関連から社会に興味を持ち社会と経済をつなぐ	社会起業に興味を持ち社会と経済をつなぐ	実体験と知識の関連から経済を理解する	環境悪化のしくみを知り、改善する方法を考える	データに基づいて未来社会をつなげ新しい技術を考える	不特定多数と多様な方法でコミュニケーションできる	外国語を用いてコミュニケーションできる	プロジェクトを成立発展させ、幅広い視野で問題を解決できる	組織を理解し自分の役割を遂行できる	他者や他の組織と協働し、輪を広げる	対象を指導する対象への熱意を高めながら、そのプロセスを考える	多様な状況でピンチをチャンスにする	入れ替える事実に直接に理解もられる	平和的な手段で対立をめざし、アイデアを生みだせる	自分自身を与えていくことに価値意識を持つ
クラスのリーダーレベル (Lv3)	社会科と他教科の知識を関連づけて理解する	社会科や企業の活動を知り理解する	理科と他教科の環境知識を関連づけて理解する	日本や世界の環境紛争を知っている	人口勤務、国際紛争などで21世紀課題を知っている	知識や技術が社会を変えたを知っている	地域や科学を理解しコミュニケーションできる	文化の違いや外国人と意欲的に関わる	状況を大局的に考え方的に決定することが出来る	組織の目的に応じた協力方法を工夫する	効率的な手法と意思決定のメンバーを巻き込むことが出来る	少しでも可能性があれば立ち向かうことを恐れない	多様な価値観をマイノリティへも受け入れる	宗教やマイノリティへも受け入れる	自分の考えを自分なりにアートに表現する	社会の課題を自分で発見し行動する
クラスの1/4以上 (Lv2)	地理や歴史、公民を総合的に理解する	社会は主にニュース番組での重要性を保持する	自然科学的に合理的に理解できる	地球温暖化や異常気象などについて考える	パソコンなどであちこちの情報を知る	身の回りの便利な技術の仕事を実感する	教科書の英語を用いて外国人とやりとりできる	計画案や机上に考えられる	問題を解決するための英語を用いれる	構成員の状況にアドバイスする	できない子に見ている	困難にも立ち止まらず最初まで行動できる	失敗しても自分を奮闘させたり・行動を継続できる	自分と異なる他人を受け入れることができる	勇気を持って行動したり捕捉できる	自分の発想を自分の発想を示して積極的に動く	自分のなりたい将来のイメージがある
クラスの一般的レベル (Lv1)	社会科の教科書で日本の基本的な知識を持っている	ニュースなどで流れる経済用語が気になる	理科の教科書で日本の基本的な知識を持っている	出身地域の自然社会に興味がある	ニュースなどで出てくる未来社会に興味がある	自分の利害にも関わる身近な技術に関心がある	相手の話を真剣に傾き、要所をおさえることができる	外国人(外国語)を大体理解できる	仲間と活動し、問題はあれば相談を呼びかけている	仲間に自分の目的を伝え、協力する	困っている人を見ると自分からも声をかけることがある	やりたいことや意欲があって諦めきる	友達に自分の意見を言う	遊びの中で大切なものを発見することがある	日常生活で不公平感などに気になる	今の自分の課題はわかっている
克服すべきレベル (Lv0)	社会は「誰か」が動かしている	子育て経済は関心ない	風が吹けば桶が逆風する	なるようにしかならない、わからない、見て見逃し	未来のことはわからない、見て、保守的	自分の利害にも主観的な考え	言わなくても実際分かる、小さな事も主観的	外国人アレルギー	問題があればあきらめる	悪い人はしょうがない、他人批判	組織に対して不平や無感想、追従	困難に対して挫折、あきらめ	自分たちだけで向き合うだけの小さな世界の中	強いものについていれば安泰	弱ければ弱いているわけない	人の真似をし、個人・安定	今の自分に満足している

Copyright ©2017 Fukushima Univ. & Accenture All rights reserved.

(福島大学, 2018)

図 5.2　東北クラスターのルーブリック表

外することとなりました。このように、担当する教員間で、生徒に何を身につけてほしいかを検討することが、プロジェクト学習を成功に導くためにも重要です。

　最初に測定してみたところ、いくつかの課題が明らかになりました。たとえば、周囲から見て優秀な生徒ほど、自己評価を低くつける傾向にあったこと、中学生の方が、高校生より高い数値になったことです。そのため、生徒の自己評価の後に、お互いの評価シートを交換して他者の評価をつけるという、子ども同士でのピアレビュー（相互評価）を課しました。それにより、数値をより安定化させることができました。

　また、生徒からルーブリックに対するフィードバックをもらうワークショップを実施した際は、言葉のむずかしさが主に指摘されました。そのため、用語集を作成しました。一方で、継続して実施しているうちに、生徒たちも慣れてきたようでした。教員側が生徒に身に着けてほしいと考える知識やスキル、価値観について、一定の理解が得られたようです。

　以上は実際に測定を行って見出された課題です。これら運用上の課題を克服

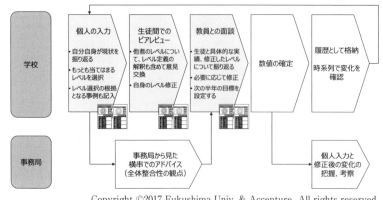

図 5.3 ルーブリック評価の流れ

することで、プロジェクト学習の初期から安定した評価データの収集が可能になると考えられます。

ルーブリックによる評価は、全生徒が集まる機会を利用して、計6回実施しました。タイミングは、開始前、2015年8月、2016年3月・8月、2017年3月、2017年8月です。生徒は自己評価をすると共に、ピアレビュー、教員による確認という流れでした（図5.3）。

なお、生徒にどのレベルに該当するかをつけてもらうとともに、なぜそう言えるのか、根拠となる経験を書いてもらい、教員チェック用のデータかつ要因分析用のデータとしました。

以上、パフォーマンス評価におけるルーブリック活用と、東北クラスターでの長期的探究学習を対象としたルーブリック活用とを比較すると、表5.2のようになります。

ルーブリック評価の実施・活動過程での多面的なデータ収集

長期的探究学習が複数年にわたると、生徒の参加状況も一様ではなくなります。図5.4は、スクールに継続的に参加している生徒のみに絞ったデータを分

表 5.2　ルーブリック活用の比較

	西岡ら（2017）	東北クラスター
評価対象	パフォーマンス課題に対する成果物	生徒自身のコンピテンシー
評価時期	パフォーマンス課題実施のタイミング	マイルストーンとしての集中スクール
評価手法	他者による評価	自己評価・ピアレビュー
表の作り方	モデレーションによるボトムアップ	求められる学力とそれに対する生徒のレビュー

析しました。いずれの項目においても、階段状の成長が見られます。ベースラインから2倍以上伸びたのは、コミュニケーション、企画力・実行力やイノベーションの知識、リーダーシップ・フォロアーシップ、語学力です。このように特に初期値から大きな伸びを示した項目に着目することで、今回実施した長期的探究学習のカリキュラムの特徴が見えてくると共に、プロジェクト学習の効

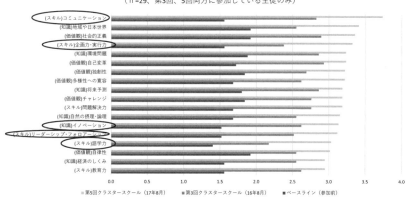

Copyright ©2017 Fukushima Univ. & Accenture All rights reserved.
（福島大学, 2018）

図 5.4　各項目の伸び

順位-全体	東北クラスター全体	第5回到達度
1	(スキル)コミュニケーション	3.7
2	(知識)地域や日本世界	3.4
3	(価値観)社会的正義	3.4
4	(スキル)企画力・実行力	3.3
5	(価値観)自己変革	3.2
6	(知識)環境問題	3.2
7	(価値観)多様性への寛容	3.2
8	(価値観)独創性	3.2
9	(スキル)問題解決力	3.2
10	(価値観)チャレンジ	3.2
11	(知識)将来予測	3.2
12	(知識)自然の摂理・論理	3.2
13	(知識)イノベーション	3.1
14	(スキル)リーダーシップ・フォロアーシップ	3.1
15	(スキル)語学力	3.0
16	(価値観)自律性	3.0
17	(スキル)教育力	2.9
18	(知識)経済のしくみ	2.9

順位-全体	東北クラスター全体	ベースラインから第5回の伸び
1	(スキル)コミュニケーション	2.2
2	(スキル)企画力・実行力	1.8
3	(スキル)語学力	1.6
4	(知識)イノベーション	1.6
5	(スキル)リーダーシップ・フォロアーシップ	1.6
6	(価値観)多様性への寛容	1.5
7	(価値観)自己変革	1.5
8	(スキル)問題解決力	1.5
9	(知識)地域や日本世界	1.5
10	(知識)自然の摂理・論理	1.5
11	(価値観)社会的正義	1.4
12	(知識)将来予測	1.4
13	(スキル)教育力	1.4
14	(知識)経済のしくみ	1.4
15	(価値観)独創性	1.4
16	(知識)環境問題	1.4
17	(価値観)チャレンジ	1.3
18	(価値観)自律性	1.1

Copyright ©2017 Fukushima Univ. & Accenture All rights reserved.

（福島大学, 2018）

図 5.5　到達度と伸びの比較

果として、生徒に何が身に付くのかについての基礎的な知見が得られます。

　図 5.5 で順位づけして細かく各項目を見ていくと、特にスキルの成長が顕著であることがわかりました。伸びの大きかった項目上位 5 位に、4 つ入っていました。イノベーションも高く、先進事例に触れる機会の多かったカリキュラムを反映していると言えます。

　一方、価値観の到達度が高くても、伸びはあまり高くない傾向が見られます。したがって、価値観については、初期値も自己評価が高くなりがちな傾向にあると言えます。

　以上で見られた学習効果は、今回実施したカリキュラムによる点もありますが、プロジェクト学習において、価値観よりスキルの成長が顕著に示された点が、知識獲得を主とする学習との相違点として示唆的です。

　要因分析として、生徒がルーブリックでの自己評価の際に書いた理由をワードクラウドで直観的にわかりやすく表現しました（図 5.6、図 5.7）。

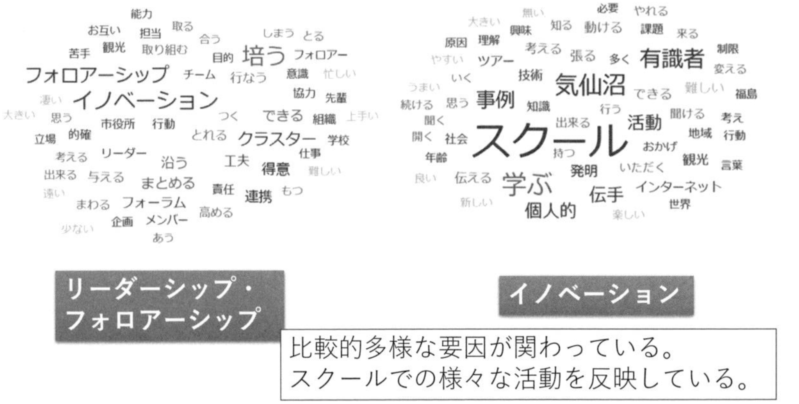

リーダーシップ・フォロアーシップ

イノベーション

比較的多様な要因が関わっている。
スクールでの様々な活動を反映している。

Copyright ©2017 Fukushima Univ. & Accenture All rights reserved.
（福島大学, 2018）

図5.6　項目別要因の検討（1）

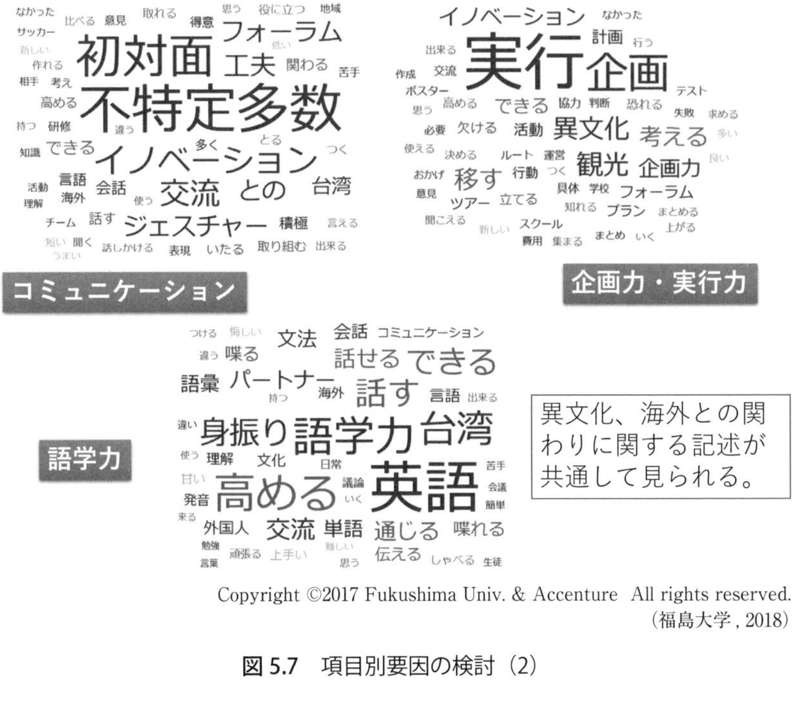

コミュニケーション

企画力・実行力

語学力

異文化、海外との関わりに関する記述が共通して見られる。

Copyright ©2017 Fukushima Univ. & Accenture All rights reserved.
（福島大学, 2018）

図5.7　項目別要因の検討（2）

たとえば、リーダーシップ・フォロアーシップ[2]は生徒の役割を決めて、組織の中で生徒が動くようにしてあったことで成長が見られたのではないかと考えられます。また、イノベーションは、スクールで様々な有識者から事例を聞く中で、知識として得たと考えられます。生徒の実感として伸びているということは、単に事例として頭に入れたというより、そうした事例を参考に自分たちは何を行うのか、という活動を考えたことがあるのではないかと考えられます（図5.6）。

　一方、かなり重なりが多いのは、コミュニケーション、企画力・実行力、語学力の3つでした（図5.7）。コミュニケーションを見ると、初対面や不特定多数という言葉が見られる。交流という言葉、ジェスチャーなどがあります。ジェスチャーは、海外との交流を通して、コミュニケーションの力が育った実感があると考えられます。また、企画力・実行力についても、観光、異文化などの言葉があり、語学力について、英語や身振り、台湾など、海外との交流を通して成長したと考えられます。

　これらからいくつかの項目に関連性があるのではないかと考え、相関分析を行いました。その結果は図5.8の通りです。

　特に相関が強かったものをつなげています。企画力・実行力と相関が高いのは、イノベーション、リーダーシップ・フォロアーシップでした。先進事例を聞くことが、企画力・実行力に結びついた可能性が考えられます。また、組織的に動くことが、企画力・実行力とつながっていることも可視化されました。

　そして、イノベーションと、リーダーシップ・フォロアーシップが語学力と関連していました。生徒国際イノベーションフォーラムで文化交流企画を考えるプロセスを通したり、海外の先進事例を聞いたりすること、組織的に動こうとしたりすること、代表として海外の生徒の前で挨拶したりすることなどが、生徒の語学力を高めたと考えられます。つまり、文脈を伴った語学の学びとなっていると考えられます。

　最後に、コミュニケーションの力が語学力と相関が高いです。単に英語がで

---

[2] リーダーシップに対して、フォロアーシップとは、リーダーを主体的にサポートする能力のことを指します。

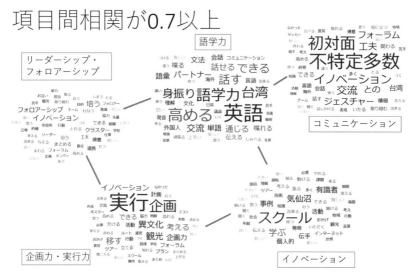

Copyright ©2017 Fukushima Univ. & Accenture All rights reserved.
(福島大学, 2018)

図 5.8 高い相関を示す項目と要因

きるというのではなく、実際のコミュニケーションの文脈で活用してきたことが示唆されます。

このように、コンピテンシー間の育ちの関連性を検討できることが、ルーブリックによる評価の利点であると言えるのではないでしょうか。

ナラティブデータの質的分析

長期的探究学習の活動時のデータをいかに分析するとよいでしょうか。映像や生徒のプレゼンなど活動を進めるうえで多様な成果物が出てきます。東北クラスターでは、その中で、セルフストーリー作りを分析対象としました。

プロジェクト学習を進める際、生徒にセルフストーリーを作成させました。手順として、まず、生徒に震災以降のテンションマップ[3]を作成させ（図5.9）、

---

3) テンションマップは感情曲線とも言い、時系列に即して自分の感情の動きを、プラスとマ

その後、自分自身の過去、現在、未来についてワークシートを用いて整理しました（図 5.10）。最後に、原稿を作成し（図 5.11）、教員、大学生、企業関係者、大学研究者との対話を通してブラッシュアップしました。この過程で、生徒の当事者意識を高めると共に、セルフストーリーを分析材料として、活動を通して生徒の問題意識がどのように形成されたかを評価しました。

作成されたセルフストーリーについて、高校生 12 名、中学生 15 名分をすべて文字起こしし、①イノベーションスクール参加の動機、②東北クラスターの活動を通した自分ごととの関連、③生徒が何を問題として見出したかを抽出し、そこにプロジェクト学習がどう関わっているかを検討しました。

全体的な傾向として、高校 2 年生 6 名は、学校のカリキュラムも含めて、総合的に振り返っていることがわかりました。

一方、中学生たちの中で、動機と問題意識の明確であったのは 15 名中 7 名であり、本研究では、この 7 名のストーリーを中心に分析した結果、震災経験や自分たちで企画・準備・実施した福島市の観光プランに関する記述が多く見られました。

生徒の問題意識に関する語りを比較し、対比的に分けることができました。

何名かの高校生が自分自身のコンピテンシーにおける課題意識について記述した一方、ある高校 2 年生は、福島県の問題を自分ごととして捉え、具体的な実践につなげようとしています。

> 現在私はマイクロ水力発電を研究しています。福島には都会と違い、利用できる河川がたくさんあります。マイクロ水力発電はわずかな水の流れで発電が可能なので福島に適していると考えました。データを集め、まずは周辺から再エネを普及させていきたいです。3 月 11 日に原発事故が発生したことを知ったドイツは、自国の原子力発電を停止し、再エネを促進する英断をしました。日本もドイツを見習い、再エネを促進するべきだと思っています。

このような広い視野で問題を捉える生徒もいれば、自分自身のアイデンティ

イナスの上がり下がりとして 1 本の線で表したものです。その際、変化の鍵となる出来事を書き加えます。

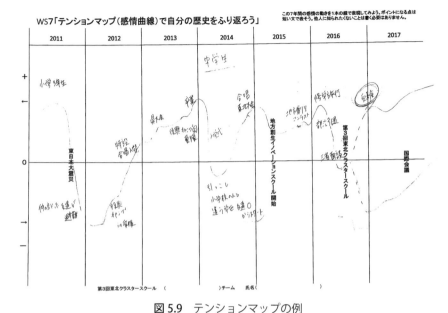

図 5.9　テンションマップの例

図 5.10　ワークシート例

図 5.11　原稿例

第 5 章・長期的探究学習の評価と分析

ティの葛藤に苦しむ生徒もいます。プロジェクト学習の前提となる2030年の課題はあるが、生徒の課題意識が内容に向かうか、活動に向かうかはそれぞれの受け止め方によると考えられます。

　ある中学生は自分自身の課題を見出しました。

> 地方創生の活動として地域について学び、仲間と一緒に活動しています。様々な活動をし経験を重ねていくうちに少しずつ自信を取り戻し始め、さらに地域のためと思って行っていたことが、自分のためでもあることに気が付きました。私は将来何になるかはわからないし、何になりたいかも分かりません。ただ、私が今思うことは大きくなって年を重ねていっても、笑顔を忘れずに自信をもった人になりたいということです。そしてあの時、笑顔でいてなにも変えられなかった分、今度は笑顔と何か自分にできることで、地元を元気にしていきたいです。

　また、ある中学生は自らが取り組んだ観光プランづくりから、新たに課題意識を立ち上げていました。

> 8月に実施した観光プランでパンフレットを作ったのですが、実際にその場所を訪れないと分からないことがたくさんありました。そのとき、私は、人に何かを伝えるときにはまず自分が体験したり勉強したりすることが必要だと気づかされました。私はまず自分が福島の魅力を知って、たくさんの人に伝えられるようにしたいです。今福島では風評被害などがあります。だから風評する人たちの考えを変えることはできなくても、福島の現状や魅力を伝えることをしていきたいです。

　このように、ある段階で課題意識が定まって、そこに向かうというだけではなく、ある段階を経て変わっていくことも考えられます。

　さらに、次の言葉からは、生徒のキャリア形成にもつながっていることが読みとれます。

> 特に私が驚いたのが、少子高齢化問題です。自分たちだけではどうしようもない問題なのでとても悩みました。しかし今では、仲間と協力し、話し合い、学び、実践することで少しずつではありますが課題の解決に近づいているような気がします。東日本大震災を経験していなかったら選ばなかった道だと思います。このプロジェクトは 2017 年に解散してしまいますが、私たちの活動に終わりを迎えることはないと思っています。将来自分のなりたい職業に就き、被災地への募金や支援などのボランティア活動を仕事にしていきたいと思っています。

　このように、長期的探究学習においては、生徒の多様で複雑な学習過程を分析するために、生徒に取り組みのストーリーを語ってもらうことで、生徒自身にどのような意味があったのかを解明することができます。これにより、今回実施した長期的探究学習のカリキュラムを見直し、改善につなげることができると共に、プロジェクト学習だからこそ身に付く点や、プロジェクト学習において、生徒の学習過程の質と効果をさらに高めるためのデザイン原則を解明する示唆を得られます。たとえば、今回の事例を通して、プロジェクトとして取り組む課題に対し、生徒がいかに自分事として主体的に取り組むかについて、多様な課題意識形成のプロセスとあり方が示唆されます。

　総合学習における生徒のインタビューを分析した研究方法を紹介したものとして、高橋（2007）があります。そこでのインタビューデータ収集と分析方法と、東北クラスターの事例を比較すると、表 5.3 のようになります。

表 5.3　インタビュー調査との比較

	高橋（2007）	東北クラスター
目的	データ収集	当事者意識の向上 プロジェクトでの活用
扱い	聴き取り調査	生徒の作品
聴き手	調査者	多様な他者
分析データ	聴き取りの文字起こし	生徒作成の原稿

まとめ

　長期的探究学習では、生徒たちの熱意が実社会に関わってプロジェクトを遂行することに向かう一方で、学習活動であるという側面があります。この2側面において、評価活動が生徒にどのように受け止められるかを考慮したうえで、評価データの収集を行うことが研究遂行上のポイントとなります。プロジェクトの目標と同時に、生徒が将来に向けてどのような力を養っていきたいか、いくべきかも意識化させることが求められます。したがって、評価の場面も活動の一環として取り入れられることが必要でしょう。

　長期的探究学習について実証的な研究は、これからますます必要となってくるでしょう。プロジェクト学習の実践に片方で参加しながら、もう片方はその取り組みを客観的な視点、メタ的な視点で捉え、研究の視点からデータ収集と分析を行うことで、長期的探究学習だからこそ実現できる生徒の学びを検証し、そのような学びを支えるデザイン原則や、解明すべき課題の抽出が可能となります。それらの研究成果が、変化の激しい社会に生きる生徒の、未来につながる学習活動のあり方を導いていくものとなるでしょう。

　長期的探究学習の活動は様々であり、学習過程を分析するためには人手が必要になります。データ収集を組織的に行うと、膨大なデータを収集することができます。しかし、データに埋もれてしまわないように気を付けるべきです。特定のフォーカスしたデータに絞り、分析をかけることで見えてくることがあります。そこから遡って、生徒の学習過程をたどることも可能になるでしょう。

研究法の心得

❶客観的なデータ収集は難しい。評価データの収集が生徒の活動の一部となるように計画する。
❷多面的にデータ収集を行う計画と組織を構築する。
❸得られたデータは焦点化し、関連づけて考察する。

■ 謝辞

本稿は、ISN1.0東北クラスターを主導された福島大学の三浦浩喜先生をはじめ、関係する皆様の実践を拠り所として執筆されました。また、本稿で紹介したデータ収集と分析には、株式会社アクセンチュアの協力を得ています。ここに記して、皆様に心からの御礼を申し上げます。

【書籍紹介】

①西岡加名恵・永井正人・前野正博・田中容子・京都府立園部高等学校・附属中学校（2017）『パフォーマンス評価で生徒の「資質・能力」を育てる―学ぶ力を育てる新たな授業とカリキュラム』学事出版
　従来のペーパーテストに代わり、新しい評価手法としてパフォーマンス評価が注目されていますが、具体的に現場でどのように実践可能かについて課題があります。本書では、京都府立園部高校での事例が豊富に述べられています。

②鈴木敏恵（2017）『AI時代の教育と評価―意志ある学びをかなえるプロジェクト学習 ポートフォリオ 対話コーチング』教育出版
　社会の変化に伴う新たな学びの手法として注目を集めるプロジェクト学習とその評価手法について述べられています。長期的探究学習の基本的なイメージをつくるのに良いでしょう。

第6章 デザイン研究による学校の持続的な改善

●子どもたちの学習過程の発話データや学習成果の記録を活用して

益川弘如

【研究の流れ】

| 授業改善を核とした学校づくりに研究者と教員が共に取り組む | 学習科学／デザイン研究／前向きアプローチによる前向き授業 |

▼

| 校内研修に子どもたちの学習の過程や成果の記録データを活用する | 各班の発話データの可視化／回顧記述調査の実施と共有 |

▼

| 継続的な校内研修のサイクルの確立 | 毎年同単元授業の授業研究実施／授業観察力の向上／授業観の変容 |

▼

| 授業改善のさらなる視点を得るためにICTを活用した質的分析 | マルチヴォーカリティ／社会ネットワーク分析 |

▼

| 継続的な取り組みによる子どもたちの資質・能力育成の評価 | 協調的問題解決能力／発話データの縦断的分析／卒業後の追跡調査 |

学習の過程や成果の記録を学校の持続的改善に活用する

　本章では、子どもたちの資質・能力を育むために、継続的に授業改善をし続ける学校文化を実現するため、子どもたちの「学習の過程や成果」を記録し分析可視化し、その可視化した結果を基に教員同士で振り返りを行い、授業改善や授業づくりの視点の見直しにつなげる活動サイクルを、研究者と現場教員が共同して長期にわたって取り組んでいる事例を紹介します。

　紹介する事例は、静岡県東部の公立小学校で 2011 年度から 2018 年度の今現在まで継続的に続いている、校内研修と一体化した実践研究の取り組みです。研究初期は、教職大学院の現職院生の実習先として関わっていましたが、修了後も継続的に考え方や課題を共有し関わることができています。これまで研修主任は 3 人、校長先生も 3 人変わっていますが、学習理論と子どもたちの学習の過程や成果の記録に根ざした継続的な授業改善が続けることができています。関係が継続できているポイントとしては、研究者が一方的に課題点を指摘するのではなく、データを共有しながら研究者と現場教員が対話することによって、具体的なレベルで課題と改善の理由を納得した上で次の授業実践につなげていることです。労力がかかるので最初は敬遠されることもありますが、データを基にして対話をすることによって解釈の妥当性が保証されます。それが、取り組みの信頼性を高め、納得した形での具体的な授業改善へとつながっていると思われます。そして、関わりの成果として、複数の質的分析の研究論文の発信にもつながっています。

デザイン研究の研究手法を用いて ICT も活用する

　学校の継続的改善を実現するために、学習科学の研究領域では主流の「デザイン研究（Design-based Research）」という研究手法を用いています。学習科学とは、「知識は社会的に構成されるもの」という社会的構成主義の考え方を基盤として「世の中の学びをよりよいものへと変容させる」ことに研究の焦点を当てている学問分野です（白水・三宅・益川, 2014；三宅・大島・益川, 2014；大島・益川, 2016）。そのため「人はいかに学ぶか」、「人はどこまで賢

くなれるのか」という問いに対して、学習科学研究者と現場教員、学習環境やテクノロジの専門家、教育行政や産業界の方々などと対話しつつ新たな授業や評価を構築して実証していく取り組みを進めています。

　研究では、学習理論の知見を生かしながら実践時点で一番効果の高いと考えられる学習環境を実践者と共にデザインし、実践、評価のサイクルを繰り返しながら改善を積み重ねていく中で授業づくりに役立つ「デザイン原則」を抽出していきます。例えば、本章で紹介する研究事例では、子どもたちが対話を通して知識を構成していくため「授業者は班活動に対して答えを同定する介入はしない」という原則を抽出しています。統制群を設けないのが特徴で、サイクルを繰り返す中で、前年度の取り組みと比較検証したり、想定した活動が引き出せたかどうか子どもたちの学習の過程や成果を質的に検証したりしていきます。

　大量に集まる学習の過程や成果に関する学習記録データは、なかなか手作業で分析することは難しく、現場の教員にとっても負担になりかねません。しかし最近のテクノロジの進展によってICTを活用することで子どもたちの学習の記録や成果を集めやすく、分析しやすくなっています。現在では、発話や手書き文字を機械認識させテキスト化する技術や、テキスト化されたものを社会ネットワーク分析という手法を用いて可視化する研究などが盛んになってきています（スカーダマリア他, 2014）。本章の取り組みでも子どもたちがタブレット端末を活用し一人ひとりの考えの記録共有もしやすくする工夫や、社会ネットワーク分析による質的分析などにも取り組んでいます。

これからの学校における授業の姿を資質・能力の育成の観点から見直す

　最近、学習科学が目指す授業の姿を、前向きアプローチの設計による「前向き授業」などと呼んでいます（スカーダマリア他, 2014）。そこでは、子どもたち自身から問いが生まれるよう学習環境や教材をデザインし、他者との協調的問題解決活動を通して、子どもたちなりに新たな知識を創造させ、さらなる問いをもたせていきます。これは、卒業後も必要に応じて思考力・判断力・表現力を働かせながら、自ら主体的・対話的で深い学びを継続していくことがで

きる学びに向かう力や人間性を、生きて働く知識・技能を習得する過程で繰り返し経験させることだと言えます。これは現在の学校で主流の「後向き授業」とは異なります。後向きアプローチの設計では、子どもたちが特定の知識を知っていることが重要だという教育観のもと、学習目標を教師が固定的に規定して、その枠内で基礎基本の知識・技能や思考・判断・表現の方法、話し合い方の話型などをまずは教授し、その後、その知識を使った課題を行わせ、最終的にその課題の解を教師が押さえて終了するような展開です。

　後向きアプローチと名付けられているのは、教師が設定した目標から戻っていく（Backward）形で授業を設計し、そのステップを学習者に画一的に踏ませる形からです。一方、前向きアプローチと名付けられているのは、教師が設定した目標に向かって（Forward）学習者がそれぞれなりの学習軌跡を描き、進むに連れて新しい目標が学習者の中から創出されていくことが期待されている形からです。

　前向き授業を教育課程内で実現していくためには、教員一人ひとりの教育観を見直す必要があります。しかし、これまでの授業実践経験の蓄積から得られた旧来の教育観に基づく授業づくりを破棄するのには勇気が必要です。前向きアプローチの必要性の認識に加え、前向き授業では子どもたちがどれだけ有能な姿を見せるのか、実際の授業での子どもたちの姿を参観したり、学習の過程や成果の証拠を可視化して見比べたりする活動が重要だと考えています。三宅（三宅他，2016）は、学習者が主体的・対話的な活動を通して学びを深めていくためには、授業中に下記のような学習過程を引き起こすことが重要だと言っています。

1. 一人では十分な答えが出ない課題をみんなで解こうとしている
2. 課題に対して一人ひとりは「違った考え」を持っていて、考えを出し合うことでよりよい答えを作ることができる期待感がある
3. 考えを出し合ってよりよい答えを作る過程は一筋縄ではいかない
4. 答えは自分で作る、また必要に応じていつでも作り変えられる、のが当然だと思える

上記の学習過程を引き出すために、東京大学 CoREF（http://coref.u-tokyo.ac.jp）では「知識構成型ジグソー法」という手法を核に、授業づくりの教員コミュニティ形成に取り組んでいます（三宅他，2016）。知識構成型ジグソー法では、子どもたちに解決して欲しい「問い」を授業の初期段階に持たせ（問いの共有）、問いを解決するための複数資料を班で分担し他資料担当者に説明したい状況を作り（エキスパート活動）、席替えをして異なる資料を持ちより、問いの解決を行い（ジグソー活動）、最後に教室全体で各班の作り出した解を比較吟味しさらなる問いを生ませます（クロストーク活動）。取り組みをはじめて9年目となった現在、知識構成型ジグソー法で学ぶ子どもたちの学習の過程や記録の成果を基にした授業改善をさらに広げていくため、発話データを音声認識させその結果を一覧可視化することで、全国各地の小中高等学校や教育委員会の教員同士の対話を促進させる「授業モニタリングシステム」を開発しています。

　今回紹介する静岡県東部の公立小学校においても、前向きアプローチの授業づくりへ転換していくための鍵として知識構成型ジグソー法を中心とした授業実践と、そこでの子どもたちの学習の過程と成果の記録データを活用しました。そして校内の教員全員が前向きアプローチを意識した授業づくりに転換していくよう促していきました。そこでは研究者は、年3回程度校内研修に関わり、分析の視点を焦点化させたり学習記録データの解釈の仕方について共有を図ることを行いました。また、年に一度の公開授業に向けて、事前に全ての個別の指導案について訪問助言を行いました。年度によっては、1年生から6年生の各学年と特別支援学級の授業公開に向けて、全ての指導案について対面で一人ずつ改善案を一緒に考える活動を取り入れました。

　次節以降では、2011年から今現在まで、前向きアプローチによる授業づくりを校内全体で一体的、持続的に進めていくための取り組みの一部について、複数の研究成果としてそれぞれ異なる研究視点からまとめています。どのような研究としてまとめていったのか、大きく3つの研究事例に分けて紹介します。

校内研修で各教員の教育観や子どもの見取り方を徐々に変える

　最初に、2011年度から3年間をかけて、子どもたちの学習の過程と成果の記録を基に振り返る校内研修を通して、後向きアプローチの授業づくりから前向きアプローチの授業づくりへと学校の取り組みが転換していった過程を分析した研究「デザイン研究を用いたエビデンスに基づく授業研究の実践と提案」（遠藤・益川，2015）を中心に紹介します。

　本事例の小学校では、以前より「かかわり合い」を授業の手立てとして確かな学力育成を目指していました。その検証方法として校内研修では、抽出児を中心とした授業観察を行い、事後研究会を行っていました。また、この学校では2011年度までは、対話的な学びを促進させるために、班活動において「人間関係の配慮」「事前の話型指導」「司会役を設けることによる会話の活性化」など後向きアプローチの授業研究を実施してきていました。例えば教室の黒板右上には、「わたしも〇〇さんと同じで…（理由は…）」「〇〇さんの意見につけたしで…」「〇〇さんの意見は〜なので、すごいと思いました」などの話型の一覧が掲示されていました。

　そこで、夏期に開かれる校内研修で、子どもたちが実際にどのような学習の過程や成果に至っているかを共有し、そこから、今後目指す前向きアプローチの授業の姿について議論を行うことを計画しました。毎年一部の教師が異動し教員集団が変わるという公立小学校の状況の中、年度をまたいで継続して校内研修を進めていくために、毎年6月に行う研究授業は、同じ単元の内容を扱い、その授業デザインと子どもたちの学習記録を前年度の取り組みと比較しながら検討していく形にしました。これによって、他校から異動してきた教師も、前年度の取り組みを共有した上で本年度の研修に関わることができるようにしました。

　本事例の小学校では、6年生算数「並べ方と組み合わせ」の単元内の「組み合わせ方」の1授業を対象としました。前時まで順列の解き方を学んできた子どもたちが、対話を通して組み合わせの解き方を創り出す活動の回を対象としました。例えば2011年度の授業は「5チームでサッカーの試合をします。どのチームとも1回ずつ試合をします。試合の数は全部で何試合になるでしょう

か。」という課題に取り組ませました。その後、8月の夏期校内研修で、子どもたちの学習の過程や成果を基に授業について振り返りを実施することに決め、6月の研究授業が行われた校内研修から8月までの間に主に下記の2点を意識した学習記録データの分析や収集を行ったのです。

1. 学習プロセス可視化：発話データを分析し可視化する
2. 回顧記述調査：一定期間後の理解の定着を調査しまとめる

　学習プロセス可視化では、校内の教員が子どもたちの対話の状況を視覚的に把握しやすくするために、発話データを複数の方法で可視化する試みを行いました。そして、回顧記述調査では、一定期間後（例えば2011年度は1か月後）に、自由記述方式でたくさんの教員が参観した授業（研究授業）でどのようなことを学んだか、可能な限り思い出したものを記述させました。この学習プロセス可視化と回顧記述調査を組み合わせることで、一定期間後も授業で扱った内容の重要な部分（「組み合わせ方」の授業であれば、順列の半分となるその理由についての記述があるかどうか）の記述が見られた子どもとそうでない子どもの授業中の話し合い活動がいかに異なるかについて振り返ることが可能になります。このようにして子どもたちの学習の過程と成果を詳細に把握することが可能になったのです。

　初年度の2011年度の分析結果を紹介します。回顧記述調査を行った結果、組み合わせ方の記述があった班（以降、記述あり班）のメンバーとそうでなかった班（以降、記述なし班）とに分けることができました。そのため、記述あり班と記述なし班の2つの班を対象に、グループでの発話を分析し、対話のやり取りを3つの観点から可視化しました。

　1つめの可視化として、三宅（1987）の建設的相互作用の理論を参考に、理解が深まる対話プロセスは「分かる」と「分からない」の繰り返しであるという視点から、そのような発話が出てきているかどうか、発話内容を「答えに関する発話」「なぜ？といった疑問の発話」「分からないと表明する発話」に分類しました。

　2つめの可視化として、知識構成型ジグソー法などで用いられている異なる

考えを比較吟味する活動が理解を深めるという視点を参考に、それぞれどのような表現で解き方を考えているかで分類しました。今回は、重なりがあるから順番を変えられないからといった発言を「概略的表現」、A対BとB対Aは同じだよねといった試合場面を想定した発言を「場面的表現」、4×5÷2・割り算・重なりを引くといった発言を「計算的表現」、リーグ表を書いたり樹形図を書いたりして発言した内容を「図形的表現」と4種類の表現に分類しました。これら可視化の結果が図6.1です。

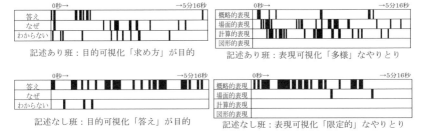

図6.1　発話データの質的分析による発話プロセスの可視化図

分析の結果、記述あり班は、答えを提案するだけでなく、なぜそのような答えになるのかについて、分からないという発言も出現しながら、求め方を追求するような建設的相互作用が起きていた一方で、記述なし班は、答えがいくつになるのか（20試合か10試合か）に終始していました。そして記述あり班は概略的表現、場面的表現、計算的表現を行き来しながら多様な視点から比較吟味が行われていたのに対して、記述なし班は、主に概略的表現の限定的な視点での対話に終始していたことが分かりました。

3つめの可視化として、子どもたち同士の相互作用の全体像を見えるようにするため、対話のやりとりの相手が誰なのか、そして、発話内容が自己の考えに基づいたものなのか、他者の考えに基づいたものなのかを分類し関係図を作成しました。実際、班内の相互作用全体を可視化したものが図6.2です。

矢印は誰に向けて話をしたか、または誰の話を受けて話をしたのかの割合を示しており、円グラフは、班内での全発話中、発話者が誰の意見を基に発言したかの内容を割合で示しています。残りの白い部分は、他者の合計発話量を示

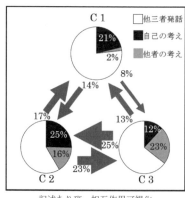 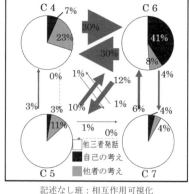

記述あり班：相互作用可視化 　　　記述なし班：相互作用可視化

図6.2 発話データの質的分析による相互作用の可視化図

しています。比較すると、記述あり班の方が記述なし班よりも各児童の発話割合のバランス、発話のターンの相手のバランスが取れています。記述あり班では、C2さん、C3さんは自己の考えを述べるに加え、他者の考えを基にも意見を述べており、答えの「求め方」について、多様な表現を受け止めながら別の表現で言い直すような議論をしていた可能性があります。

　8月の夏期校内研修では、この3つの可視化図を用いて、回顧記述調査のデータと共に振り返りが行われました。研修終了後のアンケート結果より、参加教員15名全員が、観察方法の見直しについての言及（例えば、単に活発に話し合っているかどうかが重要ではなく、なぜそのような答えになるかの求め方について話し合っているかどうかを観察することが大事である、など）や、回顧記述調査の重要性についての言及（発話データだけでは判断がつきにくいが、回顧記述調査から子どもの分かり方を見ると、表面的な話し合いかどうかが分かった、など）が見られました。

　本研修では大きく2つの効果がありました。1つは、翌年以降、前向きアプローチの授業づくりが増え、研究授業も前向き授業を対象とするようになりました。もう1つは、初期の段階でじっくりと学習記録データと向き合った研修を実施したことで、2012、2013年度と徐々に教員らの授業観察の見取り方が向上しました。そして、事後研修では簡易な質的分析による可視化であっても効果的

な振り返り活動ができるようになっていったのです。

　また、2012、2013年度は対話の多様性を保証するために3種類の考え方をエキスパート資料とした知識構成型ジグソー法を参考にした結果、多くの班が悩みながら求め方について対話するようになりました。授業後の回顧記述調査の分析からも、説明できた子どもの割合が2011年度61％だったのが2012年度88％、2013年度95％までに上昇しました。そして今現在でも学校では、毎年継続的に知識構成型ジグソー法を核にした授業研究と学習の過程や成果の記録を基にした校内研修が続けられています。2014年度以降はICTを活用した取り組みもはじめました。1人1台タブレット端末を活用し、エキスパート活動のまとめを写真で共有したり、授業をまたいで学習記録を蓄積していって単元を通した活用や振り返りができるようにしています。それらの電子的に記録されたデータを活用した校内研修も進められています。

　この例では、質的研究の成果を可視化して計画的に校内研修に組み込んでいくことで、前向き授業づくりへ教員らの視点転換を引き出し、子どもたちの見取り方も焦点化されていくことにつながりました。

ICTを活用して複数の質的分析から授業の課題を抽出する

　続いて紹介する研究は、教室すべての班が安定して効果的な対話活動ができるようになるための授業の条件を、ICTも活用し、2種類の質的分析方法を組み合わせることでより多くのデザイン原則が見えてこないかどうか検証したものです。「知識構築プロセスを安定して引き起こす協調学習実践の検証」（遠藤・益川・大島・大島，2015）を中心に紹介します。

　対象としたデータは、2012年度に実践した、前節でも紹介した6年生算数「並べ方と組み合わせ」の授業です。2011年の授業実践の振り返りを基に、多様な表現方法を出し合いながら対話する活動が有効だと考え、知識構成型ジグソー法を参考にした授業が設計されました。しかし、エキスパート活動では、解いてみたい表現方法を自由に選択（計算が2つの班・樹形図が4つの班・絵や具体物が1つの班）したため、担当人数に偏りが生じました。結果、ジグソー活動では、班ごとに持ち寄る表現方法が幅広い班・限定的な班と前提が異なる

班が編成されたのです。

　このグループ編成による効果もしくは弊害を分析するために、校内研修向けに従来行ってきた質的分析手法（以降、認知内容分析と呼ぶ）に加え、KBDeX (http://www.kbdex.net/japanese.html) という社会ネットワーク分析ツールを用いた質的分析も組み合わせ、これまでの質的分析の視点では気づかなかったポイントを得られるかどうか検証することにしました。このように同一の発話データを複数の質的分析方法から見ていくことで研究を深めていこうという動きが学習科学の領域で盛んになってきて、それら異なる発話の分析視点はマルチヴォーカリティ（多声性）とも呼ばれています（Suthers et, al., 2013）。社会ネットワーク分析とは、グラフ理論を用いて、主体間の関係をノード（点）とエッジ（線）で結んで示す分析法です。対話を通してグループで構成されていく知識の関係などを可視化することができます。社会ネットワーク分析ツールは様々なものが開発されており、例えば、電子掲示板のやりとりの内容を社会ネットワーク分析して教師と子どもたち同士の関わりの関係を可視化することで、3年間かけて教師中心から生徒同士の相互作用を中心とした授業改善につなげた研究があります（スカーダマリア他, 2014）。また、ENA (http://www.epistemicnetwork.org/) を開発した研究チームでは、さまざまなタイプの対話発話データを分析して何が見えてくるか異なる視点を持つ研究者同士で議論する取り組みも行われています（Shaffer, 2017）。

　認知内容分析からは、一旦順列で解いた場合、想定して確認する話し合いがない場合、正解に到達しなかった場合、式と他の表現を結び付けなかった場合、それぞれに回顧記述調査で記述できていない子どもがいることが分かりました（表6.1）。しかし、1班と3班は該当するものの、2班は該当しませんでした。

　次に、社会ネットワーク分析の結果、話し合いを通して、「同じ（同じものを同定する発言）」「消去（重なっているものは消去する発言）」「カウント（数を1つずつ数える発言）」が関連しあった対話（図6.3ではこの3つのキーワードの関連性がトライアングルの形として表現される）が起きていれば学習内容の保持が起きていること、ただし途中で答えを同定するような授業者の班への介入があると、理由を深める話し合いがその時点でストップしてしまって、社会ネットワークの図が発展していかなくなり、結果、回顧記述調査で記述でき

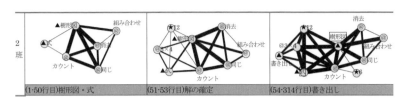

図6.3 社会ネットワーク分析による2班の話し合いの変容図

表6.1 各班の発話分析結果

	認知内容分析			社会ネットワーク分析			回顧記述調査
	順列12組確認	正解到達	式と結びつけ	解法方略	トライアングル	授業者介入なし	学習内容保持
1班	×	○	×	×	○	×	50%
2班	×	×	○	○	○	○	100%
3班	×	×	○	○	×	×	75%
4班	○	○	○	○	○	○	100%
5班	○	○	○	○	○	△	100%
6班	○	○	○	○	○	○	100%

なかったことが見えてきました（表6.1）。

　最近のテクノロジの進展により、多様な質的分析手法を用いることができるようになってきました。この節の研究事例のように、特定の質的分析手法では見えない視点を得られることにもつながります。今後、同じデータを用いて複数の研究者が様々な分析手法を行ってみることも大事になるかもしれません。

前向き授業の学習環境で資質・能力が育成されたか縦断的に分析する

　最後に紹介する質的研究は、2011年度以降段階的に取り組んできた前向きアプローチの授業づくりを継続的に取り組んでいくことが、結果的に子どもたちの資質・能力育成につながっていたかどうかの検証です。「建設的相互作用経験の蓄積が協調的問題解決能力の育成につながるか──縦断的な発話データを

用いた能力発揮場面の分析—」（益川・河﨑・白水，2016）を中心に紹介します。

この研究では、将来学校外で必要となる協調的問題解決（Collaborative Problem Solving, 以降 CPS と呼びます）能力を「他者との対話を通して、学びを深めたり新たな解や知識を作り出したりする力」と定義しました。そして、後向き授業の学習環境から前向き授業の学習環境に変えていくことで、子どもたちの CPS 能力を引き出し高めることができたのか、一連の研究で集めていた発話データを縦断的に分析しました。

研究では、2011 年度小学校 3 年生だった 4 人を対象として 2014 年度 6 年生になるまでの複数授業と、CPS 課題の発話データを質的に分析しました（表 6.2）。CPS 課題とは、全国学力・学習状況調査の算数 B 問題を最初 1 人で解いた後に 2 人で解くというテスト課題です。このテスト課題は、いわば教員が子どもたちのために資質・能力を発揮しやすい学習環境を用意していない場面として捉え、そのような学習環境下においても CPS 能力を発揮できるかどうかを調べる目的もあり、卒業前の 2015 年 2 月に実施しました。課題内容は、平成 26 年度の算数 B 問題の中から選んだ一題「あた問題」で、親指と人差指を直角に広げたときの長さを基準量として、割合を考え解答する課題でした。

研究仮説として、CPS 能力は誰でも潜在的に持って生まれてくる潜在能力と考え、潜在能力が発現されるかどうかは、発現チャンスの質と量に依存すると考えます。三宅は「良質な発現チャンスをいつも経験していれば発現されるパフォーマンスの質も高くなる」と述べていました。そのため、前向き授業を小学校 4 年生から 6 年生まで継続的に実践することで、子どもたちの CPS 能

表 6.2　分析対象とした発話データ

学年	学習環境	発話データの種類
小 3	後向き授業	国語「もちもちの木」の対話場面
小 4	前向き授業	算数「概数」の対話場面
小 6	前向き授業	算数「並べ方と組み合わせ」の対話場面
小 6	前向き授業	算数「全体を 1 と見て」の対話場面
小 6	CPS 課題	全国学テ・算数 B「あた問題」の対話場面

力の発揮が変容したかどうかを調べました。

　発話の傾向を分析した結果、以下のように、4年生以降3年間の積み重ねによって、CPS能力を発揮した対話に変容していく姿が見えてきました。

- 小3の後向き授業：「次はFさんね」など課題内容よりもチーム構築調整へ注力した発話や、教師が指示したとおりに「私は〜だと思います。なぜならば〜です。疑問はありませんか？」といった話型に沿った発話だった。
- 小4〜小6の前向き授業：小3のときのような発話は減り、「分からない」「どうして」と素直に疑問を言い合うような課題解決の対話となり、その対話のやりとりのターンが増えた。
- 小6のCPS課題：ペア活動では、一緒に課題の解決過程を追いながら解を構成し直す活動が起きた。

　なお、CPS課題は実践校以外の複数の小学校でも実施され、子どもたちのCPS能力発揮について質的に分析を行っています（Shirouzu, et al., 2015; 遠山・白水，2017）。その結果と比べると、他校の子どもたちは単なる「答え合わせ」で終わってしまい建設的な対話が起きていない場合も見られましたが、実践校の子どもたちはそれとは対照的で、ペアでの解決場面で共に考えを出し合いながら深めていく活動になっていました。

　小3〜小6の間に対話の変容が見られたため、この変容の様子について建設的相互作用の理論の側面から質的な分析を行いました。

　建設的相互作用は、共通の目標に向かって対話を進めていく過程で、分かっているつもりの内容を他者から質問されることで知識の見直しが起きて分からない状態になり、それについて対話することで深い理解へ進んでいくというプロセスです。その過程を通して分かっていることができると、それに対してさらに質問されることで、分からない状態が起きさらに深めていくような、「分かっている」状態と「分からない」状態を繰り返しながら、一人ひとりなりに理解が深まっていくとされています。そこで、三宅（1985）の発話分類を参考に分析基準を作成し（表6.3）、小3〜小6のそれぞれの対話場面において、他者との対話を通して各子ども単位で、分かっている状態の発話と分からない状

表 6.3　発話データの分析基準

分類		定義	発話例
分かっている	同定	テキストや問題文を読むなど推論しなくても自明である事実を述べる表現	それが「あた」です.
	提案	課題に対する自分の考えを述べる表現	それを通分して出た面積が 3 分の 1 だから
	確認	他者の発話に同意を示したり，繰り返したりして受容する表現	うん，その方が良いと思う.
分からない	探索	わからないなど不理解を示す表現，自問する表現	たしかに難しいよこれ
	批判	〜がおかしい，違うなど，特定の問題点を指摘する表現	でもそれじゃあ，分が出ないじゃん
	質問	他者に対して説明を求める表現，他者の発話に対して疑問を示す表現	3 分ってこと？

態の発話の行き来に変容が見られるかどうか分析しました。分析基準を適用した例が表 6.4 です。

例えば 4 人のうちのひとり A さんを分析した結果、表 6.5 のとおりとなりました。A さんの場合、後向き授業では分からない状態の発言はみられませんでしたが、前向き授業によって少しずつ分からない状態の発言をするようになり、最終的には「分かる」と「分からない」の行き来の数や頻度が増えていきました。他の 3 人も A さんとは異なる形で多様でしたが、全体の傾向として、前向き授業の学習環境での長期にわたる経験の積み重ねによって、CPS 能力が引き出されやすい形に子どもたちが育成されたのではないかと結論づけました。

なお、小学校を卒業した 4 人に対して、さらなる追加調査も行っています。2015 年 11 月に、中学校 1 年生になった 4 人の学校に訪問し、授業参観とインタビュー調査を行いました（益川・遠藤，2018）。そこでの発話データを質的に分析した結果、(1) 中学校の授業の班活動では理解を深めることができないのが不満で、教員の授業デザインの問題点も指摘できる、(2) 出身小学校のメンバーが班員に 1 人でもいれば、他小学校出身のメンバーも深い対話に巻き込

表6.4 分かっている状態と分からない状態の分析基準適用例

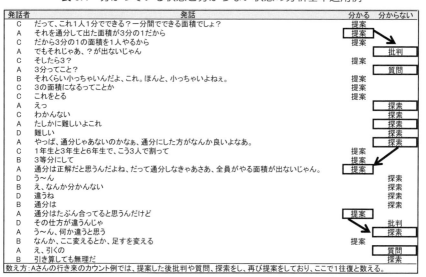

表6.5 Aさんの「分かる」「分からない」の発話と行き来の頻度

	児童A			
	分かる	分からない	行き来の数	行き来の頻度（1分あたり）
[1] 後向き授業	4	0	0	0回
[2] 前向き授業1	5	12	2	0.1回
[3] 前向き授業2	12	3	2	0.1回
[4] 前向き授業3	47	54	23	0.8回
[5] CPS課題	28	32	8	1回

むことができると考えていることが分かりました。後向きアプローチの学習環境でCPS能力を発揮するのはなかなか大変である一方、前向きアプローチの学習環境を構築できればCPS能力を発揮できる自信のあらわれではないかと思われます。しかし本来は、中学校・高等学校でも前向きアプローチによる学習環境が望ましいはずで、そのような学習環境を構築していく役割が、質的研

究を進める研究者、実践者のコミュニティに求められているといえるでしょう。

まとめ

　本章で紹介した事例では、静岡県東部の小学校において、研究者と現場教員が共同しながら、学校の学習環境を後向きアプローチから前向きアプローチの授業づくりへと転換し、それが継続的に続くための校内研修の仕組みを構築してきました。そのために、学習科学のデザイン研究という研究手法を用いて、子どもたちの学習の過程や成果の記録データを可視化し、共有して議論することで、校内全体で前向きアプローチの授業づくりに取り組む学校文化の形成につなげることができました。

　そのような実践を取り組んでいく中で行われた、(1) 校内研修でいかなる質的分析結果の共有を行い前向きアプローチへの転換を実現したかの研究事例、(2) 多様な分析結果の視点を得るためにICTを活用した社会ネットワーク分析も組み合わせた研究事例、(3) 子どもたちの4年間の資質・能力の成長を発話データから追った縦断的分析の研究事例、の3つの研究事例を紹介しました。

　質的研究を実践していく一番の目的は、そこに関わる子どもたちの学習の質を高めていくと同時に、その成果を学校内や地域に広げていくことでより多くの子どもたちの学習の質を高めていくことだと考えています。そのように質的研究の知見を広げていくためには、ICTを効果的に活用していく必要もあるでしょう。子どもたちの学習の過程と成果を効果的に集め、分析、可視化し、フィードバックしていく仕組みづくりとセットで、前向きアプローチの授業づくりに取り組む教員コミュニティが広がっていくことを望んでいます。

> **研究法の心得**
> ❶質的研究を通して関わる学校現場全体の改善につなげていくという大きなビジョンを持って、その中でどのような研究成果を生み出したいか考え取り組むこと。
> ❷子どもたちの学習の過程や成果の記録を分析するときには、「どうなったのか」という単なる結論の同定だけでなく、「どうしたらより良くなるか」の次の授業改善のポイントを抽出し、次の実践サイクルにつなげること。
> ❸最先端のICT活用に常に目を向け、より多様で詳細なデータを収集する方法に取り組んだり、テクノロジに支援された新たな質的分析に取り組んだりすることで、質的研究の質を向上しつづけること。

■引用文献

D. Suthers, K. Lund, C. P. Rose, C. Teplovs, & N. Law（eds.）, (2013). *Productive multivocality in the analysis of group interactions (Computer-Supported Collaborative Learning Series 16),* New York: Springer.

D. W. Shaffer（2017）. *Quantitative Ethnography,* Cathcart Press.

遠藤育男・益川弘如（2015）「デザイン研究を用いたエビデンスに基づく授業研究の実践と提案」日本教育工学会論文誌, *39 (3),* p.221-233.

遠藤育男・益川弘如・大島純・大島律子（2015）「知識構築プロセスを安定して引き起こす協調学習実践の検証」日本教育工学会論文誌, *38 (4),* p.363-376.

益川弘如・河﨑美保・白水始（2016）「建設的相互作用の蓄積が協調的問題解決能力の育成につながるか─縦断的な発話データを用いた能力発揮場面の分析─」認知科学, *23 (3),* p.237-254.

益川弘如・遠藤育男（2018）「協調的問題解決能力の良質な発現チャンスが埋め込まれた学習環境は能力の育成にいかにつながるのか：発話データからの検討」2018年度人工知能学会全国大会.

三宅なほみ, 大島純, 益川弘如（2014）「学習科学の起源と展開」科学教育研究 *38 (2),* p.43-53.

三宅なほみ・東京大学CoREF・河合塾（2016）『協調学習とは：対話を通して理解を深めるアクティブラーニング型授業』北大路書房.

大島純・益川弘如, 編著（2016）『教育工学選書Ⅱ 学びのデザイン：学習科学』ミネルヴァ書房.

スカーダマリア, M., ブランスフォード, J., コズマ, B., クエルマルツ, E.,（2014）

「知識構築のための新たな評価と学習環境」『21世紀型スキル：学びと評価の新たなかたち』三宅なほみ, 監訳. 益川弘如・望月俊男, 編訳. グリフィン, P., マクゴー, B. & ケア, E., 編. 北大路書房.

白水始・三宅なほみ・益川弘如（2014）学習科学の新展開：学びの科学を実践学へ, 認知科学, *21 (2)*, p.254-267.

Shirouzu, H., Tohyama, S., Yamada, M., Kitazawa, T., & Masukawa, H.（2015）. *Proposing an Alternative Framework for the Assessment of Collaborative Problem Solving*, CSCL2015.

遠山紗矢香・白水始（2017）「協調的問題解決能力をいかに評価するか—協調問題解決過程の対話データを用いた横断分析—」認知科学, *24 (4)*, p.494-517.

【書籍紹介】

①R. K. ソーヤー, 編著. 大島純・森敏昭・秋田喜代美・白水始, 監訳. 望月俊男・益川弘如, 編訳.（2016-2018）『学習科学ハンドブック第二版（全3巻）』北大路書房
学習科学研究の国際的な動向を知ることができます。ICTを活用した実践事例や分析事例も多く掲載されており、これからの研究動向を踏まえた質的研究を検討する上で役立つ翻訳書となっています。

②三宅なほみ・東京大学 CoREF・河合塾（2016）『協調学習とは：対話を通して理解を深めるアクティブラーニング型授業』北大路書房
知識構成型ジグソー法の理論的背景とそれに基づいた実践事例が詳しく紹介されています。実践事例では、授業展開の紹介だけでなく、その結果の学習者の理解変容の分析や教師による振り返りのコメントも掲載されています。

③国立教育政策研究所, 編（2016）『資質・能力　理論編』東洋館出版社
これからの社会に必要な資質・能力のすがたと、その育成方法・評価方法について、多種多様な研究事例に基づいて整理された本となっています。質的研究を進めていく上でヒントとなる多くの視点が入っています。

第7章 学級規範と集団の展開の談話研究

◉違和感を出発点に、学級規範と授業像を問い直す

笹屋孝允

【研究の流れ】

フィールドに入る、観察し記録する	参与観察／エスノグラフィー
▼	
違和感を見つける	学級規範／学級集団／相互行為分析
▼	
規範と授業像を問い直す	解釈的分析／授業像
▼	
調査および分析をくり返す	再調査／インタビュー
▼	
まとめる	

違和感を見つける：規範を研究する出発点

「学級規範」とは、学級における行動について取り決められた、一つの価値観のことです。小学校でよく見られる「仲のよいクラス」などの学級目標も、学級規範の一つです。このように明示される学級目標とは異なり、学級規範は発言の仕方や言葉遣い、ノートの書き方など、実に多くの細やかな行動を暗黙のうちに規定しています。行動の細かい部分についても、学級には規範として成立しています。

学級規範は学級内の行動についての評価規準となります。これらの学級規範はすべて、それぞれの行動についての評価の規準となっています。例えば、「授業中、教師が説明をしているときは注意深く聞くべき」という学級規範があるとします。その学級では、教師が説明をしているときは注意深く聞く行動は、教師から高く評価されます。一方、教師の説明中によそ見をするなど、その学級規範に反する行動は低く評価されます。

学級規範の主な働きは、教室内の相互行為を円滑に進ませることです。規範がなければ、教室内の多数の子どもたちは自分の思いのままに行動します。そのため、教師やまわりの子どもたちとの相互行為が無秩序となります。授業中の子どもたちや教師の多種多様な行動を、学級規範はある程度制約し秩序化します。その結果、多数の子どもが存在する学級において、子どもの成長という一つの目標に向かって全員が授業に臨むことができます。

また、学級規範には、集団を枠づける働きもあります。「教師が説明をしているときは注意深く聞くべき」という学級規範が成立している学級では、注意深く聞くことができるようになることで、授業に参加していると見なされます。規範を共有することが、学級集団への参加資格となります。

このように、子どもたちと教師が学級規範を共有することで、授業中の円滑な相互行為が可能となります。また、多様な子どもたちが教師とともに一つの学級集団となって、共通の目標に向かって授業に臨むことができるのです。

ただし、子どもたちも独自の規範を作っています。子どもたちが重視する規範は、教師に共有されていなかったり、教師が期待する学級規範とは相反する内容であったりする場合があります。例えば、「授業中、教師が説明をしてい

るときは注意深く聞くべき」という学級規範が子どもたちと教師とで共有されている学級でも、ささやき声で子ども間の話し合いが行われる場合があります。これは、子どもたちの間で、「自分の考えを友達と共有すべき」、「友達から話しかけられたら応答するべき」という規範は成立しているためです。このとき、教師が重視する学級規範と子どもたちの重視する学級規範は両立されません。

　この学級規範は、普段は当事者には意識されません。規範を意識し続けている限り、円滑な相互行為ができません。なぜなら、規範を意識するたびに、相互行為に専念できない瞬間が生じるためです。無意識のうちに規範に則した行動をとれるようになって初めて、円滑な相互行為ができるようになります。

　「教師が説明をしているときは注意深く聞くべき」という学級規範も、子どもたちがその規範に則して行動しようと意識し続けている限り、教師の説明を聞くことに専念できません。注意深く聞くことが当たり前になり、無意識のうちに注意深く聞くことができるようになって初めて、子どもたちは教師の説明に注意を集中することができ、注意深く聞くことができるようになります。

　学級規範が意識されないもう一つの理由は、教師と子どもとの学級規範の共有がヒドゥン・カリキュラム[1]となっている場合が多いためです。例えば、教師は学習内容を説明しているとき、普段よりも大きな声を出すことで、子どもたちの注意を引くことがあります。このような相互行為がくり返されることで、「教師が説明をしているときは注意深く聞くべき」という学級規範が明示されなくても、子どもたちは意図せずにその学級規範を共有していきます。

　ここに、当事者が学級規範を研究することの難しさがあります。無意識化された学級規範を、あえて意識化する必要があるためです。また、無意識のうちになされる学級規範の共有過程について、その過程をあえて意識化する必要があるためです。研究者として授業を観察する場合も、学級規範やその共有過程は、無意識化されているために看過されがちです。学級規範について研究するには、無意識化されている学級規範をあえて意識化する分析方法、研究方法を

---

[1] 学習指導要領のように明示化されてはいないものの、日々の相互行為の中で結果として学習される知識や行動形式のこと。アメリカの教育学者ジャクソン（P. W. Jackson）が1968年にこの用語を初めて使用しました。

模索する必要があります。

　そこで、重要になるのが当事者のもつ「違和感」です。違和感とは、授業中の相互行為の中で何気なく感じる「ん?」「あれ?」という思いです。この何気ない思いが、学級規範についての研究ではとても重要となります。

　「教師が説明をしているときは注意深く聞く」という規範がある学級で、教師が説明中によそ見をしている子どもを見つけ、「○○さん、ちゃんと聞いてね」と注意したとします。このとき、教師は説明をしながら子どもたちを見て、「あれ?」という思いを持ったのでしょう。教師は「教師が説明をしているときは注意深く聞くべき」という規範に反する子どもの行動を見つけ、違和感を持ったと言えます。教師が違和感を持つとき、教師は子どもたちの行動に学級規範を照らし合わせます。教師は、無意識化されている規範を瞬時に意識化しているのです。

　教師が学級規範を明示するには、その前に教師が学級規範を意識化する必要があります。「ちゃんと聞いて」と、その規範を明示しながら注意するには、「教師が説明をしているときは注意深く聞くべき」という規範を意識化しなければなりません。学級規範を意識化することで注意が可能となるのです。

　このように、違和感と学級規範とは、密接な関係にあります。

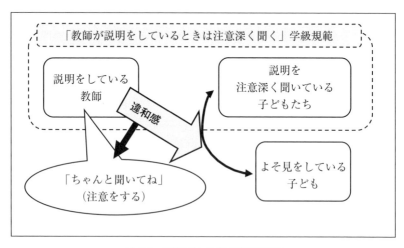

図 7.1　違和感と学級規範の関係

これを逆にとれば、学級規範に注目するには、違和感や、そこから導かれる教師の注意に注目すればよいと言えます。違和感や注意の内容を解釈すれば、その場面でどのような学級規範が成立していたのか、特に教師が重視していた規範の内容が明らかとなります。教師が子どもを注意している理由や、注意する発言の内容を解釈し分析することが、そのまま学級規範を解釈し分析することになります。

　例に挙げた「○○さん、ちゃんと聞いてね」という注意は、その子どもの聞き方について、教師が違和感をもったために行われたものです。この注意の発言内容から、この場面では「教師の説明は注意深く聞くべき」という学級規範を教師が重視していたことがわかります。

　また、どのようなときにその学級規範を遵守しなければならないのかもわかります。この場面では、教師の説明を注意深く聞かなければいけないのは、「教師が説明をしているとき」です。教師の説明は常に注意深く聞かなければいけないというわけではありません。ある子どもに対しての事務連絡などのような教師の発言を、教室内の子どもたち全員が注意深く聞く必要がない場合もあります。これらの解釈、分析を総合して、この場面では「教師が説明をしているときは注意深く聞くべき」という規範が教師に重視されていたことが明らかとなります。

　そのため、教室内での「違和感」を見つけることが、学級規範についての研究の出発点となります。違和感を持ったのはなぜなのか、その理由を丁寧に解釈することで、そのとき成立していた学級規範の内容や、どのようなときにその学級規範が成立するのかが明らかとなります。違和感を解釈的に分析することで、学級規範の研究が可能となります。

　フィールドワークとエスノグラフィーの方法を採用する研究は、この違和感を見つけるという点において、特に有効です。フィールドワークにより、子どもたちや教師の違和感を、直に観察することができます。教師や子どもたちの違和感は、発言の一瞬の間や表情のわずかな変化など、とても小さな行動で現れます。直に観察しなければ、違和感は見落とされやすいものです。

　エスノグラフィーも、違和感やその背景を具体的に記述できる方法です。学級には多数の規範が成立し、複雑に絡み合って成立しています。具体的な記述

を主とするエスノグラフィーは、その多様さ、複雑さを記録し、分析し解明していくのに適しています。エスノグラフィーとして違和感が記録に残ることで、後に違和感を丁寧に解釈することができます。

また、第三者としてある学級に入りながら観察することで、初めて明らかとなる違和感もあります。子どもたちや教師が違和感を持たない場面であっても、第三者の観察者が当事者とは異なる違和感を持つ場合があるためです。

これは、第三者がその学級で子どもたちや教師が共有している学級規範を、観察者が共有していなかったために発生する違和感です。子どもたちや教師が無意識に共有している学級規範についても意識化し研究の対象とすることができる点に、第三者の観察の意義は大きいと言えます。

問い直す：規範の問い直しから授業像の問い直しへ

学級規範を分析の対象とする研究には、どのような意義があるのでしょうか。

その一つが、授業像の問い直しです。「授業像」とは、個人が持っている授業の理想像です。

授業像も学級規範と同じく、無意識のうちに作られている場合があります。また、教師のみならず、子どもたちも独自に授業像を持っています。ある一つの学級で、子どもたちが教師とは異なる授業像を持つ場合があることは、調査によって明らかにされています。

例えば、教師が「子どもたちの発言を手がかりに学習を進める」という授業像を持っていても、子どもたちがそれまでの経験から「授業では教師の説明を聞くことに専念する」という授業像を持っている場合があります。この場合、子どもたちと教師の授業像が相容れないため、教師が思い描く授業の展開はなかなかできません。

授業像は、学級規範と密接な関係にあります。学級規範は、授業像を具体化したものと言えます。例えば、協働学習を重視する授業像を持つ教師は、「理科の実験などの課題について子どもたちが協働で取り組むべき」という学級規範を期待します。その学級規範が子どもたちと共有されることで、協働学習重視の授業が実現されます。

このように、学級規範は、授業像が日々の授業で実現されるよう、子どもたちや教師の行動の内容を決め、評価の規準として成立しているのです。
　何らかの授業観があるならば、その実現に学級規範の研究が大きな役割を果たします。学級規範を規準として子どもたちや教師に評価される行動は、授業像を実現させる行動でもあるためです。学級規範の背景には、子どもたちや教師が各々に持つ授業像があるという関係にあります。学級規範を研究することは、授業像を研究することにつながります。

調査および分析をくり返す：分析を深め、確かなものにする

　このような調査および分析をくり返すことが、その後の研究の課題となります。調査、分析をくり返していく中で、違和感から出発した学級規範や授業像についての解釈や分析が、より詳しく、より確かなものとなります。
　また、教師や子どもたちへのインタビュー調査などの方法を採用することも重要です。インタビューによってそれまで分析してきた学級規範や授業像が明示化されるため、それらの分析もさらに確かなものとなります。
　子どもたちや教師が違和感を持たず、観察者のみが違和感を持った場面についても、インタビュー調査から多くのことが明らかとなります。観察者が違和感を持った場面で、教師や子どもたちがなぜそのような行動をとったのか（とらなかったのか）、直接インタビューしてみることで、学級規範の内容やその意義についての分析がより深まります。
　この場合、インタビュー調査は、教師や子どもたちが無意識化していた学級規範や授業像について、問い直す機会を提供することにもなります。

研究の流れ

　ここでは、実際の教室の事例から、学級規範の分析を行っていきます。特に、教師と子どもたちがそれぞれどのような学級規範を重視していたのかについて分析します。
　この事例は、ある小学校の6年生学級の事例です。学級担任は教職歴約25

年の教師でした。

(1) フィールドに入る、観察し記録する

　筆者はこの学級で、隔週に1日程度の頻度で継続的に観察させていただいていました。筆者は毎回の授業観察で、子どもたちの小さな声も聞きとれるように教室後方に子どもたちと同じように机を並べて観察していました。授業中には筆記でメモを取り、観察した日の夜にメモをフィールドノーツとして記録していました。ビデオカメラによる映像やICレコーダーによる音声の記録も検討しましたが、子どもたちが身構えてしまうことから機器での記録は行いませんでした。

(2) 違和感を見つける

　継続的な観察の中で、無意識化された学級規範を分析するため、教師が子どもたちに注意をする場面に着目しました。注意する場面は、教師が違和感を感じた場面、すなわち学級規範が意識化され明示化される場面だからです。注意だけではなく、表情や発言の間などからも、子どもたちや教師が違和感を持ったことを、観察者は解釈することができます。そのような場面ではより詳細にメモで記録するよう、筆者は努めていました。

　ここでは、国語科の授業2場面を取り上げます。いずれも、教師がそれまで続けていた説明を突然に中断した場面で、教師が子どもたちの様子を見て違和感を持った場面であると考えられました。その前後の発言内容を、フィールドノーツから書き起こして発言記録の表にまとめました（表7.1）。両方の場面で登場する柏村くん（子どもの名前は仮名）は、そのとき筆者の前の座席に座っていました。

　まずは、一つめの1場面の教師と子どもたちの発言から、学級規範を分析します。この授業は説明文「多くの人が使えるように」（古瀬敏著、光村図書出版の教科書に掲載）の単元の第1時で、単元の学習目標を確認することが主な目標でした。

表7.1 柏村くんと野田くんの会話について教師が尋ねる場面の発言内容と、重視されていた規範

話者	発言内容	柏村と野田の会話	重視されている規範
教師	（バリアフリーの意味を説明しながら黒板に「バリアフリー」と「ユニバーサルデザイン」の2語を書く）	（柏村：後ろに座る野田の方を向く） 柏村：ユニバーサルスタジオ（笑いながら） （野田：うなずく）	教師：説明を注意深く聞く 柏村：思ったことを友達と共有する 野田：話しかけられたら応答する
教師 野田	ん？（柏村を見る） ユニバーサルスタジオ、だって。	（柏村：前を向く）	
教師	（黒板を一度見て） あ、ユニバーサルね。 ユニバーサルスタジオは世界の誰でもお客さんになれるんでしょ。 世界中の、誰でも、どんな人でも使えるように、っていうのがユニバーサルデザインじゃない。	（柏村：教科書を開き、ページをめくりながら文章を眺める）	教師：子どもの発言と学習内容を関連づける
（不明） 教師	ああー（5名程度の子どもが発言、複数の子どもがうなずく） 今日から読むのは、そんなお話です。		子どもたち：説明を注意深く聞く

（3）違和感を問い直し、学級規範と授業像を分析する

　ここでは、柏村くんと野田くんの会話について、教師が違和感を持った場面です。それは、教師の「ん？」という発言から解釈されます。この違和感が、柏村くんに会話の内容を尋ねる行動につながっています。

　このとき、教師は柏村くんが野田くんに話しかけ、野田くんがうなずくやり取りを見て、違和感を持っています。つまり、このやり取りが教師の期待する学級規範から逸脱していると、教師が考えたと解釈できます。裏を返せば、「教

師の説明中に子ども同士で会話をしない」、「教師の説明を注意深く聞くべき」という学級規範があると解釈できます。また、その規範は「教師の説明中」という場面で期待されると解釈できます。

　しかし、このとき、柏村くんと野田くんは、「教師の説明を注意深く聞くべき」という学級規範から逸脱しているとは言えません。2人は教師の説明を妨害しているわけではなく、野田くんは柏村くんが話しかけるまで、また、柏村くんはその直前まで、教師の方を見て説明を聞いていました。野田くんは、「教師の説明を注意深く聞くべき」という学級規範よりも、他の学級規範を重視したと考えられます。

　柏村くんと野田くんのやり取りから、野田くんが重視したのは、「話しかけられたら応答するべき」、「友達を無視してはいけない」という学級規範と解釈できます。この学級規範も、日本の学校で広く見られるものです。野田くんはこの規範を重視したからこそ、柏村くんの話しかけに応対していると解釈されます。

　それに先立って、柏村くんは野田くんに話しかけています。これは、柏村くんが「思ったことを友達と共有するべき」という規範を重視したと解釈されます。この学級規範も、日本の学校で広く見られるものです。

　ただし、これら柏村くんと野田くんの重視する学級規範についての解釈は、この事例の解釈だけでは推定の域を出ません。ここでは仮にこれら2つの学級規範があると仮定して分析を進めます。再調査、再分析を通して、この解釈を確かなものにしていきます。

　これら2つの学級規範が、柏村くんと野田くん、2人だけの集団を作ります。この章の冒頭で説明した通り、学級規範は集団を枠づけます。柏村くんと野田くんは、他の子どもたちとは異なり、「話しかけられたら応答するべき」、「思ったことを友達と共有するべき」という規範を重視します。まわりの子どもたちは「教師の説明を注意深く聞くべき」という学級規範を重視しているため、柏村くんと野田くん2人だけの集団が枠づけられます。この枠づけは、見えない境界とも言えるでしょう。

　その見えない境界が、教師の違和感につながったと考えられます。教師もまわりの子どもたちと同様に、「教師の説明を注意深く聞くべき」という学級規

範を重視します。つまり、教師とまわりの子どもたちは一緒に一つの集団を作っています。この集団と、柏村くん、野田くんとの間に見えない境界が、つまりは教師と柏村くん、野田くんとの間に見えない境界ができたと言えます。この境界が、教師に違和感をもたらしたのでしょう。

　教師はそこで、「ん？」と2人にやり取りの内容を尋ねます。筆者は、この後の教師の対応に観察者として違和感を持ちました。このとき筆者は、教師が柏村くんと野田くんを注意すると思っていたためです。この違和感から、筆者とこの教師とで、異なる授業像を持っているのかもしれないと考えました。

　その後に続く柏村くんと教師のやり取りから解釈される教師の授業像は、「子どもの考えを大切にする授業」です。それは、子どもの発言を学習内容と結びつけながら、子どもの理解を深めていく授業像です。そのような授業が、柏村くんと野田くんの会話と、教師がその内容を尋ねたのをきっかけに展開されています。その裏で、筆者は教師が子どもたちに学級規範について明示的に指導して、授業中の教室内の規律を整えることを重視する授業像を持っていたのではないかとふり返りました。ただし、この授業像の解釈と分析も推定のため、それが正確かどうか再調査、再分析で明らかにしていきます。

　この場面からは、複数の学級規範が同時に、複層的に成立していることも明らかとなります。学級規範は、複数の規範が同時に成立しているのです。これまでの分析で、「教師の説明を注意深く聞くべき」という学級規範と、「友達から話しかけられたら応答するべき」、「思ったことを友達と共有するべき」という学級規範とが複層的に成立していると推定されました。これらの規範のすべては同時に達成されないもので、いずれの規範も重視されるものの、2つの規範に優先順位をつけて、選択的に重視する必要があります。つまり、複数の学級規範について、重視する順序づけをする必要があるとも言えます。柏村くんと野田くんは後者を優先して重視したため、2人だけの集団が枠づいたと考えられます。

　つまり、まわりの子どもたちと、柏村くんと野田くんとの間で異なるのは、複数の学級規範の順序づけです。このことから、柏村くんと野田くんが学級規範から逸脱しているわけではないと見なせます。学級規範の複層的なとらえ方、つまり複数の学級規範の優先順位のつけ方の相違が、教師の違和感につながる

場合があることが、この場面から明らかとなります。

(4) 調査および分析をくり返す：分析を深め、確かなものにする

　この場面と似た教師の違和感とその後のやり取りが、2か月後の国語の授業でも見られました。次の場面は、説明文「平和のとりでを築く」（大牟田稔・著、光村図書出版の教科書に掲載）の単元の第5時であり、本文の読解が主な学習活動でした。このとき教師は、旧広島産業奨励館の修復が決まった出来事を黒板に記していました。

表7.2　柏村くんと野田くんの会話について教師が尋ねる場面の発言内容と、重視されていた規範

話者	発言内容	柏村と千葉の会話	重視されている規範
教師	どうでしょう、原爆の恐ろしさを忘れないために〔原爆ドームを〕残しておくというのは。		（教師：教師の説明を注意深く聞く）
男児1	原爆が落とされたのは大変なことだから、修復して残してよかったと思う。		
教師	さあ、他にどうでしょう？	柏村：お墓をボーン（千葉：柏村を見て笑う、柏村も笑い返す）	（柏村：思ったことを友達と共有する）（千葉：話しかけられたら応答する）
教師	ん、何か〔意見が〕ある？	（柏村：前を向く）	
柏村	お墓をボーン。お墓をボーン。（両手を動かして墓石の形を作りながら）		
教師	（黒板を見て少し考え込み、それから柏村の方を向く）		
教師	ああ、〔原爆で亡くなった人の〕お墓〔の代わり〕にしちゃうと。	柏村：お墓をボーン（千葉に向けて）	（教師：子どもの発言と学習内容を関連づける）

この場面でも先ほどの場面と同様に、教師が柏村くんと千葉くんのやり取りに違和感を持ち、2人のやり取りの内容を尋ねる対応をしています。
　違和感の内容を解釈して、「教師の説明を注意深く聞くべき」という規範があると言えます。また、先ほど推定した「思ったことを友達と共有するべき」、「友達から話しかけられたら応答するべき」という規範について、その推定がより確かになります。教師による関連づけが行われていることから、「子どもの考えを大切にする授業」像の推定もより確かになります。
　このように参与観察を継続し、違和感を見つけながらその背景にある規範や授業像を分析していくことで、類似した場面に出会うことがあります。その場面を分析することで、学級規範や授業像を分析できます。さらに、一度推定した学級規範や授業像について、その確からしさを判断できます。
　また、当時、筆者は授業を観察させていただいた日の放課後、記録の補完のために職員室で担任の先生に簡単なインタビューを行っていました。その日あった出来事について、教師がどのように感じていたのかを聞いたり、前回の授業観察の後にあった学級での出来事を聞いたりしていました。
　各回のインタビューの中で、学級担任の教師がたびたび言及していた学級規範と授業像があります。それは、「他人に迷惑をかけてはいけない」という規範と、「しなやかな学力」の育成を目指す授業像でした。
　インタビュー結果から解釈された「他人に迷惑をかけてはいけない」という規範は、教師が2年間継続して重視していました。教師はたびたび、「授業中に1人で遊ぶのはかまわないが、誘いかけられたらその子が授業に参加できなくなる」と言及していたのです。2年間にわたりたびたび言及していたことから、この学級規範の推定も確かなものと言えるでしょう。
　また、授業像にある「しなやかな学力」とは、柔軟に物事を見ることができ、他者の話を聞きながら自分の考えを時には変えることのできる力と教師はとらえていました。「しなやかな学力」の育成は、この小学校の校内研修の研究主題にも位置づけられていました。
　これらを踏まえれば、教師が柏村くんと野田くん、千葉くんとのやり取りに違和感を持ったのは、「他人に迷惑をかけてはいけない」という規範を重視し、また、柏村くんがその規範を重視していなかったためと考えられます。柏村く

んが野田くんや千葉くんに話しかけることで、2人に迷惑をかけている恐れがあると、教師はそれらのやり取りを見なしていたのかもしれません。

その一方で、その会話を即座に教師が制止しなかったのは、「しなやかな学力」を教師が自ら体現したと考えられます。教師は柏村くんたちのやり取りを学習に関係のないものとは決めつけずに、その内容を尋ねています。その返答を教師は学習内容と「しなやかに」関連づけ、「しなやかな学力」のモデルを自ら示したとも言えるでしょう。

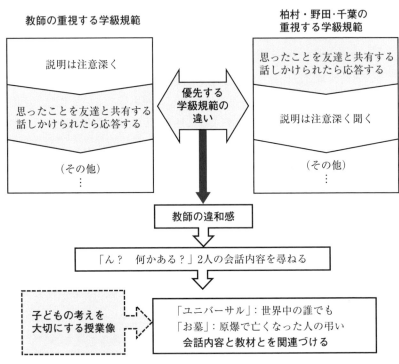

図7.2　教師と柏村くんたちの学級規範認識の違いと、教師の授業像

(5) まとめる

　筆者はこれらの分析結果をまとめ、類似した国内外の先行研究から過去の研究の動向を探るとともに、学級規範と談話空間の複層性を問う研究課題を設定しました。そして、分析結果を課題に合わせて再分析して論文化し、研究に協力していただいた教師に差し上げました。教師からは記録が残されたことについての感謝の言葉と、論文を読まれての感想をいただきました。筆者にとっては、教師からいただいた感想、特に事例に登場した子どもへの教師の期待や信頼感を聞き、教師や子どもたちの背景がよりくわしく見えてきたことで、論文についての問い直しにつながりました。

まとめ

　この章では、学級規範について研究する際、違和感を見つけることの重要性について解説しました。違和感を持つとき、無意識化された学級規範が意識化されます。普段は見落とされがちな違和感を分析することが、学級規範を分析することになります。違和感を見つけることが、学級規範の研究の出発点です。
　その際、参与観察は、子どもたちや教師の違和感を直に観察できる点、子どもたちや教師が無意識のうちに共有している学級規範について、第三者として違和感を見つけられる点において、大きな利点があります。
　学級規範についての分析は、授業像の分析につながります。学級規範の内容が明らかとなることで、その学級規範がどのような授業像に基づくものなのか分析できます。これらの分析をくり返していくことで、一度解釈し、推定した学級規範や授業像が、より確かなものとなります。
　もし、自分が授業者となり、協働学習や探究学習を主体とした授業を目指すのであれば、自分自身がどのような規範を重視しているのか、分析してみることが重要となります。それによって、自分の授業像が明らかとなり、協働学習や探究学習を主体とした具体的な授業像を持っているかどうか、学級規範との整合性がとれているかどうかが明らかとなるためです。
　そこでも重要になるのが、違和感です。第三者に授業を観察してもらいながら観察者が感じた違和感について聞いてみたり、自分の授業の映像記録をとっ

ておいてそれを見ながら感じた違和感に注目したりすることで、自分の授業像を分析することができるでしょう。

研究法の心得
❶違和感を見つける。
❷違和感から、子どもたちや教師が重視する規範の内容を分析する。
❸授業像を問い直し、追求する授業との整合性を確かめる。

【書籍紹介】

①西阪仰（1997）『相互行為分析という視点』金子書房
　学校の中だけではなく、普段の生活の中で無意識のうちに共有されている規範について研究するための、相互行為分析の方法が詳しく説明されています。本節で紹介した研究方法について、詳しく学習できます。
②石黒広昭（2016）『子どもたちは教室で何を学ぶか』東京大学出版会
　小学校に入学した子どもたちが、どのような学級の規範に出会い、どのように学級の規範に出会うのか、フィールドワークを中心としたミクロな視点で論じられています。

異質な集団との交流経験についての語りの分析

● 知的障害児との交流を行った健常児への再生刺激法インタビューをもとに

楠見友輔

【研究の流れ】

フィールドに
エントリーする
▼
問いを立てる
▼
研究をデザインする　　研究の流れを決める／インタビュー調査の詳細を決定する／
　　　　　　　　　　　調査の日程を決める／インフォームドコンセントを得る
▼
調査を実施する　　　　ビデオカメラで記録する／映像資料を作成する／
　　　　　　　　　　　再生刺激法インタビューを実施する
▼
分析の準備をする　　　データを逐語化する／分析テーマと研究の目的を決定する／
　　　　　　　　　　　分析方法を決定する
▼
分析と考察を行う　　　分析と結果の考察を行う／総合的考察を行う

はじめに：特別支援教育と質的研究

　特別支援教育に関する研究において、質的研究は現在の主流のアプローチではありませんが、近年その意義が徐々に注目されるようになっています（Brantlingerら，2005）。わが国においても、日本特殊教育学会第53回大会（2015年9月）において、「特殊教育研究における質的研究の可能性と課題」という学会企画シンポジウムが開かれ、障害児教育研究や特別支援教育の発展に質的研究がどのように貢献しうるかが議論されました。特別支援教育に関する現在までの主流の研究は、介入群と対照群に無作為に割り付けたグループを比較するというランダム化比較試験（Randomized Controlled Trial：RCT）（Gerstenら，2005）や、少数の事例や抽出児に対する介入を行い、行動の変化を観察分析するという一対象（事例）デザイン（Single-subject Design）（Hornerら，2005）というアプローチでなされています。これらのアプローチは、伝統的な方法に基づいた研究を行うことで学術的な知見を蓄積し、効果的な授業や支援のためのエビデンスを作る上で有効です。これに対して、質的研究が注目される理由の一つに、特別支援教育が対象とする実践の複雑性を考慮することができる点が挙げられます。子どもの多様性や文脈の個別性を有する特別支援教育の実践を分析する上で、実践の過程を捨象し研究知見の一般化を志向する量的研究のアプローチでは捉えられない事柄があります（Odomら，2005）。質的研究は、創造的な研究方法を用いることで、日常的な文脈における特別支援教育の複雑な実践や、障害児や特別支援教育に関わる人々の経験を詳細に捉え、教育実践を発展させていくことに長けているといえます。はじめに質的研究の代表的な3つのアプローチにおける特別支援教育に関する研究を紹介しましょう。

　第一は、アメリカの教育学者のRay McDermott（1993）がMichael Coleらとともに行ったエスノグラフィックな研究です。彼らの研究の目的は、実験的環境ではなく日常生活場面における子どもの学習を明らかにすることであり、アメリカの小学校の一学級における長期間のフィールドワークにおいて、児童の様々な環境下における活動の様子をビデオカメラで記録しました。学級にはアダムという1人の学習障害児がいました。McDermottは学習障害児として

のアダムの行動の特徴を分析しようと試みましたが、アダムの学習障害を個人的問題や活動に内在する制約とみなすには限界があることに気づきました。アダムは日常生活や調理クラブではメモを取って記憶をしたり友達に助けてもらったりすることで問題なく活動に参加できますが、それらのリソースが活用できない授業やテストでは他の児童より目立つことが多く、まるで別々のアダムがいるようでした。McDermottは様々な環境下におけるアダムと他者との相互行為を分析することから、学習障害はある環境下で特定の人の価値を低下させる文化の中に存在しているのだという指摘を行いました。このようなMcDermottの研究は、障害についての旧来の見方とは異なる新たな仮説を提起する（Murrayら，1986）という質的研究の一つの特徴を示しているといえます。

　第二はアメリカの教育学者であるMyra J. Kraker（2000）が行った教室談話分析です。彼女は1つの小学校における学習障害児と教師の相互行為を継時的に分析しました。研究協力者は、省察による授業改善の方法を学ぶ研修セミナーに参加していた1人の教師と、その教師が担当するリソースルームで読み書きを学習している5名の学習障害児です。彼女は9月から4月における授業の映像データについて、教師の言動を、「促し」、「フィードバック」、「認知的構造化」という3つのカテゴリーとその下位の12コードに分類し、児童の言動を「行為のモニター」、「質問への応答」、「疑問の提起」などを含む10コードに分類しました。結果として、セミナーにおける授業の省察を受けて授業内の教師と児童の相互行為が変化したことが明らかになりました。そして、指示や修正という教育的フィードバックと認知的構造化が組み合わされることで、書きの授業において児童が自分から疑問の提起を行うようになり、書きの能力が向上したことなどが示されました。このように教室談話分析は、授業実践や児童の学習過程を微視的に分析することを可能にします。

　第三は、イギリスの質的研究者であるTina Cookと彼女の同僚によるインタビュー研究です（Cook, Swain & French, 2001）。イギリスのある地域では、教育における場の分離を解消し、特別支援教育と通常教育の連続性を確保するという地方教育局の「インクルージョン」の理念に基づいて身体障害特別支援学校を全て閉校することが政策決定されました（Cook & Swain, 2001）。彼女

らは閉校が決定した1つの身体障害特別支援学校において半年間のフィールドワークを行い、7名の身体障害のある小・中学生に対するインタビュー調査を実施しました。彼女らの論文は特別支援学校に在籍する子どもや分けられた教育を卒業した大人に対する過去のインタビュー研究のレビューから始まります。レビュー部分では当事者の視点からの肯定的・否定的な被教育経験や分けられた教育に対する賛否が整理されますが、彼女らはこれらの研究をもとに場の分離か統合のどちらが良いかを議論する支配的な言説は生産的でないと批判します。身体障害児の語りは、子どもにとってのインクルージョンが特別支援学校における所属感として現れていることを示していました。そして、当事者である身体障害児たちが政策の意思決定に全く関与することなく閉校が決められ、通常学校か新たに作られた学習障害特別支援学校へ転校させられることが、うわべだけのインクルージョンであると述べ、インクルーシブ教育システムは障害を持つ子どもや大人の声の包摂から開始されるべきであるという指摘を行っています。このように障害児（者）やその家族、障害児教育にかかわる人々の声や経験をインタビューによって聞き取る質的研究は近年増加しています（Lewis, 2011）。筆者も、晴眼児との学校間交流を行った青年期の弱視児の社会的アイデンティティが、晴眼児との関係において複雑に現れるということを、弱視児9名と晴眼児13名へのインタビューを行った研究で示しています（Kusumi & Koike, 2019）。

　特別支援教育における質的研究は、先入観を排して、障害児（者）や特別支援教育の実践を理解することを目指す研究であるといえます。次節からは、筆者の論文「知的障害児との交流の質を規定する条件：交流経験の語りの質的分析」をもとに、筆者が行った知的障害特別支援におけるフィールドワークと、障害児と健常児が交流を行うという交流及び共同学習の実践を筆者がどのような観点から分析したのかを説明します。

フィールドにエントリーする

　質的研究を行うにあたり、研究者が研究対象となるフィールドの児童・生徒や保護者、教師とラポールを構築することは重要です。特に障害に関わる研究

を行う場合には、研究倫理上、差別的な研究をしたり協力者に嫌な思いをさせたりすることを避けなければなりません（AERA, 2011）。そのために、フィールドの文脈をよく理解し、偏見を最小限にし、学術的背景に基づく様々な見方ができるようになっておく必要があります（Cousik, 2014）[1]。

　特別支援教育に関する研究であるかないかに関わらず、調査を行う際には研究協力者の意思の尊重やプライバシーの保護等の研究倫理を遵守しなければなりません。調査や研究結果の発表時に考慮すべき研究倫理については、「一般社団法人日本特殊教育学会倫理規定」（日本特殊教育学会, 2018）などを参考にするとよいでしょう。

　特別支援教育は学校種、学校、学級、学部や学年、構成員ごとに様々な文化的背景や学習文脈、目標を有しています。そこで、対象とする障害種ごとの特性や文化、障害が重複している場合の複雑性、学校や学級の個別的な文脈、教師の考えなどを理解しておくことが重要となります。

　また技術的な問題として、人から見られることが苦手であったり、見られると気が散ったり、逆にはりきったりする多様な子どもがいます。実践の観察やビデオカメラによる撮影が子どもの学習の妨げにならず、日常的な授業の様子が記録できるように、子どもと教師に観察の意図を伝えた上で、教室内で自然に立ち回れるような関係を構築することが求められます。

　筆者の場合、本研究の調査を実施する3年前から対象校の1つである知的障害特別支援学校（以下、X校）の中学部でのボランティアをはじめ、生徒や保護者や教師との関係を構築し、フィールドの文脈を理解するように努めました。また、特別支援教育に関する勉強会に積極的に参加したり書籍を読んだりする

---

1) 障害児へのインタビュー調査を含む質的研究を行う場合には、さらに様々な注意を払う必要があります。第一に、保護者からの研究協力の同意を得るとともに子どもに対しても研究内容を可能な限り説明し、不参加の意思を示すことができるようにする必要があります。第二に、子どもの経験が適切に語られるための障害種や個人の特性に合わせた工夫を行う必要があります。第三に、協力者の視点を尊重することが求められます。障害を持つ子どもの視点は保護者や大人とは異なる個別的なものであることが明らかにされています。また、障害児の自己概念が障害という側面からのみ形成されているわけではないということに気を付けることも必要です（Lewis, 2011）。

ことによって知的障害特別支援教育についての基礎的な知識を学習しました。

問いを立てる

　本研究の調査は 2014 年度に始まりましたが、その当時は障害者に関する政策が大きく前進した年代でした[2]。筆者はこのような状況の中で「インクルーシブ教育」という概念を知り、X 校で力を入れ始めていた障害児と健常児が共に学び合う「交流及び共同学習」の実践に関心を持つようになりました。先行研究を調べる中で、交流及び共同学習の研究では健常児に対して質問紙を配り、交流経験と障害（児・者）に対する態度との関係を調べる研究が多いということが分かりました（楠見，2016a）。しかし、筆者は交流をすれば障害（児・者）に対する態度が肯定的になるという考えや、交流の成果を質問紙によって調査するという研究デザインのあり方に疑問を持ちました。

　この疑問を通して、知的障害児との交流及び共同学習に参加した健常児に対して、交流の中でどのようなことを考えたのかを詳細に聞くことによって、交流及び共同学習の実践の発展や、健常児の障害理解のあり方の解明に繋がる研究が可能となるのではないかという問いが生まれました。

研究をデザインする

　本研究のデザインは次の（1）～（4）に整理することができます。

（1）研究の流れを決める

　本研究は、健常児による障害児との交流経験についてのデータを得るために、再生刺激法インタビューを取り入れたことに特徴があります。再生刺激法インタビューは、授業における教師や子どもの学習、思考、意思決定の過程を分析

2）日本では「障害者権利条約」への批准（2014 年 1 月）に向けて、「障害者基本法」の改正（2011 年 8 月）、「障害者総合支援法」の成立（2012 年 6 月）、「障害者差別解消法」の成立と「障害者雇用促進法」の改正（2013 年 6 月）という障害者に関わる法制度の整備がなされました。

することに適した研究法です（O'Brien, 1993）。インタビューの際に協力者が実施・参加した実践を見せて経験の想起を促しながらインタビューを行うという方法をとります。

X校の中学部と通常高校（Y校）との間で年4回実施予定である学校間交流の様子をビデオカメラで記録し、記録したデータを見せながらY校の健常児にインタビューを行うという研究の流れを設定しました[3]。

(2) インタビュー調査の詳細を決定する

インタビューの協力者はX校との交流会に参加したY校の健常児です。交流会に参加したY校生に対して、1年間の交流会の終了後に、個別に1人1回60～90分のインタビューを行うという調査計画を立てました。

インタビューの方法としては半構造化面接法を採用しました。インタビューの際に交流で行われた活動の映像資料を再生し、個々の活動の最中に、①どんな気持ちでいましたか、②X校の生徒の印象はどのようでしたか、③印象に残っている出来事はありますか、④自分にとってどんな発見・学びがありましたか、⑤疑問点はありましたか、という質問項目を設け、交流の活動ごとに①～⑤の質問についての考えを尋ねることとしました[4]。

---

3) 本研究で再生刺激法インタビューを用いたのには以下の3つの理由があります。第一は、高校生の語りを交流時の経験に基づくものにするためです。インタビューの際に交流時の映像資料を提示することによって、協力者の経験の想起を促し、経験に基づく語りを引き出すための工夫をしました。第二は、社会的に望ましい答えが語られることを防ぐためです。障害者に対する考えを問うような質問では、社会的に望ましいとされる回答が得られやすいと言われています。そのような回答を回避し、より主観的な協力者の考えをデータとして収集するために映像記録について語らせるという方法をとりました。第三は、回答の誘導や方向付けなどの筆者の影響を軽減するためです。健常児の経験をもとに障害理解とは何かを明らかにする上で、筆者の障害理解についての考えが影響を与えることは望ましくありません。映像を見せてそれぞれの場面について語らせることで、協力者の考えに基づく語りを促しました。

4) 質問項目はDan P. McAdams（1993）のライフストーリー研究を参考に作成しました。彼は、インタビュー協力者が深く考えて話せるように、特定の重要な出来事について具体的に聞くことが重要だと述べています。インタビューで聞くことの例として、彼はそれぞれの出来事について何が起こったか、どこにいたか、誰がいたか、何をしたか、何を思っ

(3) 調査の日程を決める

　交流及び共同学習の実施日程と内容については、X校の交流担当の教師とY校の生徒が連絡を取り合って決めた実施計画を教えてもらい、当日にビデオカメラを持って交流が開かれる場所に行くこととしました。

　インタビューの日程調整に関しては、4回目の交流の日に、筆者のインタビュー希望日を書いたインタビュー日程調整表をY校生に配布し、Y校の交流会担当の教師に日程調整のお願いをし、調整された日時に筆者がY校を訪問してインタビューをすることとしました。

(4) インフォームドコンセントを得る

　研究デザインを立てた後に、対象校に対する映像データを収集することと研究の内容についての説明を行い、X校とY校の校長からの同意書への署名を得ました。インタビュー協力者であるY校の健常児に対しては、インタビュー当日に口頭で研究の内容やプライバシー保護の方針等の説明を行った上で、同意書への署名を得ました。

調査を実施する

　本研究の調査の過程は、次の (1)〜(3) に分けられます。

(1) ビデオカメラで記録する

　交流及び共同学習の当日に、交流が行われる学校にビデオカメラと三脚3台を持って訪問しました。基本的に2台のビデオカメラは三脚に固定して設置し、1台は筆者が手で持って撮影をしました。対象とした交流及び共同学習は2014年度に4回行われ、X校の中学部の生徒（合計16名）[5]とY校の高校生（最大

　　たり感じたりしていたか、そこからどのような影響を受けたか、などを詳細に聞くことを挙げています。本研究ではこれらの項目を念頭に、交流経験を明瞭に語らせる上で有効と考えられる5項目を設定しました。
[5] X校の生徒は中学部1年生6名、2年生4名、3年生6名で、各学年に重度知的障害児が1〜2名、中・軽度知的障害児が3〜5名在籍していました。

表8.1　交流会の12行程（カッコ内は実践時間、単位は分）

回	交流会の行程
1	自己紹介（25）→合奏合唱練習（40）→風船バレー（40）→話し合い（15）
2	合奏合唱練習（55）→教室外活動（180）→活動報告会（10）
3	文化祭打ち合わせ（15）→ステージ発表（10）→文化祭の体験・販売（135）
4	音楽（90）→終わりの会への参加（5）

活動内容の詳細については楠見（2017a）のTable 2に記載。

22名)[6]が参加しました。交流の活動は表8.1の12行程で実施されました。

（2）映像資料を作成する

表8.1のそれぞれの行程について、いくつかの場面を合計約3分になるように抽出し、合わせて30分の映像資料を作成しました。映像資料は、それを見ることによって交流時の思いや考えを想起させることが目的ですので、両校の生徒が楽しそうにしている場面を選択しました。例えば、1回目の風船バレー[7]からは図8.1のような場面を抽出しました。

（3）再生刺激法インタビューを実施する

インタビューは、4回の交流のうち3回以上に参加した者のうち、研究協力の同意が得られたY校の高校生10名に対して、Y校内の個室で1人約90分ずつ行いました。まず、協力者が交流会に参加した動機やこれまでの障害児との交流経験などの基礎情報を聞きました。その後、必要に応じて情報を補ったり、質問を深めたり、聞き返したりしながら作成された映像資料を見せ、インタビューを進めました。筆者と協力者の会話はICレコーダーで記録しました。

---

[6] 高校生はY校の委員会である交流委員会に所属する生徒とその友達であり、回によって参加者と参加人数は変動しました。

[7] 風船バレーとは直径1メートル程度の風船を用いてバレーボールを行うゲームです。ボールを強く打ちすぎると予想外の方向に風船が飛ぶため、丁寧にパス回しや相手コートに打ち込む必要があります。X校の中学部では月に1回程度の頻度で行われています。

図 8.1　映像資料における風船バレーの抽出場面

映像資料の風船バレーの場面では、準備体操の映像が 20 秒ほど流れた後に風船バレーの試合の映像が流れます。X 校の中学部 1 年生と Y 校生の 1 つのグループとの対戦では、Y 校の生徒の一人が 2 回続けてボールに触ったために失点した場面を抽出しました。X 校の中学部 2 年生と Y 校生の 1 つのグループとの対戦では、ラリーが長く続いている場面を抽出しました。X 校の中学部 3 年生と Y 校生の 1 つのグループとの対戦では、試合終了の笛が鳴って Y 校生が勝利した場面を抽出しました。

分析の準備をする

筆者は 3 つの論文（楠見，2016b；2017a；2017b）でインタビューデータに対する異なる分析を行っています。本研究（楠見，2017a）では、次のような手順で分析方法を決定しました。

（1）データを逐語化する

逐語化は研究者と協力者の発話の全てを対象とし、プライバシーへの配慮から個人名などを匿名化して行いました。逐語録の合計文字数は 146,405 字となりました。表 8.2 は逐語録の一部です。

（2）分析テーマと研究の目的を決定する

インタビューデータの逐語録と音声データを何度も聞き直したり読み直したりしました。データを反省的に何度も読む中で、これまで自分が気づいていなかったことが見えるようになってきます。筆者が注目したのは、ある生徒は「音楽で一緒に歌っている時が一体感が感じられ、最も交流していると感じた」と述べ、別の生徒は「一緒に歌っているだけでは相手のことが分からないので直

表8.2　風船バレーについてのインタビューの逐語録（名前はすべて仮名）

筆者：じゃあ風船バレー見てみようかな？
（風船バレーに関する映像資料を再生し、約3分の映像が終わったところで停止）
筆者：風船バレーはどんな気持ちでいましたか？
大友：そもそも風船バレー初めてやって。普通に競技としても楽しかったし、ふたつ結びの、名前忘れちゃったんですけど。
筆者：何年生？
大友：今、2年生かな。
筆者：緑？　松橋さん？　細川さん？
大友：松橋さんだと思います。が、一番やる気を見せて、すごい無理そうなところでも飛び込んで行って（笑い）。すごい勝つ気満々っていうか、すごい頑張ってるなと思って。

……（中略）……

大友：そのときに、あと、松橋さんが、負けちゃったんですよ。それで私が慰めてたんですけど。慰め方にも、思い出させちゃうとか、負けたことを思い出させちゃうとあんまりよくないみたいなことを先生から言われて。上手く接するのが大変だなと思いました。
筆者：へえ、そうなんや。で、結局上手く慰められたの？
大友：その後、教室での話し合いのときには元気になってたんで良かったんですけど、結構負けたのを引きずってて、どうしたら良いか、どう上手くやれば良いのかなって。
筆者：後は、さっきの音楽歌ってるときとの違い。どっちの方が交流してる気がするってあります？
大友：こっちの方が、実際喋ったりもしたので。交流してる感じは強かったですね。

……（後略）……

接的な関わりがなければ交流とは言えない」と述べていたことです。筆者は、個々の協力者の交流を評価する観点は異なるが、10名のデータを総合すれば健常児がどのような観点から交流を評価しているかが分かるのではないかと考えました。

　その後、この点に関連した先行研究がないかを調査し、社会心理学の先行研究から「接触の質」という概念を見つけました。「接触の質」とは、異質な他者と交流をした者にとって交流が肯定的な経験と感じられたか否かを示す主観的な指標であり、知的障害（児・者）に対する肯定的態度の形成には、経験した接触の質の高さが関係しているということが明らかにされていました（Keith

ら，2015)。

　筆者は、この知見を交流及び共同学習に適用して「知的障害児との交流の質を規定する条件」を分析テーマとし、「交流の質の確保がどのようにして障害児（者）に対する肯定的態度や障害理解の形成に寄与するか」について考察することを研究の目的に設定しました。

(3) 分析方法を決定する

　交流の質を規定する条件は、研究者の仮説を検証するという方法で明らかになるものではなく、交流に参加した健常児の語りからボトムアップに構築すべきものです。そこで、インタビューから交流の質を規定する条件を抽出する方法として、佐藤郁哉 (2008) の質的データ分析法を援用しました。インタビューデータからボトムアップに概念を構築しようとする時、抽象的な概念を統合していく過程において、分析対象である現実と分析結果が乖離してしまうことがあります。佐藤 (2008) の質的データ分析法は、(a) コーディングにおいてインタビューデータの文脈を重視する、(b) コーディングやカテゴリー化において帰納的アプローチだけではなく演繹的なアプローチも許容する、というスタンスをとることで、分析結果の妥当性を高められるという利点を有しており、本研究ではこの方法を採用しました。

分析と考察を行う

(1) 分析と結果の考察を行う

　第一に、インタビューデータからボトムアップに概念を構築するために、データから概念化の対象となる部分（セグメント）を、文脈上の意味を失わない適切な長さで抜き出します。本研究では、「知的障害児との交流の質を規定する条件」という分析テーマに当てはまる、障害児との接触活動を肯定または否定的に評価した発話をセグメントとして抜き出しました。次に、セグメント内の分析テーマに合致する発話を文脈を踏まえて抽象的な概念に置き換えました。

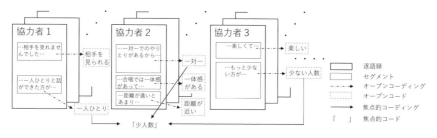

図 8.2 セグメント化とコーディングの過程

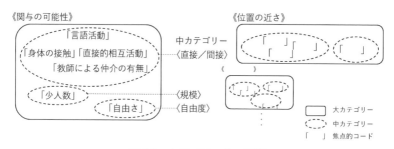

図 8.3 カテゴリー化の過程

この初めの概念化をオープンコーディングといいます[8]。そして類似する複数のコードをより抽象度の高い概念としてまとめました。このコードの集約過程を焦点的コーディングといいます（図 8.2）。

第二に、複数の焦点的コードをまとめて交流の質を規定する条件という研究テーマを説明する大カテゴリーを作りました。そして、大カテゴリーの中のいくつかの焦点的コードを中カテゴリーにまとめました（図 8.3）。

このようにして知的障害児との交流の質を規定する条件の階層構造[9]が得られました（表 8.3）。

《関与の可能性》は、健常児が障害児と直接的に相互活動を行う機会があるかどうかという観点から交流を評価しているということを示します。《位置の近さ》は、物理的・心理的に障害児との距離が近いと感じられることが交流を

---

[8] 否定的な評価を行っているセグメントは、内容の逆を示す概念に置き換えました。
[9] カテゴリーの階層構造の詳細は楠見（2017a）に記載しています。

表 8.3　知的障害児との交流の質を規定する条件（楠見，2017a の一部）

《大カテゴリー》	〈中カテゴリー〉	条件の定義
《関与の可能性》	〈直接／間接〉	活動の中で知的障害児と直接的に相互活動を行う機会があるか否か
	〈規模〉	活動の規模
	〈自由度〉	活動における生徒の裁量の程度
《位置の近さ》	〈物理的近さ〉	物理的に近い位置関係
	〈心理的近さ〉	心理的近さ
《地位の対等さ》	〈異質性の目立たなさ〉	健常と障害という差異を感じないこと
	〈活動の対等さ〉	活動内容の差を感じないこと
	〈気持ちの対等さ〉	意識や真剣などの気持ちの差を感じないこと
《相互性の程度》	〈明示的な相互活動〉	会話が双方向的に続くこと
	〈非明示的な相互活動〉	明示的応答はないが、自分と相手が相互活動を行っていることが実感できること
《快感情の生起》	〈個人的な快感情〉	活動を通して自分が快感情を抱くこと
	〈一体感〉	相手と一体となった感情を抱くこと
《他者理解可能性》	〈他者理解可能性〉	交流を通して相手のことを知ることができること

肯定的に評価することと関係しているということを示します。《地位の対等さ》は、健常児が障害児と対等な立場の関係を築きたいと考えていることを示します。《相互性の程度》は、障害児からの何らかのリアクションが感じられることを健常児が肯定的に評価していることを示しています。《快感情の生起》は、交流を楽しいと感じる感情が交流の肯定的評価に関わることを示しています。《他者理解可能性》は、障害児や障害について知ることができるということを健常児が重視していたということを示しています。

(2) 総合的考察を行う

「交流の質の確保がどのようにして障害児（者）に対する肯定的態度や障害

理解の形成に寄与するか」という問題と目的に対して、結果の考察を踏まえて以下のような総合的考察をしました。

第一に、表8.3に示された条件のどれを<u>重視する</u>のかは個々の健常児の交流に対する目的意識や嗜好に関連しており、このような要因が交流の条件のどれを重視するかを媒介として、態度や障害理解の形成に影響するということです。旧来の態度研究では、このような個人的要因についての考慮がなされておらず、今後はこのような個人的要因を踏まえた交流の計画や分析を行う必要があることを指摘しました。

第二に、交流の量は交流の質との関係において分析されるべきであるということです。表8.3で示された条件は多様であり、数回の交流ではいくつかの条件しか満たすことができません。そのため、交流の質を確保する上で十分な交流の量を確保することが必要であるといえます。また、先行研究では交流の量と態度形成との関係を質問紙調査で分析する際に、質の高い交流と低い交流が混同されていました。質の高い交流の繰り返しと質の低い交流の繰り返しは全く異なる交流の結果を生じさせる可能性を有しており、今後は本研究で得られた条件を用いた実践デザインを行い、質の高い交流の量が健常児の態度や障害理解形成に与える影響を分析する必要があることを指摘しました。

まとめ

本研究では、健常児に対する再生刺激法インタビューを用いたインタビューを質的に分析することによって、交流及び共同学習の研究と実践の発展についての具体的示唆を得ることができました。このように質的研究は学術や教育実践を探究する上での有効な方法となりうるといえるでしょう。

> **研究法の心得**
> ❶対象とするフィールドや実践の背景、文脈、目標を理解するように努める。
> ❷先行研究を整理する中から疑問点を見出し、研究の問いを立てる。
> ❸調査の前に問いの解明に結びつく研究の流れと方法を含む綿密な研究デザインを行う。

■引用文献

AERA (2011). Code of Ethics, Educational Researcher, *40 (3)*, pp.145-156.
Brantlinger, E., Jimenez, R., Klingner, J., Pugach, M., & Richardson, V. (2005). Qualitative studies in special education, Exceptional Children, *71 (2)*, pp.195-207.
Cook, T., & Swain, J. (2001). Parents' perspectives on the closure of a special school: Towards inclusion in partnership, Educational Review, *53*, pp.191-198.
Cook, T, Swain, J.,& French, S. (2011). Voices from segregated schooling: Towards an inclusive education system, Disability & Society, *16 (2)*, pp.293-310.
Cousik, R. (2014). Research in special education: Using a research poem as a guide for relationship building, The Qualitative Report, *19 (26)*, pp.1-16.
Gersten, R., Fuchs, L. S., Compton, D., Coyne, M., Greenwood, C., & Innocenti, M. S. (2005). Quality indicators for group experimental and quasi-experimental research in special education, Exceptional Children, *71 (2)*, pp.149-164.
Horner, R. H., Carr, E. G., Halle, J., McGee G., Odom, S., & Wolery, M. (2005). The use of single-subject research to identify evidence-based practice in special education, Exceptional Children, *71 (2)*, pp.165-179.
Keith, J. M., Bennetto, L., & Rogge, R. D. (2015). The relationship between contact and attitudes: Reducing prejudice toward individuals with intellectual and developmental disabilities, Research in Developmental Disabilities, *47*, pp.14-26.
Kraker, M. J. (2000). Classroom discourse: teaching, learning, and learning disabilities, Teaching and Teacher Education, *16*, pp.295-313.
楠見友輔 (2016a)「日本における障害児と健常児の交流教育に関する研究のレビューと今後の課題」特殊教育学研究, *54 (4)*, p.213-222.
楠見友輔 (2016b)「交流による知的障害理解の構造：障害への解釈行為としての語りに着目して」東京大学大学院教育学研究科紀要, *56*, p.167-180.
楠見友輔 (2017a)「知的障害児との交流の質を規定する条件：交流経験の語りの質的分析」特殊教育学研究, *55 (4)*, p.189-199.
楠見友輔 (2017b)「知的障害児との交流における健常児の集団カテゴリー意識を規定する条件」東京大学大学院教育学研究科紀要, *57*, p.369-380.
Kusumi, Y. & Koike, T (2019). The social identity of adolescent students with low vision during interschool interactions with sighted students: voice and symbolic interaction, Journal of Special Education Research, *7 (2)*, pp.89-100.
Lewis, A. (2011). Disabled children's 'voice' and experiences, In S. Haines & D. Ruebain (Eds.) Education, Disability and Social Policy, UK: Policy Press.

McAdams, D. P.（1993）. The Stories We Live By: Personal Myths and the Making of the Self. NY: Guilford Press.（pp.251-275.）

McDermott, R. P.（1993）. The acquisition of a child by a learning disability. In S. Chaiklin & J. Lave（Eds.）, Understanding Practice: Perspectives on Activity and Context（pp. 269-305）. NY: Cambridge University Press.

Murray, C., Anderson, J., Bersani, H., & Mesaros, R.（1986）. Qualitative research methods in special education: Ethnography, Microethnography, and Ethology, Journal of Special Education Technology, *7 (3)*, pp.15-31.

日本特殊教育学会（2018）一般社団法人日本特殊教育学会倫理規定（http://www.jase.jp/about/pdf/rinri_rule.pdf）（2018/9/24 最終アクセス）

O'Brien, J.（1993）. Action research through stimulated recall, Research in Science Education, *23*, pp.214-221.

Odom, S. L., Brantlinger, E., Gersten, R., Horner, R. H., Thompson, B., & Harris, K. R.（2005）. Research in special education: Scientific methods and evidence-based practices, Exceptional Children, *71 (2)*, pp.137-148.

佐藤郁哉（2008）『質的データ分析法：原理・方法・実践』新曜社.

【書籍紹介】

①J. M. G. イタール（1978）『新訳アヴェロンの野生児』中野善達・松田清，訳. 福村出版
障害児教育に関する質的研究の古典です。研究のアプローチは介入による検証という実験的なものですが、医師イタールが障害児ヴィクトールを人間らしく育てるために行った手立てやその介入の結果が丁寧に記述されています。

②山本智子（2016）『発達障害がある人のナラティブを聴く』ミネルヴァ書房
近年、発達障害児教育への関心が高まっています。筆者は発達障害者との豊かな関係に基づくエピソードや語りの分析を通じて発達障害者の経験世界を生き生きと描いています。発達障害（児・者）を理解しようとする上でも多くの示唆が得られます。

③中田基昭（1984）『重症心身障害児の教育方法：現象学に基づく経験構造の解明』東京大学出版会
質的研究の利点は、創造的な方法を用いて自分とは異質な他者の経験世界に迫ることができることにあります。筆者は現象学というアプローチを用いて実証科学では解明できない重度障害児の経験を明らかにしています。

第9章 授業観察経験の比較文化研究

◉ベトナム人教師のナラティブ分析から

津久井純

【研究の流れ】

ベトナムの教師文化の研究をはじめる
▼
テーマの設定 — 一つのリサーチクエスチョンにいたる
▼
研究デザイン・分析方法 — ナラティブデータを採用する
▼
データ分析 — データの中から分析すべき単位を抽出する
▼
調査結果 — ある先生の日誌に学ぶ
▼
考察と調査結果の信頼性 — 一人の先生の経験からわかること

はじめに：ベトナムの教師文化の研究をはじめる

　本章で私がご紹介するのは、日本の授業研究を導入したベトナムの小学校教師が授業に関する価値観を変えた経緯を、ナラティブ分析を用いて明らかにした事例です（Tsukui & Saito, 2018）。2002年に改訂されたベトナム小学校国定教科書は生徒一人ひとりの学びを尊重し、個人の学びの自主性を強調していました。教師の役割は、権威的に知識を伝達することから、生徒の学びを見取り、状況に応じて柔軟に生徒の学びを支援することへと転換します。生徒や教師の個人の自主性を尊重することと、一党独裁体制を維持することがバランスされる新しい教育の到来、社会主義の教育2.0とも言えます。私はこの教育変動の初期の2005年からベトナムの教師教育改革に携わり、日本の学びの共同体の授業研究導入に関わってきました。

　本書の趣旨に沿って以下では、私が研究を進める上で出遭った困難を3つあげながら、研究のプロセスと結果を述べたいと思います。3つの困難とは、研究の問いの決定、分析枠組みの設定、調査の信頼性確保に関する悩みです。特に具体的なリサーチクエスチョンを決めるところが難しく、研究デザインを何度も見直しました。結果的には二つの論文が書けましたが私にはこの3つの困難を解決する過程こそが研究の過程だったと、今思い返しています。したがって、この遠回りのように見える、遅々として進まない過程をあえて書きたいと思います。研究上の困難の整理に続いて、研究結果を報告します。

一つのリサーチクエスチョンにいたる

　1996年のハノイ留学時代、異文化の地に滞在していた私は、物事の半分を日本人として、半分をベトナム人として見る経験を重ねていました。その中で日々興味を強めたのが、正確には違和感を強めたのが、ベトナムの人々の仕事の仕方についてでした。どうしてこういうふうに仕事をしているんだろうという問いはしかし、大きな研究課題であって、具体的な研究の問いではありません。どうすれば研究の手続きに乗せられるのかが長い間わかりませんでした。

　留学当初私は学校への訪問許可が得られず、ハノイ市内で言葉を学び、教育

関連資料を集めていました。当時は商店も企業も国営がほとんどで、そこに働く人々は私から見るととても不思議な振る舞いをしていました。今でも忘れ難いのは、国営書店に辞書を買いにいったときのことです。

　書店は閉架式となっていてカウンター越しのスタッフに依頼しないと、本が手に取れない仕組みになっていました。欲しい本は目の前にありますが、カウンターが遮っていて手が届きません。私が辞書の取り出しを頼むと、販売員は販売員同士の会話を遮られたことに気分を害した様子を見せ、それでもその本を私まで届けてくれました。私は販売員の様子から、なぜお客がモノを買うのにいやな思いをしなければならないのだろうと思いました。縁日で射的をした時の気分が思い起こされました。すぐそこにあるのに、取れない感覚。お店側は私に物が渡らないことを期待しているという構造。何かがおかしいという感覚。買い手のニーズに合わせて店内の配置や販売員の役割をデザインした方が本屋は儲かるはずですが、現実にちがうモデルが動いていました。これが計画経済の遺制なのだろうと思いました。

　約10年後の2005年、ようやく訪問許可を手に入れてベトナムの小学校に訪問すると、そこにもまた理解ができない不思議な授業がありました。勝負服のアオザイを着た教師が華麗な身のこなしで台本通りの説明を披露しています。教室にはエリート生徒しか参加が許されず、その中でもさらに優秀な生徒のみしか発言を許されません（そしていつ誰が指名されるかは事前に決まっていました）。教師主体の独演舞台でした。さらに私の驚きは続きました。授業が終わった途端に、教師と生徒は親子のように親密に交わり合うのです。数分前までの厳しい評価 − 被評価の緊張関係が一転したのです。改めて不思議だったのは、書店の事例同様、誰が受益者なのかがよくわからないことでした。

　このような違和感が時間をかけて積み上がってゆくのですが、研究はなかなか始まりません。なぜかというと、それまでの私は、教師集団の仕事文化に既存の理論を当てはめることを研究だと考えていたからだと思います。生徒、教師、学校の状況を描写し、この描写に対し、例えばエンゲストロームの活動理論[1]

---

1) ヴィゴツキーの媒介論を拡張し、人間主体が対象に対して行う活動を道具（ツール）、ルール、共同体、分業という4つの活動媒介から説明する理論。

(エンゲストローム，1999）や、ウェンガーの実践共同体論[2]（Wenger, E. & Wenger, B, 2015）から説明を試みました。しかし、理論を適用しても、私には何かがわかった感覚が起きてこないのです。それで困ってしまうし、書けないし、という時間を長く過ごしました。ベトナム教師たちの状況が抽象理論に回収される時、私が知り、気づいていた教師の問題が解から消えてしまっているような感覚がありました。

結果的に一つのリサーチクエスチョンを得られたのは、研究の対象を具体的な活動に特定した時でした。先輩の研究者たちとベトナム教師が交流しているところを見ていて、彼らの接点はとても具体的な一つの問題領域に限定されていると気づいたことがきっかけでした。ベトナムの仕事文化という形あるモノがそこに置いてあるのではなく、文化は逐一、具体を通して維持・更新されているというアイディアが浮かびました。そこで「状況に理論のラベルを貼る」のではなくて、理論が現実の中で発生するところをつかまえたいという研究上のねらいが生まれました。こうして私は、先輩とベトナム教師の接点であった教師の授業観察に着目することを決めました。

論文のリサーチクエスチョンを以下のように設定しました。

> **リサーチクエスチョン：**
> ベトナム農村部の小学校教師は、日本から導入された学びの共同体の授業研究においてどのように授業を観察したか。

これは「ベトナム教師の状況がどんな理論から説明できるのか」とはちがい、「観察がどう生成するか」（生成を見れば構造が見えるかもしれない）という私が長く抱えてきた研究上の悩みへの解決案でした。

---

[2] 実践共同体とは「よりよく何かを行うまたはそのやり方を学ぼうとする興味や情熱を共有し、定期的に協働している集団」のこと。

ナラティブデータを採用する

　問いに対して用いたデータは、一人の教師のナラティブです。ある教師が残した授業研究導入活動の日誌です。このデータ採用には二つの挑戦があります。授業観察を調べるにあたり日誌、いわば回想的な文章を用いたこと、それからシングルケース（一人のデータのみ）であることです。

　授業観察について、活動の観察データでなく、教師の手記・日誌から明らかにすることができるでしょうか。当局の訪問許可手続き等があって、私は教師の経年変化の観察データ入手を断念せざるを得ませんでした。しかし手元には研究協力者が書いた日誌があり、そこには授業観察に関する臨場感ある豊富な経験が記されています。このナラティブには授業観察における活動と思考の両面が埋め込まれており、二者のインタラクションとして観察を描けるのではないかと着想しました。そこで、動くデータによる授業観察記録ではなく観察の物語として結果を導くことを宣言し、それを踏まえて慎重に記述・考察すれば、一つの研究として成立するのではと考えました。もう一つの方法上の課題であるシングルケースの問題については以下のように考えます。まずはナラティブが対象としている場と登場人物の範囲、関係性を提示し、ナラティブの範囲つまり一事例の位置をはっきりさせます（Clandinin & Connelly, 2000；Creswell, 2014）[3]。その上で、一人の教師の物語から、観察力量の発展可能性を推量すると宣言し、記述することにします。しかし、研究している一人の経験を一般化できないという研究上の脆弱性は残ります。この研究方法の長所と脆弱性については後ほど再考します。

---

3) ナラティブ分析では、登場人物の関係性（個人による個人の省察か他者関係の省察か）、時間（過去、現在、未来）、場所（どこで行われた経験か）の三つの次元を記述する方法が開発されています。

データの中から分析すべき単位を抽出する

データの概要とデータ収集、分析方法については下図のようになっています。

図9.1　データ収集と分析方法
＊介入活動は JICA プロジェクトによって行われた（JICA, 2007）

　ナラティブデータは、モイ先生（男性）が書いた授業研究の導入の記録です。2009 年に執筆し、2013 年に加筆されています。

　モイ先生は、ベトナムのバクザン省出身で、1992 年に小学校教師となり、その後郡の教育事務所幹部を経て、2005 年の JICA 教員研修案件で案件推進特別チームのメンバーとなりました。2007 年の案件終了後は、バクザン省の指導主事として地元の学校に日本の授業研究を導入しています。90 年代には省が選抜する現職教員向け高等教育プログラムに合格し、一旦現場を離れ、ハノイ大学に 2 年学んで大卒の資格を取った経歴を持ちます。

　彼がこの日誌を書いた理由は、2006 年に日本から導入された「学びの共同体」の授業研究が彼の教師人生を決定づけたからです。日誌は地理的には、彼の職場であるバクザン省、とりわけ小中学校が舞台となります。時間的には 2006 年から 2013 年までをカバーしていますが、導入期の 2006 年からの数年間に記述が集中しています。登場人物は主に教師で、彼の教師キャリアの各段階の関係者が登場します。特に多く登場するのは案件推進特別チームのメンバーの実践と自校の教師達の実践です。彼自身の実践よりも他の教師の教室へ自分が訪

問して見聞きしたことが多く書かれます。関係性の記述は多岐にわたります。生徒と生徒、生徒と教師、教師と教師、教師と校長、学校と教育行政などです。このような時間、空間、登場人物関係の広がりを持つ日誌は、57 のエピソードに分かれ、約 7 万 5000 語で綴られています。

このノートは彼が自由に記述したものですので、私が知りたい教師の授業観察に関する記述部分を抜き出すと、それが全体のおよそ 2 割、15,713 語でした。つまりこれが分析対象となりますが、分析対象の定義は、(1) 授業の観察方法、(2) 表現方法、(3) それら観察・表現活動が起きた文脈情報の 3 つです。この分析対象部分のうち、意味がひとまとまりになっている箇所を分析単位として取り出すと、全部で 234 単位が得られました。この単位が私が彼の授業観察経験を再構成する上で引用として使うものとなります。引用する際にはこの単位番号を引用元として付します。

表 9.1　日誌の構成と分析対象

21%（全 75,293 語のうち 15,713 語）

教室観察記述 （234 units）	教室観察以外の記述 （学校・教師・授業研究の概要記述、授業研究以外の活動、それらへの彼の考え等）

表 9.2　分析単位の時間別分布

	過去	移行期	現在
授業観察	19	110	15
授業表現	19	19	11
観察・表現が起きた文脈	12	18	18

研究結果では、Clandinin & Connelly（2000）のナラティブ分析の手法に則って記述します。この記述方法の特徴は、経験を時間、空間、登場人物の社会的関係性で区切って構成していくところです。モイ先生の記録を読むと、彼は過去、移行期、現在という 3 つの区分をナラティブの中で行っているので、その 3 区分で結果を記述します。空間と登場人物関係パターンは上述のように主に小学校において生徒と教育関係者間の出来事としてすでに限定されているの

で、特に結果上の分析区切りはせず、区分は時間のみに基づき、彼の経験を再構成します。

ある先生の日誌に学ぶ

モイ先生の授業観察経験は、およそ表9.3のような歴史をたどっています。

表9.3　モイ先生の授業観察経験

時間	観察経験
過去	業務としての授業 共産党用語による批判と評価
バクザン省における授業研究導入期	学び方を学ぶ 「小さな象徴」と発見する 自己と生徒と同僚を「承認」する
現在	複雑で終わりのない学びを愉しむ

以下、この3つの時期区分ごとにナラティブを読んでいきます。

【過去】
・業務としての授業

1992年に教師としてのキャリアを始めた彼は、教師のことを自律的に専門力量を発揮する専門家ではなく、上級者から与えられた業務をこなす作業者、労働者として捉えていたと言います。これは欧米の教師教育論、すなわちTeacher Professional Development論が起こる前史に見られた教師観と同類のものです（Oser, 1994; Randi & Zeichner, 2004）。

> 唯一知っていたのは、教師の責務は各種専門業務規則を実施しなければいけないことだ。提出書類・記録、業務時間、指導案の書き方、授業実施、生徒の学力試験の採点・評価・評定に関する規則を守ることであった。当然、月に2、3回行われる職員会議と授業研究に参加することも含まれた。[3-1]

業務としての授業をこなす教師が見るものは、教師の期待通りに答える生徒であり、教師はそうした「できる」生徒を頼って授業を進めていました［2-1/22-3］。この業務にはベトナム型授業研究への参加があったとありますが、ベトナムにも授業公開・授業観察と協議会からなる授業研究は従来から行われていました。しかしこの授業研究は、上から指示された一連の活動、とくに教師を同僚教師が観察・評価する「業務」を含むものでした。

・共産党用語による批判と評価

> 長い間をかけて私たちにしみ込んでいる方法は、授業を観察した後には必ず教師の*存在*と問題点を指摘することだ。実施した教授法、教科知識、教科書の使い方、補助教具の使い方などの問題である。同時に*存在*と問題点解決法も指摘する。最後に授業実施者を評定する。優―良―中―弱の4段階である。
> ［18-2］
> ＊斜体は筆者による

　「存在」とは特殊な言葉です。これは共産党の政治報告書等によく出てくる言葉で「欠点」や「課題」を意味する言葉です。日常生活で使う際は、文字通り「存在する」とか「～がある」という意味ですが、公的な場で使われるとネガティブな意味を表します。学校長や指導主事たちが従来型の授業研究に参加しては、授業の「存在」を見つけ、その問題性を批判し、対案を教師に講じます［5-1/17-2/18-2/23-2/34-4］。授業研究は学び合いの場ではなく、評価の場でした。

> 彼らにとっては、観察と評価、それに続く別の指導法の提示は彼らの権利であり義務である。［17-1］

　過ちを探すことが権利と同時に義務であるとき、教員評価は監視制度として成立しています。過ちを探して評価する活動は、それを行う上級者とそれを被る下級者の存在を前提にしています。授業観察はこの制度を支える主活動となります。

評価者からの批判を避けるために、事前に公開授業を生徒とともに練習し、本番では教師と生徒が台本通りに評価者の前で演じる「フェイク授業」が横行します［13-1］。冒頭で取り上げた、私が参観した授業はそれでした。冒頭では受益者がよくわからないと書きましたが、フェイク授業における受益者、サービスの受け手は教師でも生徒でもなく、評価者であり、冒頭の例では私だったのです。

【授業研究導入期】
・生徒の学び方を学ぶ
　授業研究の導入直後、ベトナムの管理職からの反発がありました。学び方を学ぶことで教師は成長するという学びの共同体の考え方は、評価者たちが持つ権利と義務を奪うものとして映ったのでしょう。

> 多くの人が反対した。「教え方の代案を出さないなら何のために授業研究を行うのか」。というのも以下の考え方があるからだ。われわれ教師の大多数は専門力量に欠けている、教科知識および指導法を知らない、したがって教師たちが指導法をドイモイ（刷新）できるようにしなければならない…彼らに気づかせてあげなければいけない、と。［6-2］

　ベトナム人管理職にとっては授業研究で教員評価をしないことはありえませんでした［17-2/18-2/21-1/23-2/34-4］。生徒の学びを学ぶ授業研究がなぜ教師教育なのか、なぜ協議会で参加教師全員がコメントするのかがわかりません［39-1/39-4/39-5/10-2］。引用［6-2］の管理職の発言には「教わることで教えることができる」という教育観が反映されていると言えます。
　これに対し、モイ先生は学びの共同体の活動を驚きを交えながら知っていきます。日本人は授業後に公開授業をした教師にお礼をする、それは自分が学べたからだという［17-3］、日本人は教師のミスをあげつらうことをしない［18-4］、具体的に生徒の固有名をあげながら生徒の学びを語る［28-2］などの日本人の行為はベトナム教師にとっては不思議なものでした。
　半信半疑ながら、案件推進特別チームのモイ先生と同僚たちはともかくも生

徒を観察することに挑戦します。従来は授業において教師しか見ていなかったため、生徒や生徒の学びの観察は困難を伴います。そこで観察した授業のビデオを見返すなどビデオ技術を活用しました［10-2/45-2］。

> 生徒が映るショートビデオをいくつも、何度も見る。これら具体的でダイナミックな映像は、生徒の学びを通じて教師を説得することになる。教師に教師自身の問題の実情を納得させる。この活動は、教師たちをして自身の職業である教職の仕事の中に自分自身と同僚を見出すことを容易にさせる。徐々に、教師は生徒に注意を払うようになり、そして自覚的に習慣的に授業の中の生徒一人ひとりに本当の興味を持つようになっていく。［23-1］

・「小さな象徴」を発見する

　観察の方法としてモイ先生が開発したのは、教室の生徒たちが示す「小さな象徴」を発見することです［9-2/23-1/25-4/28-2］。直前の引用［23-1］の「問題」もこの「象徴」の一バージョンです［9-2/15-3/16-1/19-2/20-4/21-2/22-4/22-5/56/57］。なぜ「小さなこと」を観察するのでしょうか。

> 私たちが授業研究を意味あるものにできるのは、深く、具体的に細部にわたって生徒一人ひとりの学びを観察し、省察し、共有するときだけだ。生徒の内側に現れつつあるものを見とって、学びの中のその生徒の問題を見つけていき、多方面から問題の要因を理解していく。同時に同僚が一人ひとりの生徒の学びの質を確保するにあたって出会っている困難を見つけていく。これら教室の中の「小さな象徴」こそ、私たちに生徒の学び方を理解させるように導くものである。［9-2］

　紙幅の都合上紹介できませんが、日誌には、日本人が授業中に見つけた小さな象徴とその学び上の意味を発表した場面が何度も出てきます。彼はその例から授業観察法を学んだのだと思います。

　また上の引用で「私たちに生徒の学び方を理解させる」という表現には、彼の新しい観察の発生が示唆されています。「過去」において授業観察は能動表現で記されますが、ここでは使役表現を使っています。象徴が教師に「見させ

る」のであって、教師が直接的に学びを見て理解するのではありません。これは日本語の「見える」「見えてくる」に近い観察感覚だと思います。期待に合わせて見ていたのが、生徒の状態が見えてくる、現れてくる、に変容したのです。象徴がこの新しい「見え」をつくると捉えています。

・自己と生徒と同僚を「承認」する

　ではどうしたら象徴を見つけられるようになるのでしょうか。どうしたら、これまで教師だけを見ていた人が、生徒を観察しようと思うのでしょうか。ここに彼の独自のアイディアが記されます。「自己と生徒と同僚の承認」です。

> 新しい実践をしたいなら…まず教師たちが自分自身、生徒そして同僚を承認することだ。これは困難を伴うがとても興味深い経験であり、われわれにとって多くの意味を持つ。[6-2]

　先生が新しい授業観察を行うには、「自己の承認」[31-2/38-1]、「生徒の承認」[20-2/50-2]、「同僚の承認」[20-2/31-2/38-1]が必要だと彼は言います。抽象的なこの概念について彼は厳密に定義をしていませんが、モイ先生は「同僚承認と自己承認」、「生徒承認と自己承認」の関係について説明します。まず前者について、ある校長が自分から授業を公開した事例が紹介されます。

> 校長が全教員の前で授業を公開し、協議したのは、教師たちに校長を承認してもらうためであった。これは、校長が教師に承認される前に、教師たちを承認していることを体現していた。同時に、校長が自分自身を他のたくさんの教師たちと同じく一人の教師であることを承認していることも意味していた。…校長は教師たちの校長への考え、感想、共有を進んで受け入れる気になっていた。学び手として、つまりよく聴こうとする態度で、同僚の授業コメントから学ぼうとしたことで、教師たちは自分の校長を容易に承認したであろう。校長の授業公開は教師に強く影響する。新しい授業研究での「学友」として、本当の同僚として教師は校長を認めただろう。

　同僚承認・自己承認は評価文化を解放する潜在力を持ちます。まず校長先生は、教師たちを認めることで、自らを認めてもらいます。そのために校長は、

一方的な評価者としての自己を（授業研究において）捨て、自由な意見を受け入れる学び手として自己を位置づけます。授業観察はこうして自由な双方向性を獲得します。以前の評価 - 被評価の一方向関係を壊し、さらに学び合うという関係へ教師を誘います。校長が自己を評価者から学び手へと変容させれば、教師たちが校長に倣い、新しい関係を志向するでしょう。

次に「生徒承認と自己承認」を関連づける彼の説明です。授業をつくっているのは「私」ではなく「私と生徒」である、つまり授業における抜き差しならない社会性を教師が承認する事例が紹介されます。

> マン先生の授業研究会だった。マン先生は校内で一番年輩の教員だった。公開授業が終わり、参観した教師たちは次々に自分が観察したこと、考えたことを発言した。興味を持っていない生徒、困難を抱えても支援を得られない生徒がいたこと、多くの生徒は教材を深く理解していない、などである。ところが、一つのコメントが出るたびにマン先生は即座に反論するのだった。その態度はコメントを頑として受け付けず、非常に緊張しており、言葉は荒々しく、怒っているようであった。マン先生は思っていた、「実際には生徒の学びはみなが指摘したようなものじゃない」。校長先生は一通りコメントが終わるのを待ち、ビデオを再生した。生徒が学びを始めていない状況、授業に関心を持っていない、聞いていない生徒、わからずに課題をこなせない子どもの映像だった。そして校長先生は言った。もう一度この映像を振り返ってください。あるシーンで校長は2度3度と再生し、参加者がよく観察できるようにした。そして教師たちはまたコメントを続けていった。しかしマン先生は何も言わなかった。すごい形相で黙っていた。その授業研究会の二日後、マン先生は自分から校長先生の部屋にやってきた。マン先生はその授業研究の後の自分の思いを打ち明けた。先生が吐露するには、その時間の後、家に帰り、それでも生徒のビデオが頭から離れず、ずっと振り返っていた。先生は思いいたったと言う。子どもたちは確かに学んでいなかった、支援を得られていなかった、課題を理解していなかった、同僚が言った通りだった、と。［10-3］

マン先生が自己理解を迫られ、最終的には自己像を変えるエピソードです。ビデオを使った授業研究による授業観察の変容がこのようにハードランディン

グばかりなのか、他に事例がないため定かではありません。ともあれ、マン先生が校長室に顔を出したとき、彼は生徒が学びの結果をつくる張本人であること、そして生徒がわからないときにはその困難さをサインとして送っていることを理解していました。生徒と他でもない自分がその困難さをつくっていること、自分がそのような社会的実践に埋め込まれた存在であることを彼は承認します。もし生徒を承認せず、生徒の学びを否定するのであれば、それは直接、自己の非承認と否定に帰結します。

　ビデオ観察がこのように自己理解の再検討に向かうとき、ビデオは教師教育へのインパクトを持ち得ると言えるでしょう[4]。従来、教師アイデンティティの脆弱性は、教師が常に他者から見られる存在であるから生まれると指摘されてきました[5]。しかし、授業直後のビデオ視聴というベトナムの授業研究の特徴的活動が可能にした新しい「自己の観察」は、自分を他者ではなく、自分に見せることを可能にし、教師は新しい弱さと向き合うことになります。しかしこの弱さは、単なる痛み・弱みではありません。視られ評価される従来のベトナム教師評価の制度では痛みやリスクが生まれますが、評価文化を解放した授業研究では、自己観察はむしろ、探求者としての未来の自己へアプローチするための積極的・可能的な契機です。脆弱性はネガティブではなくポジティブな意味を帯びます。

【現在】
・複雑で終わりのない学びを愉しむ
　モイ先生は長い時間をかけて、自己を承認し、生徒と同僚を承認してきました。マン先生と同じような経験をした、とも日誌にはあります。彼の観察は質的に別の活動に移りました。彼が教職を始めた頃は、業務上の義務から実践を

---

[4] ビデオを用いた授業分析の教師教育分野への応用が進んでいますが、多くは教師の教科教育知識や Pedagogical content knowledge の開発を目指しています（Sherin & van Es, 2009; Sherin, 2014）。ビデオ視聴と教師アイデンティティ形成の分析は Kleinknecht & Schneider（2013）らの研究が始まったところであり、今後の研究・実践が待たれます。

[5] Kelchtermans（2009）は、新自由主義政策による教師の説明責任の負担が、行政、地域（保護者）、そして生徒から見られる教師の脆弱性として現れることを論じてきました。

まなざし評価していました。現在は、教室の前から生徒の表情を見ることで、生徒たちの学びが見えてきます。

> 私は生徒の中に学びの複雑な状況を感じ、その多様で豊かな理由を感じる。[学びの省察は] 教えることを仕事とする人にとって興味深い挑戦である。

一度学びの探求の面白さを知ってしまうと、ますます授業を見て回りたくなります。モイ先生は以前は指導主事として、現在は副校長として日々各学校、各学級の授業へと、生徒の「学びを学ぶ」ためにに訪れます。

一人の先生の経験からわかること

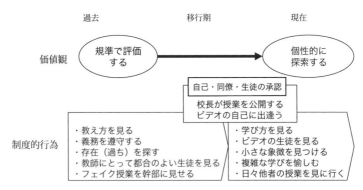

図9.2　モイ先生の価値観と授業観察の制度的行為の移行

上図はモイ先生の過去、移行期、現在の授業観察経験をまとめたものです。彼の価値観（Tsukui, et al., 2017）とその基礎となる慣習的に行われる行為、すなわち制度的行為[6]の二つの軸から図にしました。「規準で評価する」価値

---

6) この制度的行為とは、社会文化アプローチの研究の成果から筆者が仮に定義した概念です。「集団的なバリエーションを持つ文化的活動への参加の歴史」（Gutierrez & Rogoff, 2003）や「人々の中に埋め込まれ、彼らが何をどう学ぶかについて形成的な影響を行使し続けている制度の文化および社会的交流パターン」（Daniels, 2012）等、歴史的に形成・実行された集団特有の活動のことを指します。

観は、それを支える制度的行為（例えば同僚評価）から生まれますし、またその価値観が制度的行為をより強化します。同様に、現在モイ先生が保持する「個性的に探索する」価値観は、観察における小さな象徴の発見の練習から生まれましたし、また探索しようとするがゆえにさらに小さな象徴に気づきます。そして、ますます他者の授業を見に行きたくなります。日誌によれば、この両者をつなぐのが、彼が「承認する」と名づける経験です。彼はまず、生徒や同僚（他者）を承認する、と言います。従来の評価的価値観（「規準で評価する」）を解放し、他者が規準・計画から逸脱することを許します。次に彼は自己を承認する、とも言います。生徒と自己（教師）は授業の結果を共有する関係にあります。その結果は授業文脈に依存し、自己だけでは管理しきれません。自己の承認とは、生徒との社会性に埋め込まれた自己が計画から逸脱してもよい、と考えることを意味します。二つの承認経験から彼は価値観を変えたと提示しています。

　モイ先生に見た価値観と制度的行為の関連性は、教師教育の一つの可能性を示唆しているでしょう。ベトナムで行っている教師個人への知識伝達研修に対し、教師の慣習的、制度的実践行為にこそ教師教育はアプローチしなければならない、と。「規範で評価する」価値とそれを支える教師行為群を精査し、その行為をやめたり改良することが必要になるでしょう。

　その上でこの研究の課題点を考えます。まず固有性と一般性の問題です。本論文の目的は、一人の先生の経験から教師の価値観変容の可能性に学ぶことでした。しかし、モイ先生の経験は他のベトナム教師と同じとは限りません。モイ先生のようなリーダーの研究と同時に、その他の先生の授業観察の研究も必要になります。次に考慮すべきは、介入研究（アクション・リサーチ等）における教師たちの参加の問題です。参加が強要される問題、マージナライズされる教師が生まれる問題と言ってもよいでしょう。改革は日常に新たな仕事を課す活動であり、そうした変動についていかない教師から改革を捉えなおす必要があります。この二つの課題に対し、モイ先生の特殊経験とその他の先生の経験をどのように関係づけるべきでしょうか。私は手元にあるインタビュー記録やモイ先生の日誌の再度のマイニング等を行ってこの研究の補論を書くこと、また別の調査を始めることを考えています。これからもモイ先生や改革を指導

する幹部だけでなく、上述のマージナライズされた教師の活動と価値観を追いかけていこうと思います。

> **研究法の心得**
> ❶書くことは考えること、書いたら見せること（考えるだけでは考えることはできない。またわからないことを書いてしまうこともあるので、人に見せながら書き進めるとよいと思う）。
> ❷書くところを見せてもらうこと。書き方を知っているようでわかっていないことが多い。私はどうしても書けないパラグラフを先輩に相談した。書きたい内容素材を説明し、PCの画面共有を使って、先輩がそれをパラグラフに書いていくところを見た（もちろんその文章は、その後私の手で修正を加えた。これが本当によい学びになった）。
> ❸たとえ10分でも書く時間を決め、守ること（私は海外出張が多く、現地の早朝に時間を決めて書いた。その習慣がなければとても論文は書けなかったと思う）。

■引用文献

エンゲストローム（1999）『拡張による学習─活動理論からのアプローチ』山住勝広・松下佳代・百合草禎二・保坂裕子・庄井良信・手取義宏・高橋登，訳．新曜社．

Clandinin, D. J., & Connelly, F. M. (2000). *Narrative Inquiry: Experience and Story in Qualitative Research.* San Francisco: Jossey-Bass Publishers.

Creswell, J. W. (2014). *Educational research: planning, conducting and evaluating quantitative and qualitative research.* Harlow, Essex: Peason.

Daniels, H. (2012). Institutional culture, social interaction and learning. *Learning, Culture and Social Interaction, 1* (1), pp.2-11.

Japan International Cooperation Agency (JICA). (2007). *Project Completion Report [The JICA Project for Strengthening Cluster-based Teacher Training and School Management in Vietnam].*

Kelchtermans, G. (2009). Who I am in how I teach is the message: self-understanding, vulnerability and reflection. *Teachers and Teaching, 15* (2), pp.257-272.

Kleinknecht, M., & Schneider, J. (2013). What do teachers think and feel when analyzing videos of themselves and other teachers teaching? *Teaching and Teacher Education, 33* (1), pp.13-23.

Oser, F. K. (1994). Moral Perspectives on Teaching. *Review of Research in Educa-*

tion, 20, pp.57-127.

Randi, J., & Zeichner, K. M. (2004). New Visions of Teacher Professional Development. In *Yearbook of the National Society for the Study of Education* (Vol. 103, pp. 180-227). Wiley Online Library.
http://doi.org/10.1111/j.1744-7984.2004.tb00034.x

Sherin, M. G., & Russ, R. S. (2014). Teacher noticing via video: The role of interpretive frames. In B. Calandra & P. J. Rich (Eds.), *Digital video for teacher education: Research and practice* (pp. 3-20). Routledge.

Sherin, M. G., & van Es, E. A. (2009). Effects of Video Club Participation on Teachers' Professional Vision. *Journal of Teacher Education, 60* (1), pp.20-37.

Tsukui, A., & Saito, E. (2018). Stroll into students' learning: Acts to unload teachers' values through the practices of lesson study for learning community in Vietnam. *Improving Schools, 21* (2), pp.173-186.
http://doi.org/10.1177/1365480217717530

Tsukui, A., Saito, E., Sato, M., Michiyama, M., & Murase, M. (2017). The classroom observations of Vietnamese teachers: Mediating underlying values to understand student learning. Teachers and Teaching, *23,* pp.689-703.

Wenger, E. & Wenger, B. (2015). Introduction to communities of practice：A brief overview of the concept and its uses. Retrieved from
http://wenger-trayner.com/introduction-to-communities-of-practice/

【書籍紹介】

① Kelchtermans, G.(2009). Who I am in how I teach is the message: self-understanding, vulnerability and reflection. *Teachers and Teaching, 15*(2), 257–272.
ベルギールーベン大学のケルクターマンズの仕事は、教師価値観と教職の制度論の二つを掛け渡す点において重要です。本論文は教職における教師の「自己理解」構築の過程、特にそれが生徒や同僚から見られる私としてつくられる過程を描出します。

② Gutierrez, K. D., & Rogoff, B.(2003). Cultural Ways of Learning: Individual Traits or Repertoires of Practice. *Educational Researcher, 32*(5), 19–25.
ある個人の文化的な特徴はどう発生するのでしょうか。筆者らは個人の属性からではなく共有された活動パターンの歴史的遂行から説明します。ある生徒の学びの困難はその生徒の貧しさや言語的不利からではなく、その集団が毎日行う文化的活動から発生するとします。

③ Streeck, J.(2015). Embodiment in Human Communication. *Annual Review of Anthropology, 44*(1), 419–438.
状況論における仕事・活動の身体化の問題を解説しています。状況論の長所は、仕事の遂行をアクターたちの相互行為だけでなく人工物の物理的布置と使用法から説明することでした。本論考はこの常識に歴史性を加えます。今そこにある相互行為だけでなく、歴史的な行為の蓄積に身体論の新展開を見ます。

第10章 学校改善に取り組む教職員組織を記述分析する

● 複線径路等至性アプローチを使ったスクールミドル集団の分析を中心に

時任隼平

【研究の流れ】

研究の大まかなテーマの設定	等至点に関連するキーワードを設定する
研究の準備	事前調査として教職員組織に関わる／教職員組織に関わる正式な承認を得る
調査の準備	先行研究レビュー／インフォーマルな調査
調査	等至点の設定、インタビュー
分析	TEM図の作成、発生の三層モデルを用いた分析
まとめ	TEM図の考察

はじめに

　本章は、学校改善に取り組む教職員組織を複線径路等至性アプローチに基づき記述分析したものです。つまり、本章の主なキーワードは「学校改善」と「教職員組織」、「複線径路等至性アプローチ」の3つであると言えます。

　学校は、学習指導要領改訂や児童生徒・保護者、あるいは社会との関わりの中で常に変化が求められています。これまで日本で行われてきた教育の歴史を振り返ると、政府の方針や児童生徒の状況に応じて、新しい教科の設置や学習内容の削減・追加など様々な対応が取られてきている事がわかります。そして、そういった新しい取り組みが始まる事によって教育現場では変化が生まれ、教師や児童生徒の学校生活に影響を与えます。教職員組織が変わるのも、その一つの例だと言えます。研究者が学校を訪れ、それらの変化を目の当たりにした際、どのように捉え、データを収集し、分析する事ができるのでしょうか。

　本章では、学校で起こる変化を「学校改善」として捉えて論を進めます。学校改善とは、「一校あるいはそれ以上の学校が、その教育目標を効果的に達成する事を最終目標に、教授学習及びその他の内部諸条件の変化を目指した組織的・継続的な改善努力」（奥田ら，1995）と定義されており、日本では教育の55年体制[1]から脱却しはじめた1980年代以降、各学校の権限が拡大した事で盛んに行われてきました（小島，1999）。この定義にある「組織的」という言葉から、学校を改善するという行為は、教師が単独で取り組むのではなく、集団で取り組むものだと考える事ができます。また、「継続的」という言葉からは、学校の改善は一過性のものではなく、続けて行われるものだという事がわかります。つまり、学校改善は「教師が組織的に行う、学校を良くするための継続的諸活動」だと言い換える事ができます。

　本章で紹介するのは、公立X高校とY高校を対象事例とした学校改善に関する質的研究です。この研究では、X校とY校で取り組まれている学校改善

---

1) 第二次世界大戦終結以降の10年間の中で作られた政治構造の一つ。当時の歴史的・社会的条件の影響を強く受けた。
　参考：熊谷一条（1994）「55年体制」と教育政策の展開. 日本教育政策学会年報1(0)：38-53

に関っている教師を対象に調査を行い、複線径路等至性アプローチ（安田ら，2015）に基づく分析を行いました。複線径路等至性アプローチ（Trajectory Equifinality Approach：以下 TEA）とは、研究対象者が歩んできた人生のある地点を設定し、その地点に至るまでの複数の道を描きだし、ターニングポイントとなる経験の場面において何故その道を選択してきたのかを明らかにする質的研究手法の一つです（安田ら，2015）。

次節以降、TEA が持つ特徴を、各ステップごとに実際の研究事例と共に説明します。次節では、TEA を理解するための基本事項を解説します。それ以降は、実際の研究事例を用いながら、教職員組織を記述分析する具体例を示します。なお、ここで取り上げる事例は時任・寺嶋（2018）の研究成果を基本としています。

複線径路等至性アプローチ（TEA）の特徴

TEA は、プロセスに着目した文化心理学（ヴァルシュナー，2013）を土台とする研究方法です。TEA によって生成された図を、複線径路等至性モデル（Trajectory Equifinality Model、以下 TEM 図）と呼びます。つまり、TEA を採用した研究成果の一つは、TEM 図であると言えます。

図 10.1 は、TEA によって生成された TEM の簡略図を示しています。TEA では、研究対象者を何らかの形で TEM 図上に表現します。図 10.1 の場合、研究対象者 3 名がそれぞれ個別に表記されています（❶）が、研究によっては対象の数が多くなる事もあります。そういった場合、共通の特徴をもった者同士をまとめた形で表現する場合も考えられます。いずれにしても、「誰のプロセスなのか」を示す上で、研究対象者を何らかの形で示さなければなりません。

プロセスを考える際、そのプロセスが始まる地点（開始地点）と対象とするプロセスの終わりを表す地点（終着地点）があります。TEM 図において研究対象者の表記位置を開始地点だとすると、終着地点を操作的に設定し、示したものが等至点（❷）です。TEA を用いた研究は、この等至点を設定する事から始まります。等至点とは、研究対象者が現在置かれている状況を意味します。例えば「大学受験に失敗し、現在浪人生として塾に通っている」や「プロスポー

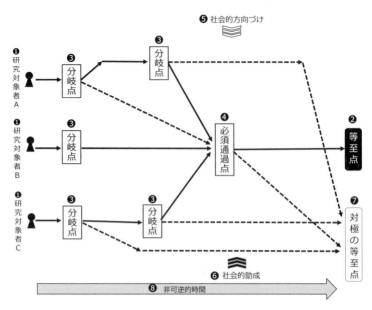

図 10.1　TEA によって生成された TEM 図（筆者作成）

ツ選手として引退した後、指導者として現場に復帰した」など一般的な話題として挙げられる状況を等至点に設定する場合があれば、「中絶を経験した後、養子を受け入れた」のようにあまり多くないケースが想定される状況を設定する場合もあります。何を等至点に設定するのかは、研究者の問題意識に委ねられていますが、一旦研究対象者が置かれている状況を等至点と設定し、開始地点からの道筋を分析しようと試みるのが、TEA であると言えます。

　研究対象者が等至点に至るまでの道筋は、TEM 図上で矢印（→）を使って示され、「径路」と呼ばれます。径路の行き先にあるのが、分岐点（❸）と必須通過点（❹）です。図 10.1 は、各々の研究対象者が等至点に至る径路においてそれぞれの分岐点を経験しており、全員が共通して通過するポイントを必須通過点として表しています。つまり、一人ひとりが歩む等至点への径路が持つ多様性を示しつつ、研究対象者に共通する経験を示す事ができると言えます。

　これらの分岐点や必須通過点における径路の選択や行動は、研究対象者個人が生み出したものというよりは、置かれている環境との相互作用の中で生み出

されたものだと言えます。そういった環境の中で、等至点への径路を阻害する要因や促進する要因の影響を受けながら研究対象者は等至点に至ったと考えられます。このように、等至点への阻害要因と促進要因を、TEAでは社会的方向づけ（❺）と社会的助成（❻）と呼びます。

　社会的方向づけと社会的助成はTEM全体に影響を与える要因であると捉えられますが、特にフォーカスされるのが、分岐点を分析する際です。分岐点は、研究対象者が歩んだ径路と、歩まなかった径路（→）の選択肢の中で、実際に歩んだ径路選択の判断に至る詳細を説明する重要な概念です。何故、どのように径路選択が阻害され、それはどのように支援されたのか。そういった分岐点を取り巻く環境そのものを説明するのに、社会的方向づけと社会的助成の概念は用いられます。本章で事例として紹介する研究フィールドは高校の教育現場ですので、社会的方向づけや助成は学校文化や学校に所属するその他の教職員メンバーからのものとなります。本章のタイトルにある「学校改善に取り組む教職員組織」は、本調査においてまさしくこの社会的方向づけと助成の概念によって形づけられ、論じられました。

　このような一連の分析の流れの中で特筆すべきTEAの特徴の一つは、選択した径路に関する事だけでなく、選択しなかった径路を歩んだ場合どのような等至点に至ったのかを、対極の等至点（❼）として明らかにする事です。これは、TEAが研究対象者の取った行動を単なるプロセスとして分析するアプローチではなく、プロセスが生成された意思決定の場面において、どのような認知的活動が生じていたのかを、社会との相互作用も含めて浮き彫りにしようとするアプローチである事を意味しています。

　選択しなかった径路に関する情報を収集するという事は、選択した径路に対する研究対象者の価値づけや必然性などを分析する手がかりになります。例えば、「犬を飼う」という径路を選んだ人にとって対極にある「犬を飼わない」という径路について、その径路を歩んだ場合のイメージを尋ねると、「家庭での癒しが減る」や「子どもに命の尊さを教える機会が減る」などといった回答を得るかもしれません。この場合、研究対象者にとって犬を飼うという径路の選択は、単に動物を飼育したいという願望を叶えるだけでなく、自宅で犬から得る癒しや犬の飼育を通して行う子どもへの教育の意図がある事がわかり、分

析をより分厚いものにするデータとなる可能性があると言えます。

　このように、TEA では現在等至点に立つ研究対象者から等至点に至るまでのプロセスに関する情報を収集し、分岐点と必須通過点の分析を通して、研究対象者が何をどのように判断してきたのかを明らかにします。このプロセスは、計測可能な時刻ではなく、間として捉えられ、非可逆的な時間の流れとして分析されます。

　次節からは、時任・寺嶋（2018）の研究知見を援用しつつ、TEA によって浮き彫りになった学校改善に取り組む教職員組織の記述分析方法のプロセスを解説します。その際、本節で解説していない概念もありますので、TEA の主要概念は、表 10.1 に記しました。

表 10.1　TEM の主要概念とその意味

主要概念	意味
等至点	研究対象者の置かれている状況
分岐点	ある経験において選択可能な複数の径路を選ぶ状況
社会的方向づけ	等至点から遠ざけようとする環境要因及びその下支えとなる社会的圧力
社会的助成	等至点に近づけようとする環境要因及びその下支えとなる社会的圧力
発生の三層モデル	径路選択における行動変容を価値観・記号・行為の三層で捉えるモデル
必須通過点	多くの人が必ず通るポイント
両極化した等至点	等至点とは対極にある状況
非可逆的な時間	TEM は時間の概念を取り入れているが、単位化された具体的な時間の長さではなく、質的に非可逆的に持続している状態

学校改善に取り組む教職員組織を TEA を使って記述分析する手順

　図 10.2 は、時任・寺嶋（2018 以下、本調査）において実際に取られた研究のプロセスです。教職員組織という言葉は抽象度が高くその言葉だけで研究対象を表現するのは困難です。例えば、テーマが学校改善の場合、実際に学校改善を担っている教職員組織を同定し、調査を実施する必要がありますが、その組織が目に見える形で公式に実在するのか、それとも非公式な組織として活動をしているのか、学校の外にいる者には判断ができません。そのため、対象となる学校から、①自分自身（研究者）が関わる事について正式に許可を得た上で、②実際の学校改善の活動を観察する事から始めます。担当教師と人間関係を構築する事、すなわち調査フィールドにいる人々と友好的な人間関係を作ることを、ラポール形成と呼びます（箕浦，1999）。ラポール形成の有無は調査の成果に大きな影響を与えます。研究対象者が研究者を信頼していなければ、必要な情報を収集することができないかもしれません。また、学校にとってそ

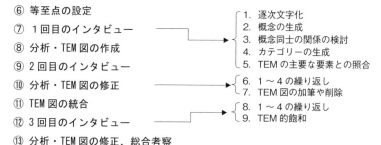

図 10.2　本調査のプロセス

の研究者が関わることにどのような意味があるのかが理解されていなければ、十分な調査時間を取る事ができないかもしれません。必ず、正式な許可を得てから調査を実施しましょう。

　②学校改善の活動を観察する事は、その次のステップである③担当する教師と人間関係を構築する上で重要な役割を持ちます。何故なら、そのためには学校で起こっている教育改善の取り組み内容を理解する必要があり、また必要に応じて何からの形で寄与する事が求められるからです。つまり、読者（調査者）は教職員組織の取り組み（本調査でいう学校改善活動）をよく理解し担当する教師と人間関係（信頼関係）を構築した上で本調査を実施する必要があると言えます。

　ここまで述べた①～③のステップは、いわば調査のための準備段階です。③ができた段階で、調査校でのインフォーマルなデータ収集を開始します。本調査においては、「学校改善に取り組む教師組織はどのような構成になっているのか」という問いをもって情報収集するところから始まりました。この段階で、等至点が決まっていない事は、TEAを用いる上では問題ありません。等至点を設定するための問いの設定、情報収集だったと言えます。

　等至点が設定されるまでは、④会議中の発言をメモした記録ノートやインフォーマルなインタビューの記録、メーリングリスト上の投稿など、学校改善に関する情報にはすべて目を通します。また、⑤関連する先行研究をレビューし、実際に現場で収集したデータを学術的に説明するための概念や理論を探し、すり合わせを行います。本調査では、こうして①～⑤の手順を通して教職員組織を対象とした研究が始まりました。具体的には、X校とY校のスクールミドル5名に着目し、等至点を「スクールミドルとして学校改善に取り組んでいる」に設定しました。

　⑥～⑬は、等至点の設定以降の本調査における研究プロセスを示しています。

　本調査では、TEAの研究方法論を採用したためこのようなプロセスを経ましたが、教職員組織を記述分析する研究においてこのプロセスを必ず経なければならない訳ではありません。ここまでが、本調査においてTEAを使った学校改善に取り組む教職員組織を記述分析する手順です。次節では、TEAを使う事によって記述する事ができた教職員組織の具体例について解説をします。

径路進行において生じた学校改善を進める教師グループとそれ以外の衝突

　図10.3は、本調査によって明らかになった研究対象者5名の歩んできた径路を2つのパターンで示したものです。一番左端にある教職開始地点から、一番右端にある「スクールミドルとして学校改善に取り組んでいる」という等至点に向かって、それぞれの径路が非可逆的時間として表現されています。5名の教職経験年数は異なりますが、TEAでは出来事や判断を間として捉えるため、TEM図では時間の長短や時期に関する尺度は細かく数値で表現されません。本調査によって、スクールミドルが等至点（学校改善の実施）に向けて歩む径路には、パイオニア径路とフェロー径路の2つのパターンがあり、それぞれの分岐点・径路を経て必須通過点にて再び交わる事がわかりました。具体的には、5名全員が「分掌に就く」という必須通過点を経験しており、学校改善

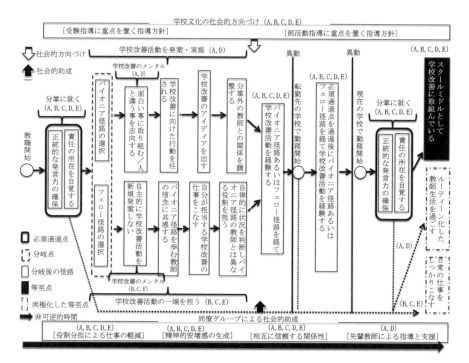

図10.3　学校改善を担うスクールミドルに共通する教職経験のTEM図

を発案したり実施したりするなど、リーダーシップを発揮する径路とサポート役として学校改善の一端を担う径路を経ていた事が明らかになりました。しかし、これだけでは研究対象者の歩んだ径路が持つ特徴や違いはわかるものの、本章のタイトルにある「教職員組織」がこれらの径路にどう影響したのかがわかりません。そこで用いるのが、発生の三層モデルです。発生の三層モデルは、分岐点においてある一方の径路を選択する際に研究対象者が受ける社会的方向づけと社会的助成を、信念（第三層）、記号（第二層）、行動（第一層）の観点から捉えるモデルです。最上部の第三層は、研究対象者の持つ価値観や信念のレベルを意味しております。本調査では、新しい事に取り組みたいという信念とそれに対する共感が該当します。最下部の第一層は行動を意味しますので、実際にとられた教師の行動を示しています。そして、真ん中の第二層は、第三層の価値観と第一層の行動を結びつけるレベルを意味しており、信念が行動として現れる事を阻害／促進する記号を意味しています。

　図 10.4 は、本調査において明らかになった発生の三層モデルです。第三層にある教師たちの新しい事に取り組む等の信念を具体的に行動として第一層で実行する際に、その間にある第二層で「指導方針の違いによる圧力」と「同僚グループによる協力体制」が衝突している事がわかります。本調査により、受

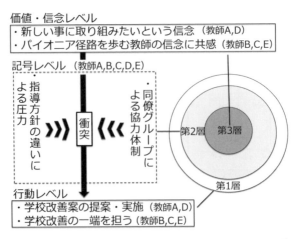

図 10.4　径路進行時に生じる衝突を示した発生の三層モデル

験指導や部活動指導に力を入れたいと思っている一定数の教師と、学校改善に向けて地域と連携した新しい学習活動に取り組みたいと思っている教師グループとの間で衝突が生じており、そうした衝突の解決策を模索するために学校改善を担う教師グループの中で教育に対する信念が共有され、役割分担がなされ、グループ外の教師との関係性を調整しつつ学校改善を進めている事が明らかになりました。

複線径路等至性アプローチによって浮き彫りになった教職員組織の一端

　本調査の特徴は、研究対象者一人ひとりが歩んできた径路に着目ししつ、それらを集約してスクールミドルが歩んできた径路として考察することで、スクールミドルを取り巻く環境が、「学校改善グループ」「衝突するその他の教師」という形で明確に示された点だと考えられます。教師教育研究においては、教師個人の教職生活を記述する研究方法の一つであるライフコース研究（姫野，2013）やライフヒストリー研究（姫野，2013）が個人に着目した研究方法としては有名ですが、それらは研究対象が生きてきた背景にある文化や歴史、コーホート（同齢集団）等を重視するあまり、個別具体的な経験の質については十分検討できていないという課題が指摘されています（姫野，2013）。研究対象者が経る個別具体的な径路を、実際の教職員組織の一端と共に記述する事に、TEM 図と発生の三層モデルという概念を含めた複線径路等至性アプローチを採用した意味があると考えられます。

　もちろん、等至点や研究対象が変わる事で教職員組織に関する記述内容は本調査と異なってくるでしょう。つまり、同じ等至点であっても、研究対象が変われば別の径路や社会的方向づけ、社会的助成が明らかになる可能性があります。しかし、学校教育現場には常に研究対象と他者との関わりが存在します。複線径路等至性アプローチを用いる事で、その一部を表現する事は可能であると言えます。

まとめ

　本章では、学校改善に取り組むスクールミドルの教職経験について質的調査を行い、複線径路等至性アプローチに基づく分析結果を解説しました。教職員組織は学外の者からはその詳細が判断しにくい事から、研究実施の正式な承諾を学校側から得た上で、十分に事前観察やインタビューを行う必要性があると言えます。

　複線径路等至性アプローチは、研究対象者が歩んできた道を記述するだけでなく、径路選択時の判断について研究対象者を取り巻く環境と共に記述する事ができるため、教職員組織を記述分析する際に有効な研究方法の一つだと考える事ができます。特に、発生の三層モデルが提供する信念・記号・行動の三層を用いて社会的方向づけ、社会的助成の間で生じる事象を記述する事は、組織を単なるシステムや器として捉えるのではなく、教師間の相互作用の観点から捉える上で重要な概念になると考えられます。

　ただし、課題もあります。それは、あらかじめ決まった主要概念を用いるため、無理にそれらに当てはめようとしてしまう危険性がある点です。データの分析は、主要概念から演繹的に行うのではなく、収集したデータから帰納的に行う必要があります。

研究法（複線径路等至性アプローチを使った教職員組織の記述分析）の心得

❶教職員組織を調査するためには、まずはその組織に関わる正当な理由や立場を確保する。

❷十分な事前調査を行った上で等至点を設定する。

❸単に径路を TEM 図で表現するだけでなく、発生の三層モデルを用いて径路進行に関わる組織を記述する。

■引用文献

奥田眞丈・牧昌美・児島邦弘・家田哲夫（1995）『学校改善を目指す教育目標』東洋館出版．

小島弘道（1999）「学校の自律性・自己責任と地方教育行財政」日本教育行政学会年報 25：p.20-42

姫野完治（2013）『学び続ける教師の養成 - 成長観の変容とライフヒストリー』大阪大学出版会.

ヴァルシュナー, J.（2013）『新しい文化心理学の構築』サトウタツヤ, 監訳. 新曜社.

安田裕子・滑田明暢・福田茉莉・サトウタツヤ（2015）『TEA 理論編 - 複線径路等至性アプローチの基礎を学ぶ』新曜社.

時任隼平・寺嶋浩介（2018）「学校改善を担うスクールミドルの成長発達に寄与する教職経験に関する研究」日本教育工学会論文誌 *42 (1)*：p.15-29

箕浦康子（1999）『フィールドワークの技法と実際―マイクロ・エスノグラフィー入門―』ミネルヴァ書房.

【書籍紹介】

①安田裕子・滑田明暢・福田茉莉・サトウタツヤ，編（2015）『TEA 理論編 - 複線径路等至性アプローチの基礎を学ぶ』新曜社
複線径路等至性アプローチの土台となる理論や各概念について解説をした書籍です。TEA を用いた投稿論文の多くがこの著書を引用しており、基本的な理解をする上で役立ちます。

②安田裕子・滑田明暢・福田茉莉・サトウタツヤ，編（2015）『TEA 実践編 - 複線径路等至性アプローチを活用する』新曜社
理論編だけではイメージする事ができなかった具体的な TEA の活用方法を理解するための書籍です。

第11章 学校組織のアクション・リサーチ研究

◉高校における学校改革のアクション・リサーチを中心に

木村　優

【研究の流れ】

高校における学校改革のアクション・リサーチは、以下のフローチャートに示した3サイクルにわたる重層プロセスで進められました。実践と分析のサイクルを繰り返すことで変化を生み出し、追跡し、診断するのが本研究方法の特徴です。

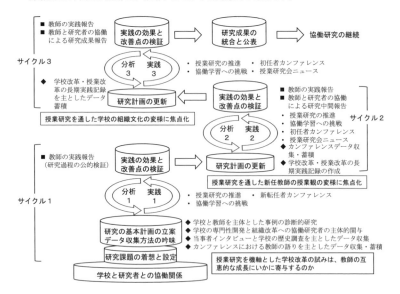

協働関係をベースにして学校の内側から研究課題を設定する

　ある公立高校で展開した10年にわたる学校改革の軌跡を描出し、そこでの教師の成長、生徒の変化、学校の発展を支えた諸要因を析出したアクション・リサーチは、学校と私たち研究者との先行する協働関係をベースにして始まりました[1]。そこでまず、学校組織のアクション・リサーチを展開する上で、学校と研究者との協働関係がいかに研究課題の設定とその後の研究推進に不可欠なのか、学校の改革初期の動きに即して確認していきましょう。

　この高校の学校改革前夜にあたる年、学校では社会文化経済的に不利な状況にあった生徒たちが次々と学校を去っていく厳しい状況下で、一人の社会科教師が協働学習を中核とした生徒主体の授業への挑戦を始めました。当時、私たち研究者はその教師の授業を参観すべく、学校に足繁く通い、協働学習でもっていかに生徒たちの学ぶ意欲を喚起し、学び合う関係をつくっていくのかを、教師とともに考え、授業づくりの共同研究に着手し始めました。

　この高校の学校改革の挑戦は翌年から始まります。まず、特別支援の視点でもって問題行動を起こす生徒への教師の眼差しの転換を図ります。教師を悩ませる「困った子」から、苦しい問題を抱える「困っている子」への転換です。そして、困っているすべての生徒の学びを保障するために、全校的に協働学習の授業デザインへの挑戦を始め、同僚間による授業の協働探究を支える装置として、授業研究を導入したのです。

　私たち研究者は授業研究会に定期的に参加し続け、教師たちとの授業づくりの協働探究に従事していきました。その結果、学校と研究者との協働関係が築かれ、教師たちとのラポールも次第に形成されていったのです。

　なお、この改革初期の道のりは決して平坦ではありませんでした。それでも、特別支援の視点でもって生徒たちを支え、協働学習と授業研究の実践を推進し続ける中で、3年程経過すると教師一人ひとりの授業への意識が高まり、教師

---

[1] 詳しくは、金子奨・高井良健一・木村優編『「協働の学び」が変えた学校——新座高校 学校改革の10年』大月書店、2018年を参照。なお、本研究はより正確に言えば、学校と研究者による「共同生成的アクションリサーチ」（秋田、2005）である。

同士の学び合う関係が生まれ、そして生徒の学ぶ態度の改善が見え始めたのです。そこで、学校の授業研究を主導するリーダーシップチームからの提案として、教師の互恵的な成長に対する授業研究の効果を検証し、学校改革をさらに前進させていくための方策を明らかにする実践研究の構想が示されました。この協働研究者として、私たち研究者が招かれたのです。

　このように、学校組織のアクション・リサーチは、その研究課題となり得る現実の諸問題が実際に生じる学校の内側を起点として展開していきます。そして、そこには必ず、現実の諸問題の所在と関係性を最もよく知っている当事者である教師たち、そして学校の実践研究に協働的に関与し続けている準当事者（ここでは研究者）がときに存在するわけです。換言すると、たとえ学校の外側から提案される研究課題が教育研究として価値があろうとも、当事者が抱える現実の諸問題に適合しない限り、学校組織のアクション・リサーチの研究課題にはなりえないということです。また、学校との関係が希薄な非当事者には学校組織のアクション・リサーチを実施できません。教育におけるアクション・リサーチを展開する主体となりえるのは、アクションを起こす当事者と、当事者とともにアクションを企図する準当事者なのです。

　さて、リーダーシップチームによる実践研究の提案が学校長はじめ全教職員に承認されたことを受け、同チームの教師たちと研究者たちによる研究協議が行われました。この協議ではそれまでの学校改革の歩みを振り返った上で、次年度以降に続く現実の問題として、(1) 増加が見込まれる新転任教師の成長支援と学校間移行支援、(2) 教師たちの協働学習の授業デザインを支える授業研究の洗練、の2点が同定されました。この問題解決に向けて、「授業研究を機軸とした学校改革の試みは、教師の互恵的な成長にいかに寄与するのか」という問いを研究課題に設定したのです。

　学校組織のアクション・リサーチでは、現実の学校組織の問題解決を見すえた研究課題が設定されます。そして、研究課題の設定は同時に研究方法も規定するものです。私たちは、一つの学校の、当事者である教師と学校組織それ自体の変化を、具体的な事例から追跡しその要因を明らかにする課題を設定しました。したがって本研究は、単一事例の診断研究、事例の当事者の主体的な参加研究、事例の連続変化を記録し評価する追跡研究という、まさにアクション・

リサーチだったのです。

実践と分析の重層サイクルの螺旋構造で研究計画をデザインする

図11.1は、アクション・リサーチのプロセスモデルを示したものです。アクション・リサーチでは、行動を導く初発の着想に基づいて予備調査が行われ、研究の基本計画が立てられます。そして、この基本計画を柔軟に変化させながら行動の「実行―追跡―分析」を行い、研究全体の着想の更新を行います。特に行動の追跡・分析では効果に着目し、出来事の具体的な記述と説明でもって行動の効果／非効果の双方を明らかにしていくのです。

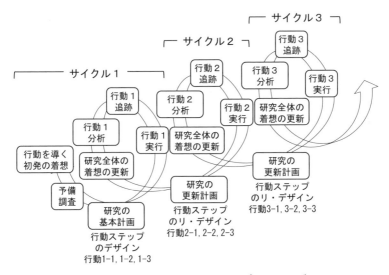

図11.1 アクション・リサーチのプロセスモデル
Note. レヴィン（1954）、Elliot（1991）、秋田（2005）の論考とモデル図に基づき、アクション・リサーチの螺旋構造を明示するモデルとして筆者が再構成。

また、アクション・リサーチの一連のサイクルは単発のシングルループで終わりません。図11.1内の行動数値の上昇が示すように、アクション・リサーチでは、研究デザインと実行・追跡・分析を連動し更新するサイクルを重層化

していくマルチループを推進します。そして、マルチループの重なりが生み出す螺旋構造のプロセスで事例の診断を行い、事態の改善を図り続けていくのです。

学校の実践を第一として研究の基本計画とデータ収集方法を吟味する

　研究の基本計画では、学校と教師を研究主体と位置づけ、私たち研究者も協働研究者という立場で学校改革に積極関与していくことが確認されました。そして、学校改革を推進する教師と研究者による協働研究チームを設立しました。学校は授業研究の推進と協働学習への挑戦を実践として継続し、この実践を追跡し分析していくのが協働研究チームの役割です。

　研究サイクル1では、これまで学校改革を主導してきた前任・現任の校長、教頭、主任教諭等への当事者インタビュー、そして開校以来の学校の歩みを紐解く歴史調査をデータ収集方法に採用しました。このインタビューデータと歴史調査の資料分析に基づき、研究前には追跡していなかった学校改革のプロセスとそこで生じた困難、そして、学校改革の試みに対する当事者の意図や葛藤を明らかにすることを狙ったのです。

　実践の追跡・分析では、公開授業と授業研究会をビデオカメラで継続記録し、授業での教師の授業デザインと生徒へのかかわり、生徒の学びと成長のプロセス、授業研究会での教師たちの対話と議論の質的変化を追跡・分析していくことにしました。これはまた、学校の現実の問題「教師たちの協働学習の授業デザインを支える校内研修としての授業研究の洗練」に対応するものです。協働研究チームは単に授業と授業研究のデータを収集するのではなく、授業研究の一連のプロセスに主体として関与し、授業研究会やその後のチーム会議で授業研究それ自体の革新を導いていく役割を担うのです。

　またここでは、学校のもう一つの問題「増加が見込まれる新転任教師の成長支援と学校間移行支援」に応答する実践が求められました。そこで、協働研究チーム内で相談を重ね、校内研修の一環としての新転任者カンファレンスを考案しました。カンファレンスとは、授業実践を事例としてそこでの教師の意思

決定と実践の振り返りを同僚間の協働に基づいて促し、分析する検討会[2]のことです。これを、新転任者の成長支援と学校間移行支援を支える実践とし、学期の節目ごとに実施することにしたのです。

新転任者カンファレンスでは、新転任者を中心に協働研究チームのメンバーを入れた4、5名で小グループをつくり、新転任者の教職キャリアに対する思いや授業実践の挑戦を聴き、その意味や価値をともに探り、今後の展望について語り合い、レコーダーで記録しました。また、新転任者にはカンファレンスで語られた内容を確認する半構造化インタビューを学期の節目に補足して行い、併せて新転任者の語りの分析を行っていったのです[3]。

なお、新転任者へのインタビューをカンファレンスでの語りに即して実施したのは、教師たちと協働で進める実践研究の特性に鑑みたためです。すなわちインタビューだけでは、(1)学校の実践とかけ離れた特定時間を新転任者に取ってもらうことになり負担となる、(2) 新転任者を学校の協働研究チームの「一員」ではなく、研究の「対象」としてしまう、(3) データ収集に特化してしまい、新転任者の成長支援や移行支援に寄与しない、ためです。また、基本計画段階で教師による学校改革・授業改革の長期にわたる実践記録の執筆とその記述分析を構想しましたが、実践を書くことが教師たちにとって不慣れで負担になりうるため、この実施は見送られました。

このように、学校組織のアクション・リサーチでは、学校の実践を第一にして研究の基本計画をデザインする必要があります。特に、データ収集は学校の問題解決に資することを主眼によく吟味し、学校の問題解決にまったく関与しなかったり、学校の問題を助長してしまったりする可能性があるような方法は安易に採用しないよう注意する必要があります。アクション・リサーチは、単一事例の肯定的な変化をもたらしながら、その事例の時間的・力動的な変化を同時にとらえていく方法です。だからこそ、実践と研究を統合させながら両者を乖離させることなく、ともに螺旋構造で上昇させていくことを狙うのです。

---

[2] 稲垣忠彦著『授業を変えるために―カンファレンスのすすめ』国土社、1986年。
[3] 新転任者カンファレンスは2013年度より初任者カンファレンスと名称を改め、若手教師が中心になって授業実践や教育哲学を語り合う場に発展している。

学校改革の実践の効果と改善点を公的に検証する

　アクション・リサーチにおける研究全体の着想・計画は決して不動なものではありません。アクションを起こして現実を変えながら、研究初期の着想を更新し、研究全体の計画も柔軟に修正する必要があります。ここで柔軟性が必要なのは、アクションにより変化し続ける状況に対応するため、そして、変化への対応を阻害する可能性がある初発の着想・計画への固執を避けるためです。

　この研究の着想・計画の柔軟性を高校の学校改革のアクション・リサーチでも担保し、実践の効果と改善点を検証するために、私たちは常に研究全体の着想を意識しながら実践の追跡・分析を進めました。さらに、研究の主体である教師および研究者の公的な場での実践報告を二つの場で定期実施することにしました。一つは、教育系学会の研究大会での研究発表です。学会の研究大会にはその学問分野に関心をもって研究と実践を進める多数の研究者と実践者が集まりますので、研究目的・方法・結果・考察の妥当性や信頼性、そして研究の意義や価値を確認するのに最適な場と言えます。研究サイクル1では学会大会での研究発表は行いませんでしたが、研究サイクル2と3ではそれぞれ研究の中間報告と成果報告として研究発表を行いました[4]。

　もう一つは、実践研究交流会での実践報告です[5]。毎年、定期開催される実践研究交流会には、全国各地から多数の実践者と研究者が集まります。ここに、新転任者も含めた教師たちが参加し、外部の教育関係者を含めた小テーブルの中で、学校での実践とその振り返りを報告していきました。また、リーダーシップチームの教師たちも、授業研究を機軸とした学校改革の挑戦をポスター発表やシンポジウムで報告しました。

　これら公的な場で、私たちは外部の教育関係者から実践と研究に対するフィードバックを受け取り、研究の着想・計画の更新を図っていったのです。

---

4) 2015年9月20日の日本教師教育学会第25回研究大会（於、信州大学教育学部キャンパス）、2016年9月18日の日本教師教育学会第26回研究大会（於、帝京大学八王子キャンパス）でそれぞれ研究発表を行った。

5) 福井大学連合教職大学院が年2回（6月と2月）開催する実践研究福井ラウンドテーブルで、定期的に実践報告を行った。

実践の力動的変化を追跡、分析し、研究計画の更新を図る

　サイクル1の実践と分析は2年間続けられ、この間に協働研究チーム内で分担・協力しながら各種データの収集と分析を進めていきました。特に、当事者インタビューと学校の歴史調査が進むにつれて、改革初期の試みに対する当事者の意図や葛藤が明らかとなり、学校を取り巻く地域事情と社会情勢、それらに基づく学校の苦闘や挑戦の歩みが見えてきました。

　また、授業と授業研究にも変化の兆しが見えてきました。表11.1は、研究3年目に学校に着任した初任教師3名が、1年目前期（着任直後）と2年目後期に授業実践で重視していた強調点の変化を比較したものです。

表11.1　初任教師が授業実践で重視した強調点の変化

	1年目の強調点	2年目の強調点
A教諭	授業規律	教育内容と生徒の学び
B教諭	生徒指導・授業規律	協働学習と生徒の学び
C教諭	知識・技術の教授	生徒の心情と学びの多様性

　初任教師3名はそれぞれ1年目前期の授業実践で、授業規律、生徒指導、知識・技術の教授を特に重視していました。しかし、2年目になると、生徒の学びを中心にすえた教育内容の精選、協働学習の推進、生徒の多様性への理解へと授業実践の強調点を移行していったのです。この強調点の移行を促したのが授業研究会だったということは、一目瞭然でした。

　表11.2は、授業研究会における談話と手続きの特徴を研究サイクル1初期と研究サイクル2前期と比較し、その質的変化を抽出したものです。この高校の授業研究では一貫して、生徒の学びに焦点を絞った授業参観と、生徒の学びの実際に基づく授業研究会での対話が推進されてきました。そこで生徒一人ひとりの固有名を挙げ、彼ら／彼女らがいかなる言動をし、いかなる状況下で学びに向かう意欲を増加／減退させるのかについて、研究授業に対する教師たちの協働省察に基づいて追究していきました。

表 11.2　授業研究会における談話と手続きの特徴

		研究サイクル 1 初期	研究サイクル 2 初期
談話	焦点	生徒の学び	生徒の学び
	内容	生徒の言動	生徒の思考
手続き	目標	不明瞭	明確
	形態	全体会	全体会
	省察	協働	協働と自己

　ただし、この比較が示すように、研究サイクル 1 初期の授業研究会での教師の語りは、生徒の言動に焦点が当てられるものの、その言動からの生徒の思考の読み取りは十分に語られない傾向が見受けられ、ときに生徒の言動への言及を省略したまま授業展開や教材の話題が主になることもありました。この傾向は、教師たちの授業研究の経験不足を一因とすると推察されましたが、研究サイクル 1 後期に若手教師から「なんだかしっくりこない」「こんな会が研究の名に値するのか」という授業研究会に対する違和の声があがったことで、授業研究の目標が不明確でその共有が不十分であったことも一因と推察されました。

　授業研究プロジェクト委員会はこの声を受け、若手教師とともに授業研究の基本方針[6]を策定し、さらに生徒の言動の背景にある問題と思考の読み取りを目指す授業研究を推進しました。

　また、研究サイクル 1 後期に教師たちの実践の振り返りをさらに促し、学校の実践を蓄積・保存していくために「授業研究会ニュース」の発行が始まります。教師たちが授業と授業研究会での学びを記事として書くことで実践の省察を深め、実践を書く文化を生み出して定着する努力も始められたのです。

---

[6] 基本方針は以下。
　［ねらい］①教師が互いに学び合う職場づくりのために行う、②すべての生徒が参加できる授業をつくるために行う。
　［原則］①課題意識を持って主体的に参加する、②いろいろな種類の授業を発見する、③生徒を様々な角度からとらえる、④授業内の生徒の様子を語り合い、その背景・原因について意見交換する。

続くサイクルに向けて研究計画と分析方法を更新する

　研究サイクル1の実践の展開と分析に基づき、研究サイクル2では「授業研究を通した新任教師の授業観の変様」に分析の焦点を絞り、データ収集と分析方法もリ・デザインしていきました。ここで、高校の学校改革のアクション・リサーチで採用した方法を表11.3にまとめて示します。

表11.3　データの種類・分析方法・分析射程・分析サイクル

データの種類	データの分析方法	データの分析射程	データの分析サイクル
当事者インタビュー記録	カテゴリー分析	学校改革の経緯	サイクル1
学校の歴史資料	資料分析	学校の歴史と現状	サイクル1・2・3
新転任者カンファレンスにおける語りの記録	ナラティブ分析（ダイアローグ分析）	教師の専門性開発	サイクル1・2・3
公開授業と授業研究会の記録	談話分析	授業と授業研究の質的変化	サイクル1・2・3
学校の校内研修の一次資料（授業研究会・カンファレンス）	資料分析	校内研修のシステム変化	サイクル1・2・3
教師による実践の記録（実践記録・レポート・記事）	ナラティブ分析（テーマ分析）	学校の組織文化の変様	サイクル2・3

　学校組織のアクション・リサーチでは、学校組織を形づくる諸要素（例えば校務分掌、校内研修、同僚性、授業等）とそれらが作用する多様な現象の変化を追跡していきます。そのため、単一データだけでは組織変化を十分にとらえることはできず、複数データの多角的収集が求められます。そして、データの種類に応じた分析方法と分析射程を定めることになるのです。

　高校の学校改革のアクション・リサーチでは、質的研究方法を中心とした複数のデータ分析方法を採用しました。したがって、このアクション・リサーチはトライアンギュレーションあるいはマルチメソッドとしての方法論的特徴を有していたと言えます[7]。具体的には、協働研究チーム内で分析チームを複数構成し、この分析チームがデータ整理と分析を主導していきました。複数のデー

---

7) 佐藤郁哉著『フィールドワーク――書を持って街へ出よう』新曜社、1992年。

タ分析方法を併用することで、学校組織の変化という複雑な現象を浮き彫りにすることを目指したのです。

サイクル1で進めた当事者インタビューと学校の歴史調査は、学校改革のまさに当事者である教師を中心に進められました。当事者インタビューで収集した語りのデータはカテゴリー分析の手法を援用して大きくエピソードによって分類され、学校改革のエポックとなる出来事とそこでの当事者の意図や葛藤が析出されていきました。学校の歴史調査とその資料分析はその膨大な資料量のためにサイクル3半ばまで継続されました。そこで、学校創立以来の約40年にわたる卒業率・中途退学率の推移を国の教育政策の遷移とあわせて分析することで、学校の歴史の時期区分と、アクション・リサーチによって検証を始めた学校改革に至る経緯を明らかにしていったのです。

新転任者カンファレンスにおける語りの記録には、新転任者を中心とした参加者のダイアローグに基づくナラティブ分析をあてました。このカンファレンスのデータ分析を研究サイクル2の中核にすえ、データ収集と分析は研究サイクル3まで継続しました。ここでは、後述する公開授業と授業研究会の記録を踏まえ、特に新任教師の授業観の変化と専門性開発を促す要因について、協働研究チームの研究者たちを中心に分析を進めました[8]。データ分析から得られた知見は、教師のライフストーリー研究、専門性研究、情動研究で示されてきた諸知見と概念枠組みによって解釈していったのです。

公開授業と授業研究会の記録は、リーダーシップチームの教師たちによって収集、蓄積され、談話分析の手法に基づいて授業における教師―生徒の談話の特徴、授業研究会における教師間の談話の特徴を把握し、両者の質的変化を追跡しました。ここでは、授業と授業研究会を含めた校内研修資料から、校内研修のシステム変化も追跡していきました。談話分析と資料分析を合わせて検証し、相互の情報不足を補い合うことで、双方の現象解釈の助けとしたわけです。

以上が研究の基本計画の段階ですでに策定されたデータ収集と分析の方法です。ただし、これらの収集データで学校の組織変化の一部を追跡することはで

---

[8] 研究者3名がそれぞれ新任教師3名とペアリングし、新任教師の教職生活や授業づくりの歩みに同行しながらカンファレンスの語りのデータを分析していった。

きたのですが、組織変化の全体像を把握するには収集に限られたデータだけでは不十分で、さらに組織変化を促進するのにも限界がありました。授業研究とカンファレンスがシステム化される中で、これらのシステムの推進と持続を支える実践とその追跡が必要だったのです。そこで私たちは、授業研究会ニュースの実践で学校に定着しつつあった書く文化を基盤として、研究サイクル2から3にかけて協働研究チームに属する教師たちを主としながら、学校改革・授業改革の長期実践記録の執筆と蓄積に着手しました。

実践記録のデータ分析方法には、記録の記述から組織的営為の変遷を追いつつ、時々の重要テーマを見出し、そこでの書き手の主観的世界を思考や情動の解釈から見出していくナラティブ分析の手法を採用しました。分析の射程は、学校組織のアクション・リサーチの主課題の一つである「学校の組織文化の変様」に設定し、授業研究会のニュースの記事、学会や実践研究交流会での教師たちの実践報告も統合して分析を進めることにしました[9]。

学校組織として改革を推進し持続する知を創出する

研究サイクル2におけるカンファレンスの語りの分析と、新任教師が執筆した実践報告資料と授業研究会ニュース記事の分析から、学校内での異世代の教師たちの協働の学び＝ジェネラティヴィティとそれに基づく同僚関係が、新任教師のリアリティ・ショックを緩和し、傷つきやすい＝ヴァルネラブルな教職の情動側面の受容を促し、個人と集団双方が様々な困難に立ち向かう力＝レジリエンスの高まりに寄与したことが明らかとなりました[10]。

そして、この豊かな同僚関係を耕したのが学校で推進した授業研究と、授業研究を通して成熟していった学校コミュニティの文化と推察されました。そこで研究サイクル3では、前・元・現職の教師たちによる学校改革・授業改革の

---

9) この実践記録に基づく学校の組織文化の変様を分析する作業は、金子教諭と筆者を中心にして進められた。
10) 詳しくは、高井良健一著「新任教師の変化を促すもの」（金子奨・高井良健一・木村優編『「協働の学び」が変えた学校――新座高校 学校改革の10年』大月書店、2018年）p.158-179を参照。

長期実践記録の執筆を推進しました。そして、この多角的な長期実践記録に、研究サイクル1・2の導出知見を統合し、10年間にわたる学校改革のプロセスを浮き彫りにしていったのです。ここで、実践記録をベースとした全データから学校の組織文化の変様プロセスをとらえ、その変様を促した授業研究と学校コミュニティの変化と効果を検証するために、私たちは複数の先行研究の理論を参照しました。この先行研究の理論と私たちが見出した発見との関連性を検証し、その相違点を浮き彫りにすることで、学校が組織として改革を推進し持続していくための知の創出を目指したのです（図11.2）。

このように、質的研究法を主としたアクション・リサーチでは、変化を生み出しながらデータと対話し、既存理論で説明できない特定領域の理論導出を目指したり、多様な試みや人間関係の連関から生み出されるより抽象化した理論導出を目指したり、実践とそこで起こった出来事の意味の連関を描出して実践と理論双方の前進を促す知の創出を目指したりします[11]。既存理論に現象を当てはめてその支持／不支持を検証するのではないのです。高校の学校改革のア

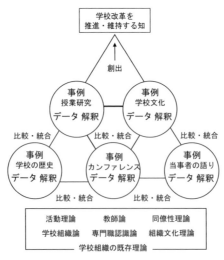

図11.2　学校組織の理論とデータの関係

---

11) 秋田喜代美著「理論的意義を明確にする」（無藤隆・やまだようこ・南博文・麻生武・サトウタツヤ編『質的心理学――創造的に活用するコツ』新曜社、2004年）p.220-226。

クション・リサーチによって創出した知見は数多ありますが、ここでは学校の組織文化の変様プロセスの分析から創出された知を簡潔に紹介しましょう。

まず、学校の組織文化は、生徒の学びと成長を学校のビジョンの中核にすえ、教師の同僚性を育みながら具体的な生徒の学ぶ姿を根拠にして実践の検証を進める専門職の学び合うコミュニティとしての成熟を目指し、変化を遂げてきました。この文化を生み出すために学校が採った方法の卓越性は、協働学習への挑戦と授業研究の推進というシステムレベルの革新とともに、生徒間・教師―生徒間・教師間という学校のあらゆる人間関係内での対話を重視し推進したこと、そして、同僚間の対話における話し言葉による実践の表出を、実践記録に象徴される書き言葉による実践の表出へと巧みに結びつけ、実践を書く文化の創発を実現したことに見出されました。

そうして、同僚間での実践交流が恒常化し、教師たちが書き綴る実践の様々な記録が学校の財として蓄積していくにつれて、新転任教師たちの成長と学校間移行を支援可能な同僚間のジェネラティヴィティが高まっていったのです。これにより、学校改革をさらに推進し、持続していく新しいリーダーが育つ土壌も、学校の組織文化として耕されていきました。

また、学校組織として改革をさらに推進し維持していくための知として、教育方法の多様化、探究学習への挑戦、授業研究の時間的視座の拡張、分散型リーダーシップの促進、世代継承サイクル（ジェネラティヴィティ）の生徒への拡張、の５点が見出されました。授業における教師―生徒間の、授業研究における同僚間の、協働的で省察的で情動的な実践を基盤としながらシステムレベルの革新を図り、専門職の学び合う文化を成熟させていくことが、組織文化の変様を伴う持続的な学校改革に結びついていくのです。

実践のさらなる変化と進化を生み出す

学校組織のアクション・リサーチでは、すべての研究成果を統合すればそれで終わりということにはなりません。まず、他の調査研究と同様に、学校組織のアクション・リサーチによって創出された知や理論を広く社会に公表することが必要です。研究成果を学会等で発表したり、論文としてまとめたりするの

はもちろんのこと、書籍として出版したり公開講座を開いたりすることで、研究成果の波及による社会変革を試みることが大切です。

また、学校組織のアクション・リサーチを実施した主体者は、学校で連綿と続く教育実践と改革の挑戦に同行し続ける必要があります。学校の変化を促した協働研究者としての責任を自覚し、協働研究者であり続け、さらなる実践の変化と進化を学校とともに生み出していくのです。

> **研究法の心得**
> ❶学校の内側を起点として研究をはじめる。
> ❷実践と研究の重層サイクルを上昇螺旋構造でデザインする。
> ❸変化を生み出し、変化を追跡し、変化を分析する。

【書籍紹介】

①秋田喜代美・恒吉僚子・佐藤学，編（2005）『教育研究のメソドロジー─学校参加型マインドへのいざない』東京大学出版会
秋田喜代美著「学校でのアクション・リサーチ─学校との協働生成的研究」(p.163-183)で、学校をフィールドとしてアクション・リサーチを推進するための方法論とその留意点が体系的に解説されている。

②クルト・レヴィン（1954）『社会的葛藤の解決─グループダイナミックス論文集』末永俊郎，訳．東京創元社
アクション・リサーチの提唱者として、方法論的哲学としての社会変革と研究との融合性を重視したレヴィンの探究が描かれている。彼の手法がフィールドへの実験介入であったことから、現在の手法の多様性と拡張性もよく知ることができる。

③Elliot, J. (1991). Action research for educational change. Milton Keynes, CA: Open University Press.
教育におけるアクション・リサーチの実施手続きや留意点が事例に基づいて具体的に解説されている。レヴィンによる社会心理学研究をベースとした手法を教育研究へと置換し洗練したモデルもここで示されている。

第12章 保幼小連携の取り組みが移行期の子どもとその保護者にもたらす効果

◉数量・質の混合アプローチから

一前春子

【研究の流れ】

研究テーマを設定する　なぜ保幼小連携なのかを考える
▼
研究を準備する　何に焦点を当てるか
▼
調査を準備する　協力を依頼する
▼
分析する　量的アプローチと質的アプローチの観点から
▼
研究の課題を考える　次の研究へ

テーマを設定する：なぜ保幼小連携なのかを考える

　慣れ親しんだ環境から未知の世界へ飛び出していくことは、誰にとっても喜びや高揚感と同時に不安や当惑を感じさせるものです。家庭から幼稚園・保育園・認定こども園へ、学生から社会人へ、住み慣れた国から別の国へ、など様々な移行の形があります。就学前保育・教育施設（以降は園と省略）から小学校への移行もそのひとつです。園から小学校への移行は子どもにとって、家庭から園への移行の次に経験する大きな移行体験といえるでしょう。

　幼児期の教育から児童期の教育への移行については、幼児期の経験がそれ以降の成長を支えるものであることや移行期の非連続性が後の発達にもたらす影響から、国際的に関心がもたれています[1]。日本においても幼児期の教育と児童期の教育の接続や保幼小連携は幼児期の教育の重要な課題と認識されてきました。平成29年には、幼稚園教育要領、保育所保育指針、幼保連携型認定こども園教育・保育要領において、幼児期の終わりまでに育ってほしい10の姿が示され、子どもの姿を保育者と小学校教諭が共有し、援助・指導を行っていくことが求められています。

　園から小学校への移行は、遊び中心の保育・教育が行われている環境から教科教育中心の教育が行われている小学校という環境への移行を意味します。保育者の援助のもと、保育・教育的な意図による仕掛けが用意された環境の中で生活していた子どもが、時間単位で集団行動を求められる環境に直面したとき、驚きや困惑を感じるのは不思議ではないでしょう。

　子どもたちが園から小学校への移行をしていくやり方は様々です。自分ひとりで試行錯誤しながら移行していく子どももいれば、きょうだいの手助けを受けて移行していく子どももいます。そして、保育者や小学校教諭はすべての移行期の子どもを支援する手立てを準備しています。それが保幼小連携と呼ばれるものです。

　保幼小連携には、アプローチカリキュラム、スタートカリキュラムなどのカ

---

1) OECD (2017). Starting Strong V: Transitions from Early Childhood Education and Care to Primary Education. Paris: OECD Publishing.

リキュラムの作成、指導方法の工夫、保育者と小学校教諭の情報交換、幼児と児童の交流活動、幼児の小学校体験、保護者への移行期の説明や保幼小連携の実践内容の説明などが含まれます。

　そこで生じる疑問は、これらの保幼小連携の実践によって子どもたちにどのような効果があったのかということです。子どもたちの移行の過程は様々ですから、保育者や小学校教諭による支援によってあまり影響を受けなかった子どももいるでしょうし、何らかの心理的・行動的変化が生じた子どももいるでしょう。さらに、その変化の内容も様々であると考えられます。

　たとえば、変化として子どもの考える小学校に通うことの意味づけが変化することが想定されます。現在とは異なる物理的・人的環境である小学校でも自分の能力を発揮することができる、小学校は自分がやり遂げたいことを支援してくれる安心できる場所である、などの感覚を子どもが得られるということです。

　また、保幼小連携の取り組みは、移行期の子どもを持つ保護者に対してもある種の効果をもたらすことが想定されます。保護者が子どもの小学校入学に対して持つ不安が解消される、小学校の先生は多様な子どもの力を引き出す対応ができるという信頼感を獲得する、などの可能性があるでしょう。

　保幼小連携の取り組みがただ実践されているというだけではなく、その実践によって移行期の子どもとその保護者の信念・態度・行動に変化がみられたかどうかを評価していくことが、今後の保幼小連携の持続的な実践にとって重要だと考えられます。そこで、保幼小連携の取り組みが移行期の子どもとその保護者にもたらす効果を検討することを研究テーマに設定しました。

研究を準備する：何に焦点を当てるか

今回の研究テーマに関し、これまでにどのような論文や実践報告があるのかを調べます。日本の論文については CiNii[2] や J-STAGE[3]、英語圏の論文については ERIC[4] などのデータベースを用いて検索します。

園から小学校への移行については、OECD の出版物に報告されているように国際的な関心事となっており、移行期に関する論文も蓄積されてきました。日本と諸外国の教育システムや教育をめぐる状況は異なりますが、園から小学校への移行は、学校が存在するどの文化においても生じる変化です。そのため、英語圏で報告されている各国の移行に関する先行研究も調べておきます。

先行研究によると、保幼小連携の様々な取り組みによって園から小学校への円滑な移行が行われたという報告がなされています。ただし、移行期の子どもとその保護者の信念・態度・行動にどのような変化があったのかという具体的エピソードの記述をベースにして、保幼小連携の取り組みの効果を検討した研究については、十分な蓄積があるとはいえないようです。

では、保幼小連携の効果である具体的エピソードについて調べるとして、誰にたずねるのがよいでしょうか。園から小学校に移行するのは子どもですので、子どもに質問をするという手法があります。そのような手法をとっている先行研究もあります。

ただし、今回は保護者にたずねる手法をとることにしました。理由は、子どもの心理的・行動的変化は保護者の観察によってとらえることも可能であり、また、保護者自身の心理的・行動的変化についても問うことができるためです。

そして、保護者の生の声の多様性をとらえるとともに保護者の声に共通する保護者の視点を分析し、保幼小連携の取り組みの機能とは何かを明らかにしていくことを研究の目的としました。

---

2) 国立情報学研究所が提供する学術論文、図書・雑誌や博士論文などを検索できるデータベース
3) 国立研究開発法人科学技術振興機構が提供するジャーナルや会議録などの学術的な出版物を検索できるデータベース
4) Educational Resources Information Center が提供する教育学分野のデータベース

調査を準備する：協力を依頼する

　保幼小連携の実践を行っている園や小学校の保護者の方に調査協力を依頼する場合、保護者の方に個別に依頼する機会を得ることは難しいため、園や小学校に調査の実施を依頼することになります。まずは、地域全体で保幼小連携に取り組んでいる自治体を探し、その自治体内の園や小学校に協力の依頼を打診します。

　近年は、保育・教育の方針、施策の実施状況、施策の成果物をインターネット上で公表している自治体も多いので、インターネット上で保幼小連携の実施状況をある程度知ることができます。接続期カリキュラムをインターネット上で公表、あるいは有償での配布を行っているところもあります。園や学校のサイトに校長先生や園長先生のコーナーがあって、日々の活動の報告が掲載されている場合もあり、そこに保幼小連携について書かれているのを発見することもあります。

　研究論文は自治体名、小学校名、園名が仮名で掲載されることが多いですが、実名が記載されている保幼小連携の実践報告もありますし、書籍として出版されていることもあります。保育・教育系の学会での保幼小連携の実践報告もあります。これらの様々な情報を総合的に検討して、興味深い実践をしている自治体を探し依頼を行います。

　保護者の方への質問紙調査依頼を承諾していただいた場合、その質問紙の配布・回収の手続きについて話し合っておきます。たとえば、保護者の方から調査依頼者に質問紙を返送するなどの手続きをとるならば、返信用封筒を調査用紙と共に配布するなどの準備が必要となります。

分析する：量的アプローチと質的アプローチの観点から

保護者が記述した具体的エピソードの分析について、以下のような手順で行いました[5]。

第一に、子どもの行動に関するエピソードを、意味内容が一つの命題に言及している文（節・句）に区分しました。

第二に、意味内容が共通もしくは類似する語句に注目して、それらを分類したカテゴリーを生成しました。子どもの行動に関するエピソードからは11のカテゴリーを生成しました。

第三に、意味内容が類似するカテゴリーに注目し、複数のカテゴリーにあてはまるような上位カテゴリーを抽出しました。子どもの行動に関するエピソードからは4つの上位カテゴリーを抽出しました。結果を表12.1に示しました。以下には子どもの行動に関するエピソードの分析について説明します。

カテゴリーの「生活空間としての学校の認識」は、小学校が園とは異なる活動をする施設である認識を持つことです。「物理的環境の理解」は、小学校の物理的環境を理解することです。そして、この2つのカテゴリーには、「環境の違いへの気づき」という上位カテゴリーを与えました。

「心理的障壁の除去」は、小学校という新しい環境に対して感じる不安や恐れが減少することです。「未知の世界への興味」は、小学校に通いたいという意欲や小学校が何をする場所であるのかについての関心を持つことです。「小学生としての自覚」は、自分が今までとは異なる期待を担う心構えができることです。このことから、この3つのカテゴリーには、「小学校への期待」という上位カテゴリーを与えました。

5）佐藤郁哉（2008）.『質的データ分析法―原理・方法・実践―』新曜社などを参照しました。

表 12.1 子どもの行動に関するエピソード

上位カテゴリー	カテゴリー	具体的な記述例	回答記述数（比率%）
環境の違いへの気づき	生活空間としての学校の認識	小学校は勉強するところという認識が子どもの中で育っていたように思えます。「勉強したり、運動したりするところ」という発言が目立つようになってきました。	18 (8.5%)
	物理的環境の理解	小学校の見学をして、理科室やパソコンルーム等、保育園とは違う環境のイメージをもててよかった。	3 (1.4%)
小学校への期待	心理的障壁の除去	テレビなどの影響で、「学校＝勉強が大変で、先生におこられる所」というイメージをもっていた娘でしたが、小学校の行事に参加することで、入学が楽しみになって来たようです。「学校行きたくない」「幼稚園にずっといたい」と口にすることもなくなりました。	30 (14.1%)
	未知の世界への興味	子ども園のうちから、小学生とたくさん交流があり、小学校にも入らせて頂いているので、入学への期待がとても大きい。	44 (20.7%)
	小学生としての自覚	小学校交流会は、子どもが小学校の様子がよく分かり、小学生になるという心構えができたので、とてもよかったと思います。	8 (3.8%)
仲間関係の構築	異年齢への親しみ	小学校体験で、昨年年中時に年長児だった子達が小学生として、しっかり活動している様子を見たり、気さくに声をかけてくれ、小学校に親しみを持ったようだ。	58 (27.2%)
	仲間入り	5年生との交流が多く、入学時には6年生になっており、またたくさん交流がもてるところが、とても良かった。園外であそんでいる時に、5年生のお兄ちゃん、お姉ちゃん達から、声をかけてもらう機会があり、とても嬉しかった。	18 (8.5%)
	関係の拡大	近隣の幼稚園と定期的に交流があり、同じ名前同士でペアになったりと、学区が同じ為、「今度は小学校で遊ぼうね」など、保育園以外の友だちができた。	7 (3.3%)
成長の見通し	スキルの上達	給食体験をして、完食できた事が嬉しかったようで自信につながり、今まであまり上手に箸を扱えなかったのですが、意欲がわいて積極的に練習していました。	7 (3.3%)
	意欲の向上	小学校の学芸会を観に、子どもたちを（担任の先生が）連れて行ってくれた。「1年生はすごい！」など子どもが言って、様々な活動を頑張って取り組むようになって良かった。	16 (7.5%)
	視点取得	お兄さん、お姉さんとして、接して下さった小学生の姿を見て年中さんの前では特に、様々なルールを守ろうとする姿が見られるようになりました。	4 (1.9%)
		計	213 (100%)

「異年齢への親しみ」は、異なる年齢の相手の発言や態度に触れて、親しみや憧れを抱くことです。「仲間入り」は、小学校児童との長期的な関係性の基礎を築くことです。「関係の拡大」は異なる保育・幼児教育施設に属する幼児と共に活動することで、子どもの世界が広がることです。そのため、3つのカテゴリーには、「仲間関係の構築」という上位カテゴリーを与えました。

　「スキルの上達」は、連携の取り組みをきっかけとして水泳、徒競走、箸の使い方などのスキルを高める努力をすることです。「意欲の向上」は、日常生活の様々な取り組みにおいて自分の能力を高めたいという意欲を持つことです。「視点取得」は、異なる年齢の相手の行動を観察し、相手の視点で自分の行動を内省し、行動を修正することです。よって、この3つのカテゴリーには、「成長の見通し」という上位カテゴリーを与えました。

　以上の分析から、保幼小連携をきっかけとして生じた子どもの気持ちや行動の変化として、「環境の違いへの気づき」、「小学校への期待」、「仲間関係の構築」などの小学校体験や児童との交流の体験から直に得られる感覚や認識の獲得と、「スキルの上達」、「意欲の向上」、「視点取得」などの能動的な行動、意欲、特定のスキルの変化がみられたことがわかりました。

　次に、子どもの行動に関するエピソードの上位カテゴリーの記述比率に着目し、どのような意味を持つ経験の記述割合が高かったのかをみてみます。

　記述数の割合が高かったのは、「仲間関係の構築」（39.0％）、「小学校への期待」（38.6％）でした。「仲間関係の構築」や「小学校への期待」は、小学校体験や児童との交流の体験から直に得られる感覚や認識です。連携の取り組みによって、子どもは小学校という生活の場への興味や関心が高まり、小学校で自分を待っている年長児の存在に親しみを覚えるようになったと考えられます。

　これに対して、記述数の割合が低かったのは、「成長の見通し」（12.7％）でした。「成長の見通し」は、年下の子どもの前でルールを守る、様々な活動を頑張る、積極的に箸の使用の練習をするなど、子どもが自分の行動、意欲、特定のスキルを変えることを主体的に選択した結果です。小学校体験や児童との交流が、自分の成長について子どもが考えるよう促す効果を持ったと考えられます。

　子どもの行動に関するエピソードと同様に、保護者の意識に関するエピソー

ドを分析した結果を表 12.2 に示しました。以下に、保護者の意識に関するエピソードの分析について説明します。

「意義の認知」は、保護者が自分の子どもに対する連携の効果があったと考えていなくても、連携の取り組みの意義や有用性を認める態度のことです。「小学校の特色の認知」は、小学校の特色や教育についての知識を得ることです。この 2 つのカテゴリーには、「小学校への関心」という上位カテゴリーを与えました。

「子どもの実態の認識」は、小学校での子どもの活動や子どもの発達の過程についての知識を得ることです。「事前準備の評価」は、移行期の意義や移行期の子どもの育ちの支援を理解することです。この 2 つのカテゴリーには、「移行期の理解」という上位カテゴリーを与えました。

「協力関係の認識」は、保育者と小学校教諭との情報共有、子どもと保育者・小学校教諭とのかかわり、保護者と保育者・小学校教諭との話し合いなど、コミュニケーション及びコミュニケーションの存在の認識です。「専門家への信頼」は、専門的な知識を持ち、保護者に対して受容的な態度で接する保育者・小学校教諭に対しての信頼です。この 2 つのカテゴリーには、「コミュニケーションの尊重」という上位カテゴリーを与えました。

「移行の準備」は、移行期の取り組みを経験したことで、保護者自身が移行に関する情報を収集し、子どもを見る視点が変化することです。「情動の共有」とは、連携の取り組みを経験した子どもが示す情動を保護者も共有し、子どもの移行を心理的に支えることです。この 2 つのカテゴリーには、「子どもへの支援」という上位カテゴリーを与えました。

以上の分析から、「小学校への関心」のような保護者の認識や気持ちの変化や、「コミュニケーションの尊重」のような保育者・小学校教諭の指導に対する保護者による態度形成（信頼感、良い評価）、「子どもへの支援」のような、保護者が子どもの情動体験を受容的に受け止めることや、移行期にいる子どもを支援するための行動への意欲が生じたことがわかりました。

さらに、子どもの行動に関するエピソードと保護者の行動に関するエピソードの上位カテゴリーを、保幼小連携の効果を生み出した主体によって 4 つの視点に分類しました（表 12.3）。また、それぞれの視点を持つ保護者の数を示し

表 12.2 保護者の意識に関するエピソード

上位カテゴリー	カテゴリー	具体的な記述例
小学校への関心	意義の認知	保育園の先生が、小学校で必要となってくる子どもの事柄を理解し、イメージを持って保育園での保育に活かして下さる仕組み、取り組みなので賛同します。
	小学校の特色の認知	園に学校の説明に来てくれた校長先生のお話は、何に力を入れているかなどが分かり、学校に興味を持ちました。
移行期の理解	子どもの実態の認識	小学校1年生と交流した時に「小学生＝しっかりした者」と思っていたので、実際、体験の様子を見学した時に、ほのぼのとマイペースな1年生を見て、可愛らしくて安心した。我が子もマイペースなので、「1年生としてやっていけるか」と、不安に感じていたが、まだまだ同じ様に成長の途中なんだなと気持ちが楽になった。
	事前準備の評価	年長3学期になり、幼稚園でも入学準備に向けて、「決められた時間内に終わらせる」etc.、"小学生になる" という事を子どもに意識させていただいているので、親としても「幼稚園でもそうでしょ」と子どもに伝えやすくなったと思います。
コミュニケーションの尊重	協力関係の認識	幼稚園の先生と小学校の先生が話し合う機会を持っていることを知り、小学校生活での不安な面、伝えてもらいたい事など相談できた。
	専門家への信頼	小学校の校長先生が幼稚園で講演をして下さり、幼稚園の先生方と同様に親しく質問に答えてくださったので、幼稚園と同様の先生の保護者に対する距離感にとても安心しました。具体的なお話の内容よりも「何か困った時には、いつでも声をかけて下さい」というお言葉が一番ほっとしました。
子どもへの支援	移行の準備	保幼小連携があることにより、予め、小学校入学後の生活を意識するようになった。（親が）結果、小学校に向けて考えるようになり、自ら情報収集するようになった。
	情動の共有	実際に学校に行ってみたことで、小学校へ行く楽しみを持ったようで「小学生になったら」という発言をよく聞くようになったので、イメージできたようです。親としても保育園から小学校へ進級することへの不安もあるので本人からそのような言葉を聞いて安心できたところもあります。

表 12.3　保護者の保幼小連携理解の視点

視点		上位カテゴリー	
		子ども	保護者
視点1	学校・園に焦点	環境の違いへの気づき	小学校への関心
視点2	子ども（保護者）と学校・園に焦点	小学校への期待	移行期の理解
視点3	子ども（保護者）と学校・園の関係性に焦点	仲間関係の構築	コミュニケーションの尊重
視点4	子ども（保護者）に焦点	成長の見通し	子どもへの支援

表 12.4　保幼小連携の視点別の保護者の人数（比率）

視点	視点1 学校・園に焦点	視点2 子ども（保護者）と学校・園に焦点	視点3 子ども（保護者）と学校・園の関係性に焦点	視点4 子ども（保護者）に焦点	1～4の複数の視点	計
人数（比率%）	53 (21.4%)	60 (24.2%)	65 (26.2%)	20 (8.1%)	50 (20.2%)	248 (100%)

たものが表12.4です。

　4つの視点とは、「学校・園に焦点のある視点」、第二に「子ども（保護者）と学校・園に焦点のある視点」、第三に「子ども（保護者）と学校・園の関係性に焦点のある視点」、第四に「子ども（保護者）に焦点のある視点」です。

　第一の「学校・園に焦点のある視点」に立つと、保幼小連携の取り組みは小学校の環境の特性や小学校と園の生活のリズムの違い等の情報に着目することを促す仕組みです。このような視点に立つ保護者は、生活空間としての小学校が子どもに与える影響を理解しています。保幼小連携の取り組みは保育者・小学校教諭など専門家が関わる営みであり、子どもや保護者はその結果を受け取る受身的な立場にあるといえます。

第二の「子ども（保護者）と学校・園に焦点のある視点」に立つと、保幼小連携の取り組みは子ども・保護者の信念・態度を変化させる可能性を持つ仕組みです。保護者の認識の変化の結果として子どもへのことばかけが変化する、子どもの感情の変化の結果として「学校に行きたくない」と言わなくなるなど、行動の変化につながりうる認識・感情の変化を生じさせます。

　第三の「子ども（保護者）と学校・園の関係性に焦点のある視点」に立つと、保幼小連携の取り組みは幼児と児童や、保護者と小学校教諭の間に関係性を築き、維持するために機能する仕組みです。連携の取り組みは子どもが小学校生活で年長の児童に頼ることができるという意識を持つ、保護者が小学校教諭の専門家としての力量を評価するなど、小学校入学以降も長期的に持続する信頼関係や協力関係の構築を可能にしています。

　第四の「子ども（保護者）に焦点のある視点」に立つと、保幼小連携の取り組みは移行期の子ども・保護者に用意された資源の一つです。保幼小連携を利用して子どもや保護者が成長し、移行期に必要と思われる行動をとることができるようになる主体性・積極性を発揮する仕組みとして機能しています。小学校入学に向けて期待されていることではなく、小学校入学に向けて自分が何をしたいかという観点から行動の変化が生じているといえます。

　以上のような保護者が持つ保幼小連携の視点は、保護者が保幼小連携に何を期待しており、保幼小連携の取り組みが移行期の子どもやその保護者にとってどのような意味を持つと信じているかという枠組みを示しているととらえることができます。

　また、保幼小連携の視点別の保護者の人数をみると、保幼小連携の取り組みに対して一つの視点で効果をとらえている保護者が多いことがわかります。つまり、保幼小連携の取り組みが持つ複数の機能が複合的に働くことで、子どもの移行を支援していることが保護者には十分に理解されていない可能性があるということです。

　保幼小連携の実践を進める園や小学校にとって、保護者の保幼小連携のとらえ方を知ることは意義のあることだと考えられます。その情報を利用して、たとえば、現在実践している保幼小連携の取り組みの保護者があまり認識していない側面について園（学校）だよりや保護者会などで情報を伝えることができ

ます。園や小学校で行っている取り組みの内容を伝えるだけではなく、どのような目的と効果を想定して連携を行っているのかを保育者・小学校教諭が説明できる状態にあるということは、保護者からの信頼の獲得やよりよい保幼小連携の実践のために必要な要素だと考えられます。

研究の課題を考える：次の研究へ

　研究をまとめた時点で、次の研究の構想を練ることになります。このとき、扱うテーマと同時に分析方法も考える必要があります。たとえば、今回の分析で抽出したカテゴリーを利用して質問紙を作成し、統計的検定を用いた量的アプローチにつなげることができます。保育者や小学校教諭に保幼小連携の実践のプロセスについて語ってもらう面接を用いた質的なアプローチにつなげることもできます。あるいは、今回と同様に量的アプローチと質的なアプローチを用いて保育者と小学校教諭の保幼小連携に対するとらえ方の違いを検討することもできるでしょう。

　「これを知りたい」という問いを立てることの難しさと同等に、あるいはそれ以上に、「この方法なら問いの答えを引き出せる」という方法を選択することはとても難しいことです。それでも、自分の中の問いを研究という形にするためには、研究方法の選択肢を持っていることが求められます。そのためには、関心のあるテーマを扱った論文を読んだときに、その論文の研究方法の巧みさ・面白さを味わうことがよい練習になると考えられます。

> **研究法の心得**
> ❶質的方法が適切なのか考える：あなたの問いを明らかにするためには、量的アプローチが適しているかもしれません。あるいは量的アプローチと質的アプローチを併用することがより適切である可能性があります。
> ❷一つの方法にこだわらない：質的アプローチにも様々な方法があります。先行研究で用いられた質的研究法をリストアップして調べておきます。
> ❸他者の視点を大切に：質的研究法を用いて研究をする際にはコード化などで他の研究者の手助けを得ることになります。その人は、あなたとは異なる視点でデータを見て、あなたでは得られなかったアイデアを提供してくれるかもしれません。

【書籍紹介】

①関口靖広（2013）『教育研究のための質的研究法講座』北大路書房
　教育領域に焦点をあてて質的研究法を用いた研究の問いの立て方から結果の分析、質的研究の評価まで説明されている書籍です。
②秋田喜代美・恒吉僚子・佐藤学，編（2005）『教育研究のメソドロジー──学校参加型マインドへのいざない』東京大学出版会
　教育の場に関わって研究をするようになった研究者のヒストリーや研究方法を支える思想まで記述された書籍です。
③無藤隆・麻生武，編（2008）『質的心理学講座1　育ちと学びの生成』東京大学出版会
　保育・教育の分野における質的なアプローチの展望を示しており、心理学の領域だけではなく、心理学に関連する緒領域の研究者の参考となる書籍です。

第13章 観察とインタビューの混合による教育実践の分析

◉教師の情動的支援に関する研究を例に

芦田祐佳

【研究の流れ】

- **研究テーマを設定する**　教師の実践を研究する意義を考える／教師の実践の何に焦点を当てるのかを考える
- **研究デザインを考える**　先行研究の整理／研究目的の設定
- **データを収集する**　研究協力の依頼／観察データの収集／インタビューデータの収集
- **研究デザイン・データ収集方法を見直す**
- **データを分析する**　観察データの分析／インタビューデータの分析
- **結果を考察する**　結果の整理／研究の意義の考察
- **研究協力者へフィードバックする**

はじめに：研究テーマを設定する

なぜ教師の実践を研究するのか

　教室には子どもたちだけでなく、子どもたちの学校での暮らしや学びをともにつくる教師がいます。日常の学校生活のなかで教師が行う指導や支援はその時々の文脈に応じて異なり、その指導や支援の背景には、その教師にしかわからない考えや思いがあるはずです。教師の実践とその背後にある教師ならではの思考や信念を明らかにすることで、教師が教育の専門家として成長するために役立つ視座を得ることができると考えられます。

教師の実践の何に焦点を当てるのかを考える

　教師の実践について研究するといっても、教師の実践の何を研究するのかによって研究方法は様々です。では、先行研究では教師の実践の何に焦点を当て、どのような方法で研究を行ってきたのでしょうか。

(1) 教師の実践方略を明らかにする

　まず、教師が子どもたちを指導・支援するときに、どのような方略を用いているのかを検討している研究があります。たとえば、岸野・無藤（2005）は、子どもが授業進行から外れた発言をするときに、教師がどのように対応しているのかを検討しています。この研究では、小学2年生1学級の国語と算数の授業観察を行い、授業進行から外れる発言にはどのような種類の発言があるのか、またその発言に対する教師の対応にはどのような種類の対応があるのかを分析しています。この研究の主な分析対象は、授業を観察することで得られた子どもと教師の発話ですが、教師に対応の意図をたずねるインタビューも行い、分析時の補助的なデータとして使用しています。

(2) 教師の実践時の思考や判断を明らかにする

　また、教師が実践するときにどのような思考や判断を行っているのかについて検討している研究もあります。たとえば、新井（1995）は、一斉授業のなかで行われる子どもへの個別対応がどのような教師の思考・判断に基づいている

のかを明らかにするために、授業の様子を記録した映像を用いて授業者にインタビューを行っています[1]。この研究は、授業者本人が一つの授業のなかで行う思考や判断に焦点を絞っていますが、ある教師が行った授業の映像を他の教師が視聴し、授業映像に対するつぶやきから教師間の思考の違いを明らかにしている研究（佐藤・岩川・秋田，1991）もあります。

(3) 教師の教育信念を明らかにする

さらに、実践時の思考や判断に影響を及ぼす教師の教育信念に焦点を当てた研究もあります。たとえば、Ahn（2005）は、幼児の社会性や情動にかかわる発達を援助することについて、保育者がどのような信念をもっているのかを、8名の保育者に対するインタビューによって明らかにしています。この研究でもそれぞれの保育者の実践を観察していますが、観察によって得られた事例は、教師の信念に関するインタビューデータを解釈する際の補助的な資料として活用されています。

以上の研究をみると、いずれの研究も観察とインタビューの2つのデータを分析に取り入れていることがわかります。しかし、研究のなかで何を明らかにしたいかによって、観察とインタビューのどちらに分析の比重を置くかが異なっています（図13.1）。教師の実践の何を探究するのかを明確にし、その探究したい内容に応じて観察とインタビューをうまく組み合わせていくことが重要です[2]。

そこで本章では、具体的な研究事例に基づき、観察とインタビューを組み合わせて研究を行う方法についてみていきたいと思います。

---

[1] ビデオ映像を用いて実践時の認知や思考を明らかにする研究手法は、刺激再生法（stimulated-recall method）と呼ばれ、工学的なアプローチのなかで発展してきました。詳しくは吉崎（1991）を参照してください。
[2] 異なる種類のデータや異なる分析方法を組み合わせて研究の問いを明らかにする方法のことをトライアンギュレーションといいます。トライアンギュレーションに関する詳細な議論はFlick（2017）を参照してください。

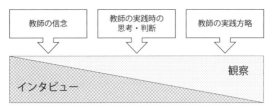

図 13.1 研究目的に応じた分析の比重

研究デザインを考える

　ここで紹介するのは、子どもがネガティブな情動を表出するときに、担任教師がどのような思考や判断をもっているのかを検討した筆者の研究（芦田, 2017）です。まず、この研究の目的がどのように立てられたのかをみていきましょう。

　この研究の背景には、子どもの情動的な側面に対する支援について、教師の目線から問い直す必要があるのではないかという問題意識があります。筆者が研究を始めたころ、すでに数多くの研究において、子どもの情動に配慮しながら日々の教育実践を行うことが重要であると指摘されていました。しかし、支援の担い手である教師に着目した先行研究は少なく、教師がどのようなことを考えながら子どもの情動面に対して支援しているのかについては十分に明らかになっていませんでした。

　こうした問題意識を基盤としながら、この研究では次の3つの点に注目して研究の具体的な問いを立てています。第一に、この研究では小学校低学年学級での支援に研究の焦点を絞っています。子どもの情動面への支援といっても、子どもの発達や学習の実態によって、教師が支援時に考えることは異なると考えられます。この分野の数多くの先行研究において、子どもの学校適応や学業達成を助けるためには、小学校の低学年のうちから子どもの情動面に対する支援を手厚くする必要があると指摘されています。この研究でも、低学年の子どもの実態を踏まえて教師の支援の専門性を議論していく必要があると考えました。

　第二に、この研究では、子どもがネガティブな情動を表出するときの教師の

思考に研究の焦点を当てています。この分野の先行研究を見ると、子どもが楽しさや嬉しさといったポジティブな情動を表出するときよりも、悲しみや怒りといったネガティブな情動を表出するときの方が、教師は支援を難しいと感じることがわかってきました。研究者自身も、教師としての自分の経験をふり返ると、子どもたちが悲しさや苛立ちを感じているときに、どのような言葉をかけるべきなのか迷うことが多かったように感じます。しかし、先行研究は、教師がこのような難しさを感じないようにするために、教師自身の気持ちをいかにコントロールできるかというメンタルヘルスの観点から議論してきました。そのため、教育実践の問題として検討した研究はほとんどなかったと言えます。そこで、この研究では、支援が難しいと言われる子どものネガティブな情動に焦点を絞り、教師ならではの実践時の思考を検討する必要があると考えました。

　第三に、この研究では、教師が子どもの情動面に対して行う支援の場面の違いに着目しています。この分野の先行研究では、子どもを個別に支援する場面と、学級集団全体に対して支援する一斉場面とで、教師が支援時に配慮すべきことが異なるのではないかと言われてきました。しかし、教師の思考がこの二つの支援場面のあいだでどのように異なるのかについてはよくわかっていませんでした。支援の場面による教師の思考の違いを検討することで、それぞれの場面における支援の重点や困難が明らかになるかもしれません。そこで、この研究では、一名の教師が行う複数の支援を分析対象とし、支援の場面に応じた思考の違いを検討することにしました。

　このように、この研究では先行研究や教育現場での研究者自身の経験を手がかりに、研究の問いを焦点化したり、比較軸を設定したりしながら、研究の目的を立て、研究デザインを組み立てています。

データを収集する

(1) 教師に研究協力を依頼する

　以上の研究目的に対し、この研究では小学2年生1学級の子どもたちと担任の吉田先生（男性、教職歴14年目、低学年学級7回目）に協力を依頼しています。教師を対象とする研究では、研究目的と照らし合わせて、なぜその教師

に協力を依頼したのかを説明する必要があります。この研究では、低学年の子どもに対する支援に焦点を当てているため、低学年の担当経験が豊富な先生に協力をお願いすることで、低学年の子どもに関する多彩な考えを得ることができるのではないかと考えました。

　また、この研究は、一名の教師を対象とし、その教師の実践を深く検討することで、新しい視点や仮説を生み出すことに重きを置いています。しかし、ある仮説が多くの教師に当てはまるかどうかを明らかにする場合には、より多くの教師に研究の協力を依頼する必要があります。研究の目的に応じて適切なサンプル数を判断することが重要です。

　ただし、研究に観察を取り入れる場合、研究者が教室の文脈を深く理解するためには継続的な参与を必要とすることがあります。そのため、簡単にはサンプル数を増やせないというジレンマがあります。Zinsser, Shewark, Denham, & Curby（2014）のように、特定の観察尺度（たとえば *The Classroom Assessment Scoring System: CLASS*, Pianta, LaParo, & Hamre 2008）を用いることで、あまり時間をかけずとも数十名の教師の実践を観察して捉えることもできます。しかし、観察によってどのような情報を得る必要があるのかによって、観察尺度を用いることが適当であるかどうかが変わってくるので注意が必要です。

(2) 観察によってデータを収集する

　吉田先生が子どものネガティブな情動に対して支援する様子を観察し、事例を収集しました。子どものネガティブな情動はいつどのように表出されるかわかりませんし、その子どもならではの情動表出を知る必要があります。そこで、この研究では、週に1回程度、子どもの登校から下校までの一日の学校生活の様子を継続的に観察しました。また教室側方に設置したビデオカメラから支援の様子を撮影し、音声は吉田先生の胸元に装着された小型のワイヤレスマイクで記録しました。

　実践映像に基づいて教師の思考や信念を研究する場合、いかに教師の目線を分析に反映できるかが肝心です。この研究では、教室全体の様子をビデオカメラで記録していますが、そこで記録されている様子は、教師が実践時に見てい

た風景とは異なります。近年では、姫野（2016）のようにウェアラブルカメラなどのデジタル機器をうまく利用して、教師目線のデータを収集することも可能になってきました。

　一方で、教師の実践時の視点とは異なるアングルから記録された映像でも、教師の省察を促すことに役立つことがあります。また、教師の実践方略を分析するのであれば、教師の言動を客観的に記録しておく方が良いときもあります。子どもへの影響や協力者の意向から、必ずしも研究者の希望通りにデータを記録できるわけではありませんが、研究目的に合わせて記録方法を工夫する必要があります。

（3）インタビューの対象となる事例を選ぶ

　インタビューの対象となる事例は、その日の観察で得られた事例のなかから4つを上限に選びました。4事例を上限としたのは、実践映像の視聴とインタビューへの応答にかかる吉田先生の負担を考慮したためです。

　インタビューの題材として取り上げる実践事例の選定には注意を払う必要があります。どのような実践をインタビューの題材として取り上げるかによって、教師から得られる語りは変わってきます。そのため、研究目的に合った事例選択が大事なことはもちろんですが、その教師ならではの思考や信念に関する語りが得られそうな事例を選択することも重要だと考えられます。

　こうしたことを意識して、この研究では子どもが「泣く」「怒って叩く」などの際立った表出をする事例を収集し、インタビューの対象として選びました。際立った表出であれば、吉田先生も研究者もともに出来事を把握しやすく、また吉田先生の考えも顕在化しやすいと考えたためです。

　また、この研究では、研究者がインタビューの対象となる事例を選んでいますが、誰が事例を選ぶのかにも留意する必要があります。教師がその日の実践のなかで印象に残った出来事と、研究者が教師に話を聴いてみたいと思った出来事は必ずしも一致するわけではありません。研究者が事例を選ぶのではなく、教師自身に印象に残った事例を選定してもらい、その事例選定の傾向も含めて分析することができれば、教師の思考や信念に関する研究はさらに発展していくことでしょう。

(4) インタビューによってデータを収集する

　観察が終わったあとに、支援の様子を記録したビデオ映像を視聴しながら、複数の事例について吉田先生にインタビューを行いました。この研究では、吉田先生の言葉かけや子どもの様子に変化がみられた時点で視聴を一時停止し、その時点までに吉田先生が考えていたことを話してもらいました。

　実践映像を用いた研究では、数秒ごとに映像を停止し、その都度インタビューを行う研究もあれば、映像を最後まで観たあとにインタビューを行う研究もあります。その研究で明らかにしたいことが、教師の当時の認知や思考の詳細な過程であれば、映像を細かく区切りながらインタビューする必要がありますし、教師が長年積み重ねてきた経験に基づく信念を明らかにしたいのであれば、映像を細切れにすることは得策とは言えないでしょう。研究の目的によって実践映像の活用の方法は異なると考えられます。

　教師に何を質問するのかについても注意する必要があります。実際に行われた教育実践をもとに教師の思考や信念についてたずねる場合、もととなる実践の内容に応じて質問項目を柔軟に変化させることが求められます。また、質問に対する教師の語り次第では、より詳しく話を聞いてみる必要がある場合もあります。そのため、研究目的に合わせて基本となる複数のインタビュー項目をあらかじめ定めておき、実践内容と教師の語りに応じて柔軟にインタビューしていくことが多いです[3]。

研究デザイン・データ収集方法を見直す

　この研究に関するここまでの説明では、この研究があたかも初めから計画通りに進んでいるかのように見えますが、実際には、研究デザインやデータ収集の方法を、データを収集する過程で少しずつ修正しています。データを収集してみると、研究計画時には気づかなかった問題に気づいたり、もっと探究してみたいことが出てきたりします。質的研究は、データ収集の過程で研究デザインを見直すことが多いという特徴をもっています。

---

3) こうしたインタビューのことを半構造化インタビューといいます。

データを分析する

次に、得られたデータをどのように分析しているのかについてみていきましょう。この研究では、観察データとインタビューデータの二つを分析し、両者を統合しながら研究結果を導いています。

(1) 観察データを分析する

まず観察データについては、子どもがネガティブな情動を表出し始めた時点（たとえば、泣き出した時点）から吉田先生と子どもたちの関連するかかわりが収束した時点までを一つの事例として抽出しました。事例に基づいてインタビューを行うというこの研究の特性から、この抽出作業はインタビューの前に行いました。

そして、インタビューデータが一通り揃った段階で、各事例を「個別場面」と「一斉場面」に分類しました。具体的には、吉田先生が一名から数名の子どもを対象に支援した事例を「個別場面」、学級の子ども全員を巻き込んで支援した事例を「一斉場面」としました。分類の結果、「個別場面」が8事例、「一斉場面」が13事例となりました。

この研究では、観察データを2つの場面に大別するだけで、吉田先生の支援の特徴については詳しく検討していません。しかし、研究目的によっては、樋口（1995）のように観察データを用いて教師の実践の傾向を分析し、そのうえで教師の実践時の思考をインタビューデータから検討していくこともできるでしょう。

(2) インタビューデータを分析する

インタビューデータについては、音声記録からトランスクリプトを作成し、吉田先生が支援時に意識していた事柄は何かという視点からコーディングを行いました[4]。コーディングにはいくつかの種類と方法がありますが[5]、この研

---

[4] コーディングとは、教師の具体的な語りをいくつかの意味のまとまりに分け、その特徴をよく示す名前をそれぞれのまとまりにつける作業のことを指します。この作業により、具

究では、まずトランスクリプトをできるだけ小さく分節化し、そこに暫定的なコードをつけました。その後、徐々に複数のコードを包括して抽象度を上げていきました。得られたコードの一部を表 13.1 に示します。表 13.1 には「コード名」「コードの定義」「具体例」が示されていますが、コードの定義と具体例を示すことで、それぞれのコードがどのような概念を示すものなのかが明瞭になり、コーディングの妥当性を示すことにつながります。

表 13.1　吉田先生が支援時に意識していた事柄のコード（一部）

コード		定義	具体例
対象児童の情動	情動の切実性	対象児童の情動の緊迫性や衝動性を判断する	「ハルトくんが何の話っていう風に聞いたらいきなり泣き出して、じゃあその前に何かあったんだなって思って」
	事情の把握	対象児童の情動の経緯を把握するために必要な情報にアクセスする	「それでチカちゃんとユズルくんっていうのは（中略）もうだいたい自分のやることは終わったかなって思って、遊んでたんじゃないのかなって思って」
児童の情動調整	予想される調整	児童の普段の様子からどのように情動を調整しそうか予測する	「ユズルくんって結構根にもつタイプで、"だからこうなんだよ、前もこうだった

(3) 観察データとインタビューデータを統合する

　その後、それぞれの事例に対し、各コードに当てはまる吉田先生の語りがあったかどうかをチェックしました（表 13.2）。この作業により、各事例で吉田先生が考えていたことは何だったのかを理解することができます。表 13.2 を作成するなかで、「個別場面」では子どもの情動理解や調整についての言及が多いのに対し、「一斉場面」では時間や授業計画を気にする語りや、子どもの他者理解や情動の表現に関する課題を指摘する発言が多いということがわかってきました。

　ここまでの分析によって、事例ごとの思考内容の違いは明らかにできましたが、一つの事例のなかで吉田先生の思考がどのように展開されたのかを検討することはできていません。そこで最後に「個別場面」と「一斉場面」のそれぞれの特徴をよく示す事例を取り上げ、支援の展開に沿った吉田先生の思考過程

　　体的な語りから新しい視点や仮説を生み出すうえで必要な抽象的なコード（概念）を得ることができます。
5) Charmaz（2008）は、コーディングの方法とともにコーディングの背景にある理論について詳しく説明しています。

表 13.2　各事例に対する吉田先生の語りの有無

コード		事例No	
		事例A1	事例A2
対象児童の情動	情動の切実性	○	○
	事情の把握	○	○
児童の情動調整	予想される調整		○
	実際の調整		○
授業コーディネー	類似体験		

を検討しました。

　個別場面で吉田先生が行った支援の一部を例にみていきましょう。表13.3は、ハルトとカナタという二人の子どもがつかみ合いのケンカを始めたときの吉田先生の支援の様子の一部を書き起こしたものです。強い怒りと興奮を示すハルトに対して、吉田先生はハルトを連れ出し、ハルトの表情をうかがいながら、ハルトの気持ちが落ち着くように支援していることがわかります。この場面について吉田先生は

> 「この子（ハルト）の方が思いっきりやっちゃうから（中略）どちらかというとこちらを抑えた方が安全。カナタくんもキレるっていうか、"わー"とか"ぎゃー"とかなるんだけど、でも今日もそうだったように、引きも早い。」
> （A802：予想される調整）[6]

と話しており、ハルトとカナタがこれからどのように情動を調整するだろうかと予想していたことがわかります。またそれと同時に、

> 「でも別にお互い仲が悪いわけじゃない。仲良しなんですよ。仲が悪いわけじゃないので。それこそこれは、カナタくんがちょっかい出しすぎてハルトくんがキレちゃったパターン。」（A803：既有知識からの予測）

と話しており、ハルトとカナタのこれまでの様子からこの二人に何があったのかを推測していたことがうかがえます。

　その後、ハルトの気持ちが落ち着いてきたことを確認すると、吉田先生は、ハルトに事情をたずねています。そのときにハルトが「気がすむまで」カナタ

---

[6] この語りの番号と、この語りのコードを示します。以下、同様です。

表 13.3 吉田先生の支援の様子と対応する語りのコード

ハルトの発話・行動	吉田先生の発話・行動	対応する語りのコード
（興奮して泣きながら）蹴ってきた！	（ハルトを抱き抱えて連れ出す）おいでおいで。 （ハルトを背中から抱きかかえて）どうした？	A801: 他者受容・理解 A802: 予想される調整
	誰が？	
カナタ！		
	何で？	
知らん！	（ハルトを後ろから抱擁しながら歩いている）	
（無言）	その理由が全然わからないのね。それで，いきなりやられたから怒ったわけ？う〜ん…そっか（少し顔を覗きこみ）少し，落ち着いて？大丈夫？（背中に手を当て，頭を撫でる）	A803: 既有知識からの予測
〜〜〜〜〜〜〜〜〜〜〜〜〜〜〜〜〜〜〜〜〜〜〜〜〜〜〜〜〜〜〜〜〜		
（うなずく）	（中略）それじゃあ止まれなかった？	
	うん。どこまでやったらやめようと思ってたの？ハルトくん。	
気がすむまで。		
	自分が痛かったから，気が済むまでカナタくんのことやろうと思ってたら，今みたいにやっぱり友達も先生も心配して止めるでしょ。どこまでがさ，行き過ぎないかどうかっていうのをさ，考えていかなきゃ。	A811: 情動の切実性 A812: 自己理解・調整

注．（ ）はハルトと吉田先生の表情や行動を示す。
　「A801」から始まる通し番号は対応する語りの番号を示す。

に反撃しようと思ったと発言したことを受け，

　「この"気がすむまで"っていうのは、まぁ彼にしてみれば、いきなり体当たりされてびっくりしたし一気に沸騰したわけですね、急激に。私も小学校のときに同じような経験があるので、それはとても理解できる。」（A811：情動の切実性）

と改めてハルトの切実な思いを理解しています。その一方で、

　「だけど、"気がすむまで"してもらっちゃ困るし、それを感情的に発してる言葉だとは思うけど、その前にブレーキをかける技能をつけてあげないといけないなと思って。」（A812：自己理解・調整）

とハルトが自分で情動をコントロールできるようになる必要性を感じたと話しています。

　以上のように、実践の展開に沿って吉田先生の語りの内容をみていくことで、吉田先生がハルトの情動調整やケンカになった事情を既有知識から予測し、ハルトの情動調整の様子を近くで気に留めながら、ハルトが自分の気持ちをコントロールできるようにするための指導の必要性を感じていったことがわかってきました。一斉場面の事例についても同様の手続きで検討したところ、吉田先

生がはじめは子どもの情動面に関する学びの経験が必要であると感じながらも、徐々に次の授業のことや子どもたちに話し合わせる時間の限界を感じるようになっていくという変化を見出すことができました。

分析結果を考察する

　以上の分析の経緯とその結果を見ると、吉田先生の思考の変化を単に細かく記述しただけなのではないかと疑問に思う人もいるでしょう。質的研究には、面白い事例や語りにたくさん出会い、それぞれの事例や語りを深く掘り下げていくことができるという魅力がありますが、それと同時に、単なる実践の報告に終わりやすいという難しさもあると感じます。そのため、事例を細かく記述し検討するだけでなく、細かく記述し検討したことによって学術的に、実践的にどのような新しい視点や大事な提案が生まれたのかを最後に示すことが重要です。

　分析結果の意義を考察するとき、研究背景や研究目的に戻って考えることが有効です。この研究の背景には、「子どもの情動面に対する支援が重要であると言われながらも、教師に焦点を当てた研究は少ない」「子どもの情動面に対する支援の難しさを、教師のメンタルヘルスの問題のみならず、教育実践の問題として捉える必要がある」という先行研究の問題がありました。この問題に対して、先述した一連の分析から、吉田先生が個別場面と一斉場面というそれぞれの指導形態の特徴を活かしながら、一人の子どもだけでなく他の子どもにも目を配ったり、授業計画や時間を考慮したりして必要な支援を判断していることが示されました。

　この結果から、子どもの情動面に対する支援を教師が難しいと感じる背景には、教室に潜在する多様な要因を一挙に把握し、それらをマネージメントする難しさがあるのではないかと推察されます。したがって、子どもの情動面に対する支援の専門性を高めるためには、子どもの情動面に関する教師の知識理解を促進するだけでなく、普段の教育実践のなかで意味づけていく経験が重要なのではないかと提案できます。

おわりに：教師とともに歩む研究を目指して

　教師が教室の多様な文脈のなかで繰り広げる教育実践の豊かさに魅せられて、教師の実践を研究してみたいと思う研究者は少なくないのではないでしょうか。しかし、研究者のあつい思いを教師にどれだけ伝えたとしても、自分の実践が研究対象になることへの教師の不安や懸念が消えてなくなるわけではありません。教師の実践を近くで見ている研究者だからこそ、教師の悩みに耳を傾けたり、子どもの育ちや教師の新たな発見をともに喜んだりしながら、教師の実践のよき理解者になることが重要です。

　ただし、教師の実践に共感するだけでは研究は進歩しません。研究者一人ひとりが、教師の実践から学び、教師とともに教育の価値を議論していく必要があります。このように教師とともに歩む研究を目指すことで、教師や研究者が当たり前だと思い、気にも留めていなかったことが、実はこれからの教育を捉える重要な視点であると気づくことができるかもしれません。

研究法の心得

❶教師の実践のなかの何を明らかにするのかを明確にする。
❷観察で捉える対象とインタビューで捉える対象の違いを理解したうえで統合する。
❸教師の実践から学び、教師とともに教育を語り合える関係性を築く。

■引用文献

Ahn, H. J. (2005). Child care teachers' beliefs and practices regarding socialization of emotion in young children. *Journal of Early Childhood Teacher Education, 26,* pp.283-295.

新井孝喜（1995）「個別指導場面における授業分析手法の開発」日本教育工学雑誌, *18,* p.199-207.

芦田祐佳（2017）「情動的支援における教師の実践的思考：低学年児童がネガティブ情動を表出する場面の違いに着目して」日本教師教育学会年報, *26,* p.88-99.

Charmaz, K. (2008)『グラウンデッド・セオリーの構築：社会構成主義からの挑戦』抱井尚子・末田清子, 監訳. ナカニシヤ出版. (Charmaz, K. (2006). *Constructing grounded theory: A practical guide through qualitative analysis.* London: Sage.)

樋口直宏(1995)「授業中の予想外応答場面における教師の意思決定:教師の予想水準に対する児童の応答と対応行動との関係」日本教育工学雑誌, *18*, p.103-111.

姫野完治(2016)「教師の視線に焦点を当てた授業リフレクションの試行と評価」日本教育工学会論文誌, *40*, p.13-16.

岸野麻衣・無藤隆(2005)「授業進行から外れた子どもの発話への教師の対応:小学校2年生の算数と国語の一斉授業における教室談話の分析」教育心理学研究, *53*, p.86-97.

Pianta, R., La Paro, K. M., & Hamre, B. K. (2008). *Classroom assessment scoring system manual: pre-K, K-3.* Baltimore, MD: Brookes.

佐藤学・岩川直樹・秋田喜代美(1991)「教師の実践的思考様式に関する研究(1):熟練教師と初任教師のモニタリングの比較を中心に」東京大学教育学部紀要, *30*, p.177-198.

Zinsser, K. M., Shewark, E. A., Denham, S. A., & Curby, T. W. (2014). A mixed-method examination of preschool teacher beliefs about social-emotional learning and relations to observed emotional support: Teachers' SEL beliefs and emotional support. *Infant and Child Development, 23*, pp.471-493.

【書籍紹介】

① Flick, U. (2017)『質的研究の「質」の管理』上淵寿, 訳. 新曜社.
(Flick, U. (2007). *Managing quality in qualitative research.* London: Sage)
観察とインタビュー、質的研究と量的研究など、異なる分析手法を組み合わせて研究する際の注意点を細かく説明している。

② 吉崎静夫(1991)『教師の意思決定と授業研究』ぎょうせい.
教師の実践時の思考や判断について検討した国内外の論文を整理し、独自の分析を展開するとともに、教師の授業研究の方法についても広く紹介している。

③ Mi-Hwa Park. (2010). *Early childhood educators' pedagogical decision-making and practices for emotional scaffolding.* The University of Texas at Austin: Doctoral dissertation.
観察とインタビューによって得られたデータをエピソードとして解釈的に分析し、教師の実践方略とその実践の背景にある教師の思考や信念を検討している。

第14章 教師がミドルリーダーへと変容する過程

◉ TEA（複線径路・等至性アプローチ）による、研究主任の語りの分析

束原和郎

【研究の流れ】

研究テーマの設定 キーワード／研究計画書
▼
研究の準備 レビュー／等至点の設定／研究デザイン
▼
調査の準備 HSI（歴史的構造化ご招待）として等至点を経験した研究協力者を招く
▼
調　査 研究協力者へ半構造化インタビューを実施
▼
分　析 トランスプリクトを切片化して TEM 図を作成
必要に応じて TLMG（発生の三層モデル）による分岐点分析を行う
研究協力者と共に TEM 図を修正する
▼
まとめ TEM 図をもとに研究協力者の経験世界を描く

研究の目的を明確化する：教師の変容を捉える

近年、校内ミドルリーダー[1]（以下ミドルリーダー）への関心が高まっています。その要因の一つとして、教員の年齢構成の急激な変化が挙げられます。団塊世代の大量退職とそれに伴う若手教員の大量採用により、教員の年齢構成上、若手とベテランの中間に位置する教員が極端に少なくなってきているのです。それゆえ、多くの学校は学校管理職候補者の確保、急増する若手教員の育成、そして学校組織文化の継承といった課題に直面しており（元兼，2010；八尾坂，2008）、ミドルリーダーに大きな期待が寄せられています。

ミドルリーダーに関する先行研究を見てみると、そこでは主に、ミドルリーダーが校内でどのようにマネジメントを行い、リーダーシップを発揮しているのかという実態の解明が目指されてきました（畑中，2013；小島，2012；淵上，2009；柴田，2007など）。しかし、これに対して、教師のミドルリーダーへの成長プロセスについての研究は数少なく、さらなる知見の蓄積が求められています。

そこで筆者は自身の研究の目的を、「教師がいかなる要因・経験によって、校内ミドルリーダーとなるのかを明らかにすること」、としました。なお、ここで「ミドルリーダーになる」とは、「ミドルリーダーの役割を果たそうとする意識をもつに至った契機・転機からその後ミドルリーダーとしての行動を自覚するまでの、時間軸上にも内容にも幅をもった経験を伴う変容」と定義します。

研究主任の経験に着目する

さらにこの研究では、校内ミドルリーダーの中でも特に研究主任を経験した教師に着目しました。

---

[1]「ミドルリーダー」は「スクールミドル」とも呼ばれるが、これらは現在までの国内の教師研究において、統一的な定義を与えられていない。例えば畑中（2013）は「学校組織の『ミドル』に位置しながら、組織で生じた課題に対する解決策としての新たなアイデアを創造・実現する存在」としている。

近年では、教師の学習について、個人レベルの学習過程だけでなく専門家として学ぶ学習システムの記述、個人とシステムのレベル間での相互の影響関係を記述するアプローチが求められてきており（秋田，2009）、教師の専門的な学習共同体（Professional Learning Communities）の働きと、学習共同体の維持形成の場としての校内研修への関心が高まっています（千々布，2014；北田，2014）。

　研究主任は、学校により研究委員長・研究推進リーダーなどとも呼ばれ、主にこの校内研修を企画・実施する役割を期待されています。法に基づいて設置されているわけではありませんが、実際には小中学校を中心として多くの学校で置かれている役職です。

　しかし、これまでのミドルリーダー研究では、研究主任を経験した教師の変容過程について殆ど検討されてきませんでした。教師が組織として学ぶことを目的とした校内研修システムのマネジメントに取り組む研究主任が、いかなるプロセスを経てミドルリーダーとなりその役割を果たしているのかを究明することは、教師の学習を支援するうえで重要であると考えられます。

教師の語りを手掛かりとする

　では、一体どのようにして、教師の成長や変容のプロセスを研究的に捉えればよいのでしょうか。

　日本においては1990年代より、教師の成長・発達を長期的に捉えるために、教師の語りの分析による研究が蓄積され、教師研究におけるアプローチ法として位置づいています（姫野，2013；高井良，2015）。また、山崎（1998）は、教師の専門的成長は、加齢に伴う成熟や発達課題の変化、教師の被教育体験や子育て体験などの「個人的時間（要因）」、校内研修や子どもとの出会いなどの「社会的時間（要因）」、社会変動や教育行政などの「歴史的時間（要因）」の3つによって引き出されるとしています。そこで、この研究では、教師がミドルリーダーへと成長するプロセスにおけるこれらの諸側面を、教師の語りを手掛かりとし、時間軸に沿って総合的に描き出すことを目指しました。

語りの分析ツールとして TEA を採用する

　教師の変容プロセスを明らかにするというこの研究の目的から、教師の語りのデータ分析の方法として、「非可逆的時間（Irreversible Time）とともにある、人間のライフの複線的な在り方を、その変容・安定に着目して捉え描く方法論」であり、「人間の文化化の過程の記述に適している」（安田，2013）とされる TEA（Trajectory Equifinality Approach ＝複線径路・等至性アプローチ）を採用しました。

　TEA は、TEM（Trajectory Equifinality Modeling ＝複線径路・等至性モデリング）・HSI（Historically Structured Inviting ＝歴史的構造化ご招待）・TLMG（Three Layers Model of Genesis ＝発生の三層モデル）の３つの方法論からなる、文化心理学の分析枠組みです（サトウ，2015）。等至性とは「複数の異なる径路を通ったとしても同じ到達点に達する」ことを意味し、その到達点を等至点（Equifinality Point：EFP）と呼びます。TEA では、この等至性という概念を発達に取り入れ、等至点に至るまでの人の発達の経路を描きます（サトウ，2017）。

インタビュイーを「ご招待」する：HSI 歴史的構造化ご招待

　TEA における等至点とは、研究者が関心をもった出来事であり、研究者が研究テーマに合わせて自由に設定することができます。この研究の場合は、筆者は、教師が「ミドル・リーダーシップの発揮を自己認識する」経験を、等至点として設定しました。

　TEA において、この等至点を経験した人をお招きしてお話を伺うことを、「HSI ＝歴史的構造化ご招待」と呼びます。この「ご招待」という語には、「研究者がインタビュイーをサンプリングする」という奢った態度ではなく、等至点を経験した人にわざわざ時間を割いていただき、お話を伺うのだという意味合いが込められています。

　また TEA では「１／４／９の法則」として、研究対象者数（１名・４±１名・９±１名）によって研究に異なる質を生み出すとされ、径路の多様性を描くこ

表14.1　研究協力者一覧

名前（性別）	年齢	教職歴	研究主任経験
A教諭（男性）	30代前半	8年	研修推進リーダー1回（計2年）
B教諭（男性）	40代後半	26年	研究主任2回（計5年）
C教諭（男性）	30代前半	15年	研究主任3回（計8年）
D教諭（男性）	50代前半	28年	研究主任6回（計13年）
E教諭（男性）	40代後半	20年	研究主任1回（計4年）

とを目的とする研究においては4名±1名、つまり3〜5名の対象者数が推奨されています（荒川・安田・サトウ, 2012）。そこで、研究主任として等至点「ミドル・リーダーシップの発揮を自己認識する」を経験したと考えられる5名の教師（表14.1）をお招きし、半構造化インタビューを実施しました。

小学校は他の校種と比較して校内研究が盛んに行われています（千々布, 2014）。そこで、研究主任の経験を通じて教師がミドルリーダーへと変容するプロセスの多様性と共通性を明らかにするというこの研究の目的から、研究協力者はいずれも小学校の教師としました。

インタビューの時間は、約1時間〜2時間。インタビューでは、ICレコーダーによる録音を行ったほか、ライフライン法（川島, 2007）を援用し、協力者自身がミドルリーダーの役割を果たしていると自己認識した程度の推移を、時間軸を示した用紙に書き込んでいきました。主な質問項目は、表14.2に示した通りです。

TEM図を作成する

録音したデータは筆者の発言も含めてトランスクリプト化し、分析対象データとしました。分析においては、語られた経験を意味のまとまりで分節化し、ラベルをつけます。次に、出来事が生起した順にラベルを並べていきました。同時に、出来事に影響を与えた周囲からの働きかけや圧力等の文化的な諸力をラベルの上下に配し、概念ツールを用いて図化しました。TEMによってこのように作成された図は、TEM図と呼ばれます。

表14.2 質問項目

	質問項目
①	校内のミドルリーダー(スクール・ミドル、ミドル教員)とは、どのような存在であるとお考えですか？どのような役割をもっているとお考えですか？
②	初任者として教職に就いてから現在までに、「授業実践」や「学校組織」や「同僚」についてのご自身の認識・考え方信念は、いつ、どのようなきっかけで、どのように変化してきましたか？(あるいは変化していませんか？)
③	どのようなことを意識しながら、研究主任(研修リーダー)の職務を進められましたか。また、研究主任を経験されて、感じたことを教えてください。
④	研究主任としての成功体験あるいは失敗体験と、そこから得たことや学んだこと、考えたことを教えてください。
⑤	「自分がミドルリーダーとしての役割を果たしているという意識」の程度の推移を示してください。
⑥	研究主任の任命と解職について考えること、感じたことを教えてください。

　TEMは、分析のための数多くの概念ツールが生み出されており、それらを用いて個人の経験を記述していきます。この研究で使用した概念ツールは、

　　等至点(Equifinality Point：EFP)
　　両極化した等至点(Polarized Equifinality Point：P-EFP)
　　分岐点(Bifurcation Point：BFP)
　　必須通過点(Obligatory Passage Point：OPP)
　　社会的助勢(Social Guidance：SG)
　　社会的方向付け(Social Direction：SD)

でした。

　これらの概念ツールの中で、TEM図の作成において等至点(EFP)とともに必ず用いられるのは両極化した等至点(P-EFP)です。両極化した等至点には、等至点と対極の意味をもたせます。「ミドル・リーダーシップの発揮を自己認識する」を等至点として設定したこの研究では、両極化した等至点は「ミドル・リーダーシップの発揮を自己認識しない」となります。この等至点と両極化した等至点を結んだ軸を、不可逆的時間の軸と直交させることにより、2つの次元を定義し、複線的な径路の分析を可能にします。

表 14.3　TEM の概念ツールと本研究における主な意味

概念ツール		本研究における主な意味
等至点	EFP	ミドル・リーダーシップの発揮を自己認識する
両極化した等至点	P-EFP	ミドル・リーダーシップの発揮を自己認識しない
分岐点	BFP	教師としての自己の内的変容が起こったと思われる出来事
必須通過点	OPP	等至点への径路において多くの教師が経験する出来事
社会的助勢	SG	等至点へと誘導する環境要因・文化的な力
社会的方向付け	SD	両極化した等至点へと誘導する環境要因・文化的な力

　この研究における各概念ツールの意味は、表14.3に示した通りです。また図化の際には、インタビュー時にライフライン法の援用により得られた、研究協力者の意識変容の程度の推移を示したグラフも参考としました。研究協力者が経験してはいないものの、「あり得た径路」として語られたり、考えられたりしたものは点線で記しました。

研究協力者と共に TEM 図を修正する：TEM における飽和

　上述の方法により、1回目のインタビュー・データから協力者一人ずつのTEM図を作成しました。TEAにおいては、協力者に対して作成したTEM図を示しながら複数回のインタビューを行い、図を加筆修正していくことを通じて、図化された経験をトランス・ビュー（協力者と研究者の視点の融合）へと展開してくことが目指されています（サトウ，2015）。

　そこでこの研究では、A教諭・C教諭・D教諭に対して1回目のインタビューから作成したTEM図を持参したうえで、2～3回のインタビューを実施しました。また、B教諭・E教諭には筆者が作成したTEM図をメールで送付したうえで、訂正・意見・感想を求めるやりとりを行いました。

　こうして修正を加えたTEM図が各協力者自身により「語った経験を図示できている」と確認できた時点で飽和したと考え、協力者一人ずつのTEM図の完成としました。図14.1は、こうして作られたA教諭のTEM図です。

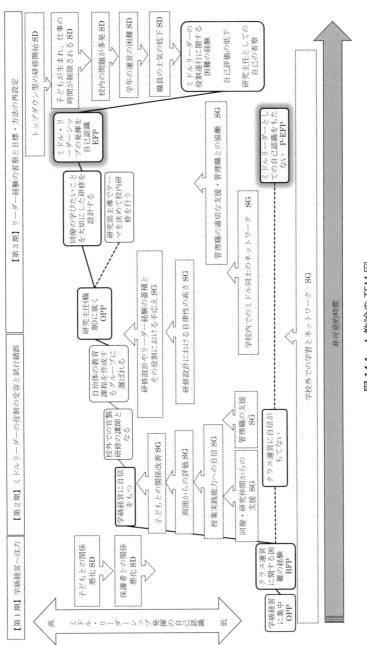

図14.1 A教諭のTEM図

第14章 ● 教師がミドルリーダーへと変容する過程 | 259

5人の経験を統合したTEM図を作成する

さらに、等至点に至るまでの径路の共通性と多様性を検討するために、完成した一人ずつのTEM図をもとに、5名の協力者の経験を統合したTEM図を作成しました。

5名の経験を統合したTEM図を作成するにあたっては、必須通過点（OPP）・分岐点（BFP）・社会的助勢（SG）・社会的方向付け（SD）に着目し、類似していると思われる経験は抽象度を上げて新たなラベルをつけていきました。すべての協力者が経験したわけではない出来事については、ラベルに経験した協力者の名を明示しました。TEM図上の分岐点（BFP）については、必要に応じてTLMGによる個人の内的な変容過程の分析を行ったほか、協力者それぞれの等至点以後の経験についても、径路の多様性を図示できるよう努めました。

TEM図から教師の変容過程を検討する

紙幅の制限から、一人ひとりのTEM図についての分析は割愛し、ここでは5名の経験を統合したTEM図（図14.2）から、教師の変容過程の共通性と多様性を見ます。

(1) 新任期の経験――必須通過点（OPP）としての【学級経営に自信をもつ】

TEAにおける必須通過点（OPP）は、地理的概念を科学社会学に転用したもの（サトウ，2009）で、「しかるべき人がみな『必ず』通るという厳格性をもつわけではなく、多くの人が通るという意味で使われる」概念ツールです（福田，2015）。

5人すべての協力者に共通して、新任期にはまず【自分の学級経営に集中する】ことを経験し、その後ミドル・リーダーシップを発揮していると自己認識する程度が最初に上昇を始める時点で、【学級経営への自信をもつ】を経験していました。このことから、学級担任として「自らの学級経営を安定して行える」という自信をもつことが、小学校教師が後に研究主任となり「ミドル・リーダーシップの発揮を自己認識する」という等至点（EFP）へ向かう径路の中で、

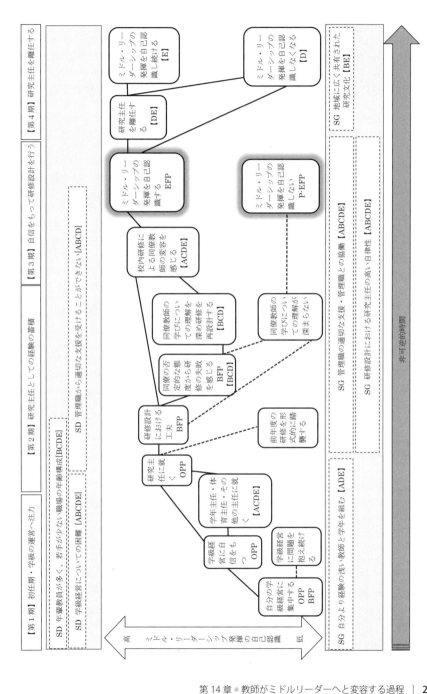

図 14.2 5人の教諭の TEM 図：ミドル・リーダーシップの発揮を自己認識するまでのプロセス

第 14 章 ● 教師がミドルリーダーへと変容する過程 | 261

最初期の必須通過点（OPP）であることがわかりました。

(2)【研究主任に就く】という経験

　【研究主任に就く】ことは、小学校教師がミドルリーダーへと変容するプロセスにおいて、いかなる出来事として経験されるのでしょう。

　A教諭・B教諭・D教諭・E教諭の4名は、【研究主任に就く】ことに伴って、ミドルリーダーとしての自己認識の高まりを経験しています。

　さらに、研究主任以外の主任に就く、つまり【その他の主任等に就く】経験の無かったB教諭を除く3名の協力者は、【研究主任に就く】ことで、それまでの【その他の主任等に就く】の経験を上回る水準でミドルリーダーとしての自己認識の高まりがあったと語っています。

　他方、C教諭は、教職5年目での1度目の研究主任の経験について、ミドルリーダーとしての自己認識の高まりを感じていませんでした。C教諭にとって、1度目の研究主任の経験とは、「（引き受ける人が他に）誰もいないから」と管理職に頼まれた仕事であり、そこで与えられた研究テーマもC教諭にとって「やりたいこととは全然違った」ものだったのです。図14.1で示したA教諭のTEM図では、研究主任としての2年目に、それまでボトムアップで決定してきた研究テーマを管理職がトップダウンで決定したことにより、ミドル・リーダーシップを発揮しているという自己認識を低下させています。この場合のC教諭においても、研究テーマの設定や研修設計における研究主任の裁量が小さかったことが、ミドルリーダーとしての自己認識の高まりを阻害する社会的方向付け（SD）となったと考えられます。

　加えて、この時点でC教諭は、前項で詳述した等至点までの教師の発達過程における必須通過点（OPP）である【学級経営に自信をもつ】を経験していませんでした。他の4名の教師が【学級経営に自信をもつ】経験の後に【研究主任に就く】ことで、ミドルリーダーとしての自己認識を高めていることから、【学級経営に自信をもつ】ことが、ミドルリーダーとしての研究主任の職責を果たしていると自己認識するための基礎的な条件となっていることが示唆されています。

　ここから、【研究主任に就く】経験を通じたミドルリーダーとしての自己認

識の高まりは、1つには【学級経営に自信をもつ】こと、2つには研究テーマ設定及び研修設計における研究主任の裁量の大きさ、つまり自律性の高さが、大きな要因となっていることがわかりました。

(3) 研究主任としての経験の蓄積と価値観の変容

　【研究主任に就く】は、研究主任の経験に焦点を当てる本研究において、等至点（EFP）へと向かう径路における必須通過点（OPP）ですが、5名の経験を統合したTEM図（図14.2）では、教師が【研究主任に就く】ことに続けて【研修設計を工夫する】という実践を通じて、ミドルリーダーとしての自己認識をより高めています。そして研究主任は、最終的に【校内研修による同僚教師の変容を感じる】ことにより、等至点（EFP）へ達します。

　しかし、B教諭、C教諭、D教諭からは【研修設計を工夫する】ものの、【同僚の否定的な態度から研修の失敗を感じる】（以下【失敗を感じる】）経験が語られました。ここから3名は【同僚の学びについての理解を深め研修を再設計する】（以下【研修を再設計する】）ことを通じて【校内研修による同僚教師の変容を感じる】ようになります。

　【失敗を感じる】経験は、協力者たちのミドル・リーダーシップの発揮を自己認識する程度を低下させた唯一の分岐点（BFP）です。しかしながら、B教諭、C教諭、D教諭はその後、【研修を再設計する】ことにより、再びミドル・リーダーシップの発揮を自己認識する程度を上昇させています。

　教師の学びに責任をもつ役職である研究主任は、同僚たちの否定的な態度をどのように捉え、以降の研修設計を行っていったのでしょう。研究主任の経験を通じて教師がミドルリーダーへと変容する過程を明らかにするというこの研究の目的に鑑みれば、【失敗を感じる】という分岐点（BFP）から【校内研修による同僚教師の変容を感じる】に至る間の研究主任の内的変容に焦点を当てて検討する必要があります。

　そこで、この【失敗を感じる】という分岐点（BFP）における研究主任の意識変容プロセスについて、TMLG（発生の三層モデル）を用いて分析し、考察しました。

　TMLGは個人の内的変容を、個別活動レベル、記号レベル、信念・価値観

レベルの3つの層で記述・理解するための自己モデル（サトウ，2009）であり、TEMの分岐点（BFP）において文化的記号を取り入れて変容するシステムとしての人間の内的メカニズムを理解するために適しているとされます（安田，2015）。ここでは、協力者たちが【失敗を感じる】という分岐点において、どのような意識変容が起こったのかを見ていきます。

図14.3は、5人の経験を統合したTEM図である図14.2に描かれた分岐点（BFP）【研修設計を工夫する】について、協力者の価値観の変容をTLMGを用いて図示したものです。第1層には、研究主任としての実践、第2層は、第1層での行動を通じた研究主任としての気づき、第3層では、第2層の気づきが記号となって、協力者たちの価値観がどのように変化したのかを示しています。

B教諭、C教諭、D教諭は3名ともに、【研究主任に就く】の後に、研究主任として校内研究を進めるにあたって、自身の価値観において良いと考える授業方法や研究方法を直接的に校内に提示したものの、校内研究の進め方についてベテラン教師を中心とした同僚から否定的な反応を示され、研修の【失敗を感じた】といいます。その後、より長期的な視点から同僚の変容を支援することを自身の役割として捉えるという価値観の変容が起こり、同僚一人ひとりの学ぶ様子を慎重に観察しながら、職場の状況に合った研修を設計していくようになるという、行動の変化につながっていました。

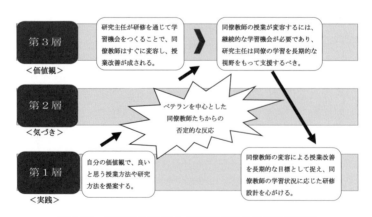

図14.3　【失敗を感じる】経験における価値観の変容

秋田（2017）は、国や時代を超えて教職に共通する心性として、(1) 授業の成功体験と精神的報酬という情動に支えられている、(2) 一度しかない当該授業時間での指導が効果的・効率的でありたいと願うゆえに、冒険してみることに対して後ろ向きになる、(3) 教師自身が自分の能力や興味に沿って教師としての自己目標、教師としてありたい自己像をもって仕事をしているがゆえに、外から変革を求められ協働することに対しては、共通の志向を感じれば同志として取り組めるが、他の教師との違いがこれまでの在りように否定的に働くことを感じれば防衛心が生まれ、変革への抵抗感や不安をもちやすくなり保守主義に向いやすい、という3点を挙げています。これらの教師の心性を考え合わせれば、研究主任が個人の信念だけに基づいて変革的な授業方法や研究方法を提案していくことは、他の教師たち、特にベテラン教師の目には、研究主任の「独り善がり」として映ることもあるのでしょう。協力者たちは、研究主任である自分自身が良いと感じる授業観に沿ったかたちで校内に学習機会を提供したとしても、「同僚教師の授業はすぐには変わらない」ということを、同僚の否定的な態度を通じて学び取っていたのでした。

　TMLGにおける第2層で立ち上がる記号のうち、第3層の価値観・信念に変容をもたらす記号を促進的記号（Promoter Sign：PS）と呼びます。促進的記号は、個人的な価値志向として深く内化され個人に作用する記号であり、何かを指示したり代表したりするという静的な記号ではなく、個人の判断や行為をガイドする未来志向的な記号であるとされます（Valsiner, 2007；安田, 2015；Sato, 2017）。

　ここでは、同僚からの否定的な反応に対する研修設計者としての省察が促進的記号となり、校内研究の中で長い時間をかけて丁寧に同僚とビジョンを共有していくプロセスを重要視するようになるという意識変容がもたらされています。この第3層＝価値観レベルでの変容が、その後の研究主任として具体的な実践・行為の質に変化を生み出したのでした。

(4) 等至点（EFP）以降の意識の推移への注目

　等至点（EFP）は、研究方法における必要から研究者である筆者によって定められたものです。しかし、教師たちのミドルリーダーとしての日々の実践は、

当然ながら等至点に留まるものではなく、未来へ向けて様々な展望が開かれています。教師がミドルリーダーへと変容する過程を明らかにするというこの研究の目的から、協力者の語りから得られた等至点以後の径路の多様性について検討することにも、意義があるといえます。

　ここでは特に、D教諭とE教諭の径路の相違に着目します。D教諭とE教諭は等至点へ達した後、ともに【研究主任を離任する】のですが、D教諭がミドルリーダーとしての自己認識を著しく低下させる一方、E教諭の自己認識は高い水準を維持しています。離任という同様の出来事を経験している両者に、どのような文化的諸力が働くことで、大きな自己認識の相違が生まれたのでしょうか。

　D教諭は【研究主任を離任する】経験について、不本意な離任であったと語っています。一方、E教諭も自ら【研究主任を離任する】ことを希望したわけではなかったものの、離任という出来事を肯定的・積極的に受け入れていました。

　協力者と供にTEM図を作成していくと、【研究主任を離任する】という出来事についてのD教諭とE教諭の対照的な受け止めの背景には、それぞれの勤務校のもつ研究文化の相違があることがわかりました。

　D教諭は、かねてより、校内研究のテーマや研究方法の設定について、管理職との協力関係を築けるよう、戦略的な振舞を意識していました。最後に研究主任を務めた現任校でも、管理職と慎重に協議を重ねながら、研究テーマを定めています。また、研究テーマの決定にあたって、特定のベテラン教員の発言力が強まることで研修の効果が低下することを懸念し、研究する教科を限定することを避けていました。

　小学校の校内研究では、研究方法を全教員で統一して進められることも少なくありませんが、D教諭は、研究方法についてもこれまでの研究主任の経験を活かして、多様なアプローチを許容する形式をとりつつ、同僚教師への学習機会を提供していきました。最終的に同僚教師の授業の変容に加えて、子どもたちの学びの変容をも感じ取ることができ、自身の設計した校内研修に大きな手応えを得ていました。ところが、翌春の校長の交代と同時に、【研究主任を離任する】こととなったのです。

　さらにD教諭は離任した年度、2年生の担任となりました。近年は高学年ば

かりを連続して担任してきたD教諭にとって、実に15年ぶりの低学年の担任でした。

　ジェンダー研究の視点から教師の学年配置についてライフヒストリーの聞き取り調査を行った浅井らによれば、小学校の高学年教育は学校の顔として、また荒れを抑える重い責任を担うことへの高い期待が語られるのに対して、低学年教育がシャドウ・ワークと化している状況がしばしばあり、特に男性教諭にとって、低学年への配置は、学校の中心的な行事や活動に影響力のない、管理職との対立によって「押し込められる」場であると語られることもあったといいます（浅井・黒田・杉山・玉城・柴田・望月，2017）。

　D教諭の勤務校では、管理職の交代に伴って研究方針の変更がありました。新しい校長の進める、特定の教科について全教員が同じ型の授業を行う仮説検証型の研究スタイルに予てから批判的だったD教諭は、人事によって自分が学校運営や校内研究の中心から意図的に疎外されたと受け取ったのです。

　これに対してE教諭の場合、【研究主任を離任する】こととはいかなる経験だったのでしょうか。E教諭の現任校であるe校は、研究授業と研究協議会を外部へ広く公開する学校です。e校では、約20年前に新設校として設置された当初から、校長と教員とが外部の研究者らと共に理念を共有しながら、研究体制を築いてきたといいます。E教諭にとって、e校での研究主任の主な役割とは、学校のもつ理念を反照しながら、現在の研究システムをより効果的に運営していくことだったのです。

　E教諭の研究主任としての実践は、研究授業と研究協議会の運営方法の改善を中心に進められました。例えば、研究授業については事前検討より事後の協議会を重視するe校の伝統があり、研究授業は事前に授業内容が周知されないことが常態となっていましたが、E教諭は事前に授業者が簡単な資料を配布することを提案しました。授業後の協議会の運営をめぐっては、参加者の様々な意見を聴きとりながらも、学校のもつ理念の形骸化を防ぐという自身の研究主任としての目的意識から「協議会は学校の理念を確認する場である」という考えに至り、E教諭はe校の研究スタイルを大きく変更することはありませんでした。

　E教諭は、この研究の全協力者の中でただ一人、研究主任として同僚からの

否定的な態度による【失敗を感じる】経験をしていません。この要因として、月1回の公開研究会と多くの人が発言する研究協議会の組み合わせが「システム化されている（E教諭）」というe校の研究体制により、研究方針や研究方法についての基本的な部分を、E教諭自身も含めた同僚間で共有することが他の協力者たちより容易であったことが考えられます。

　では、E教諭と管理職との関係性はどのようなものだったのでしょうか。これに関するE教諭の語りから明らかになったのは、地域に広く共有されたe校の研究文化の存在でした。先に見たように、e校は長期間にわたって授業研究会と研究協議会を頻繁に公開してきており、「システム化されている」校内研究の文化を築いてきています。他の4人の協力者も、それぞれの現任校を「授業研究を中心に運営されている」として、研究の盛んな学校と見做していました。しかし、約20年〜30年という長期間にわたって、年間に複数回の公開研究会を開催している学校は、B教諭とE教諭の現任校であるb校、e校だけでした。

　B教諭、E教諭の語りからは、研究文化が地域にまで広く共有されている現任校では、赴任が決まった段階で、すでに研究の基本的な方向性について同僚教師や管理職と共通理解があることがうかがえました。e校において、地域に広く共有された研究文化は、教員間の志向性の相違を一定範囲内に収束させているのです。B教諭とE教諭はともに、語りの中で現任校の管理職への批判的な捉えが見られません。地域に広く共有された研究文化をもつ、B教諭やE教諭の勤務校では、校長と研究主任の考えに齟齬が生じることがなかったのです。

　この地域に広く共有された研究文化の存在が、E教諭の【研究主任を離任する】経験の意味づけに大きな影響をもたらしたと考えられます。

　E教諭と同じく、共有された研究文化をもつ学校に勤務するB教諭の等至点以後の経験を示したTEM図（本稿で割愛）では、前任の研究主任であるメンターの異動が、ミドルリーダーとしての自己認識の程度を低下させる、社会的方向付け（SD）として働いています。

　B教諭が現任校で研究主任となった最初の年度には、前任の研究主任がまだ在籍しており、B教諭は校内研究の運営について、前任者にいつでも助言を得

られる状況でした。そのことが「どっかで大丈夫って思う（B教諭）」という安心感につながっていたのだと言います。

E教諭の校内における現在の役割は、このB教諭にとってのメンターである前任者と重なります。E教諭は、【研究主任を離任する】以降、e校の研究文化と実務面での引き継ぎを意識しながら、現任の研究主任と関わっています。B教諭にとっての前任者のように、現任の研究主任の実践を日々支えているのであれば、役職を離れたとはいえ、E教諭は現在も研究面で学校運営に強く関与していると言えるでしょう。結果として、【研究主任を離任する】経験は、E教諭がミドル・リーダーシップの発揮を自己認識する程度に影響を与えていません。長年にわたって公開研究会を開くなどして、研究の方向性が確立されていること、そしてそのビジョンが地域を含めて広く共有されていることが社会的助勢（SG）となって、【研究主任を離任する】後のE教諭のミドルリーダーとしての自己認識を高い水準に留めたのです。

一方、管理職の交代や研究主任の交代に伴って研究方針や研究方法が大きく変更される、D教諭の学校の研究文化では、研究面での引き継ぎが必ずしも必要ではありません。むしろ研究主任に求められるのは、管理職との校内研究をめぐる駆け引きになってきます。したがって、【研究主任を離任する】後、校内研究の運営から疎外されることも起こり得るのです。そしてこの疎外が、D教諭のミドルリーダーとしての自己認識の急激な低下を招いていたのでした。

D教諭とE教諭の等至点以降の径路の分岐は、研究主任を取り巻く学校の研究文化の質的相違によって生じていたのです。

まとめ：「実践の支援を志向する研究法」としてのTEA

TEAという研究法の最大の特長は、協力者の経験の図化にあります。この研究でも、協力者の語りを研究者が図化し、さらに協力者と研究者が共同してTEM図の修正を行いました。こうして協力者の経験世界が、時間軸に沿って精緻に可視化されることにより、等至点（EFP）である「教師がミドル・リーダーシップの発揮を自己認識する」に至るまでの径路について、その多様性と共通性の詳細を分析・検討できるようになりました。

さらに TEA は、この「モデルを図示・提示すること」によって、実践現場への介入・支援を志向します。TEM 図に示された、協力者の変容過程やそこに働く文化的諸力の理解は、実践者自身（ここでは現場の教師や管理職）や実践者を支援したいと考える研究者にとって、現場での実践の改善や支援の際の重要な視点となり得るのです。

　例えば、5人の協力者の経験を結合した図 14.2 の TEM 図から、研究主任の教師は研修設計において心がけるべきポイントを見出すでしょうし、自身の成長プロセスの見通しを描くこともできるかもしれません。また、管理職や研究者は、この TEM 図から学校の研究文化や研究体制を見直す契機を得て、ミドルリーダー育成のために、校内研究における研究主任の裁量を拡大させるかもしれません。

　こうして TEA は、人の経験や変容プロセスの明快な図化を通じて、研究で得られた知見を、実践現場へと還流するのです。

研究法の心得

❶ 研究の出発点である等至点（EFP）は、研究者の関心によって設定することができる。しかし、インタビュイーの語りの分析を進めるうちに、対象世界への理解が深まり、より有意味な等至点が見つかることもある。当初の等至点は仮のものと考えてもよい。

❷ インタビュイーは「お招き」する存在。共に TEM 図を修正しながらトランス・ビュー（視点の融合）に至ることで、データが飽和し、インタビュイーの経験世界を反映した TEM 図が描かれる。

❸ 完成した TEM 図は、対象領域の実践現場にとって貴重な経験モデルとなる。現場に関わる実践者と研究者が TEA による分析結果を読みあうことで、現場を支援することができる。

■引用・参考文献

秋田喜代美（2009）『教師教育から教師の学習過程研究への転回．変貌する教育学』世織書房．

秋田喜代美（2017）『授業づくりにおける教師の学び．岩波講座教育 変革への展望 5 学びとカリキュラム』岩波書店．

浅井幸子・黒田友紀・杉山二季・玉城久美子・柴田万里子・望月一枝（2017）『教師の声を聴く―教職のジェンダー研究からフェミニズム教育学へ―』学文社．

川島大輔（2007）「ライフレビュー」『質的心理学の方法』やまだようこ，編．新曜社．

北田桂子（2014）「校内授業研究で育まれる教師の専門性とは」『授業研究と校内研修』日本教育方法学会，編．図書文化．

サトウタツヤ（2009）『TEMではじめる質的研究』誠信書房．

サトウタツヤ（2015）「TEAというアプローチ」『TEA理論編』安田・滑田・福田・サトウ，編．新曜社．

サトウタツヤ（2017）「TEAとは何か」『TEMでひろがる社会実装―ライフの充実を支援する』サトウタツヤ・安田裕子，編．誠信書房．

高井良健一（2015）『教師のライフストーリー』勁草書房．

千々布敏弥（2014）『プロフェッショナル・ラーニング・コミュニティによる学校再生』教育出版．

畑中大路（2013）「学校経営過程研究における方法論の考察―ミドル・アップ　ウン・マネジメントを視座としたM-GTAによる分析―」九州大学大学院人間環境学府学位論文（博士）．

姫野完治（2013）『学び続ける教師の養成』大阪大学出版会．

福田茉莉（2015）「必須通過点　径路の多様性と異時間混交性」『TEA実践編』安田・滑田・福田・サトウ，編．新曜社．

淵上克義（2009）『スクールリーダーの心理と行動．スクールリーダーの原点』金子書房．

元兼正浩（2010）『次世代スクールリーダーの条件』ぎょうせい．

八尾坂修（2008）『主幹教諭　その機能・役割と学校の組織運営体制の改善』教育開発研究所．

安田裕子（2013）「質的アプローチの教育と学習」『質的心理学ハンドブック』やまだ・麻生・サトウ・能智・秋田・矢守，編．新曜社．

安田裕子（2015）「TEMの基本と展開」『TEA理論編』安田・滑田・福田・サトウ，編．新曜社．

山崎準二（1998）「教師のライフヒストリー」『岩波講座　現代の教育　教師像の再構築』岩波書店．

Sato, T.（2017）. Depicting the Dynamics of Living the Life : Collected Papers on Trajectory Equifinality Approach. Chitose Press.

Valsiner, J.（2007）. Culture in minds and societies: Foundations of cultural psychology. New Delhi: Sage. ［サトウタツヤ監訳（2013）『新しい文化心理学の構築―〈心と社会〉の中の文化』新曜社］

【書籍紹介】

①安田裕子・滑田明暢・福田茉莉・サトウタツヤ,編（2015）『ワードマップTEA 理論編―複線径路等至性アプローチの基礎を学ぶ』新曜社
TEAの基礎的概念について、この研究法の提案者であるヴァルシナーとサトウタツヤを含む様々な著者が、丁寧に解説している。『TEA 実践編』(2015) も併せて読みたい。

②安田裕子・サトウタツヤ,編（2017）『TEMで広がる社会実装―ライフの充実を支援する』誠信書房
近年増える、TEMを用いた様々な学問領域の研究のうち、実践への実装・活用を志向する研究を集めて示している。論文のメイキング・パートも収められている。『TEMではじめる質的研究―時間とプロセスを扱う研究を目指して』(2009)、『TEMでわかる人生の径路―質的研究の新展開』(2012) と併せて読むことで、豊富な研究事例と共に方法論としてのTEMの発展も学ぶことができる。

③中坪史典,編（2018）『質的アプローチが拓く「協働型」園内研修をデザインする―保育者が育ちあうツールとしてのKJ法とTEM』ミネルヴァ書房
保育者研修におけるTEMの活用可能性を模索している。いくつかの事例をもとに、現時点での研究の達成と課題についてまとめられている。TEMの教員研修への活用において示唆的である。

第15章 学校改革・学校づくりの経験をナラティブ探究で解明する

● A小学校の学校づくりの事例を中心に

浅井幸子

【研究の流れ】

研究対象との出会い	学校づくり／同僚性／教師のコミュニティ
▼	
研究協力の依頼	研究参加者
▼	
理論的枠組みの構築	ナラティブ探究／ナラティブ・コミュニティ
▲▼	
インタビューとその検討	物語の共同構築

A 小学校の学校づくりと出会う

　本章では、学校改革における教師の経験をどのように研究するかということを、『日本教師教育学会年報』掲載の論文「小学校の改革における教師のコミュニティの形成—「できない」という教師の語りに着目して—」を通して考えます[1]。この研究は共同研究のかたちで行われました。

　私たちの研究の出発点となったのは、A 小学校の学校づくりとの出会いです。研究テーマに即して研究対象を探すよりも、研究対象と出会うことによって研究が始まった点は、本研究の大きな特徴になっています。私たちは、次のような先生の言葉から、A 小学校に関心を持ちました。

> （着任した頃は）いっつも、チームでやろう、みんなでって言われて、なにがチームやねん、って思ってた。でも、みんなでみてくれる、いうのは、すごくありがたいなと思った。

　ここで語られているのは、A 小学校には「みんな」で子どもを見るような教師の関係があるということです。私たちはこのような関係の形成過程を知りたいと考えました。

　この言葉に関心を惹かれた背景には、近年の教育の政策や研究における教師の協働的な関係への着目があります。その主要な契機は、1982 年にリトル（Judith W. Little）が学校改革研究において提起した「同僚性」の概念に求めることができます[2]。リトルは学校改革に取り組む 6 つの学校で観察とインタビューを行い、最も成功している学校の教師の相互行為の特徴として「同僚性」を抽出しました。同僚性は、教育実践を共に準備し、観察しあい、批評しあう専門家としての教師の協働的な関係を表現する言葉として普及します。さらに、

---

[1] 浅井幸子・黒田友紀・金田裕子・北田佳子・柴田万里子・申智媛・玉城久美子・望月一枝「小学校の改革における教師のコミュニティの形成—「できない」という教師の語りに着目して—」『日本教師教育学会年報』27 号，2018 年，110-121 頁．

[2] Little, J., (1982). Norms of Collegiality and Experimentation: Workplace Conditions of School Success, *American Educational Research Journal*, 19（3），pp.325-340.

その批判的な検討を通して、「協働文化」「専門家共同体」「専門家の学習共同体」の概念が示され、現在の教師研究の焦点の一つとなっています[3]。

　同僚性の概念は1990年代前半に日本に導入され、教師の協働への着目を導きました[4]。日本における教師の協働的な関係の探求は、授業研究を中心として推進された点に特徴があります[5]。私たち研究メンバーも、佐藤学の提唱する「学びの共同体」[6]の学校改革を支援しつつ、授業研究における教師の協働の研究を行なっていました[7]。すなわち私たちにとって、教師の協働的なコミュニティの構築は、実践と研究の両面において重要な課題でした。

　そのなかでA小学校に着目したのは、教師のコミュニティの構築が授業研究を中心とするものではなく、私たちにとって異質であったことによります。すなわちA小学校の学校づくりは、授業研究以外の場における教師のコミュニティ形成について考察することを可能にしてくれる事例でした。

　A小学校との出会いには、もう一つ、研究上の背景があります。私たち研究のメンバーは、当時、小学校の低学年教育における教師の経験のジェンダーを検討していました。日本の小学校において、低学年教育が女性教師によって多く担われているという事実に着目して、なぜどのように女性が低学年に配置されるのか、そのことによって低学年教育がどのような特徴を帯びているのか

---

3)「同僚性」および「専門家共同体」の概念の展開は『教師の「専門家共同体」の形成と展開』（鈴木悠太著、勁草書房、2018年）に詳述されています。鈴木によれば「専門家共同体」の概念は、「革新的な授業実践を追求する教職の「文脈」」として、マクロフリンらの学校改革研究において同定されました。

4) 佐藤学『教師というアポリア』世織書房，1997年．

5) 秋田喜代美「教師教育から教師の学習過程研究への転回」矢野智司他編『変貌する教育学』世織書房，2009年，45-75頁．

6)「学びの共同体」は、すべての子どもの学ぶ権利を保障するために、教師、子ども、保護者や地域住民が学びあうコミュニティとしての学校づくりを目指す学校改革のビジョン・哲学です。詳しくは『学校改革の哲学』（佐藤学著，東京大学出版会，2012年）を参照してください。

7) 北田佳子「校内授業研究会における教師の専門的力量の形成過程」『日本教師教育学会年報』18号，2009年，96-106頁．金田裕子「学校における「協働」を捉える」『人間関係研究』9，2010年，43-57頁．申智媛「韓国の学校改革」上野正道他編『東アジアの未来をひらく学校改革』北大路書房，2014年，57-86頁．

を解明しようとしていました。

　その中で見出されたのが、低学年には「足並みをそろえる」という文化があること、そのことの意味づけが男性教師と女性教師で大きく異なっていることです。男性教師は進度や教材を揃えることに違和感を表明し、その文化によって自らの自由な実践の創造が抑制された経験を語りました。これは従来の教師文化研究の理解と重なっています。教師の「足並みをそろえる」という文化は「共同歩調志向」と呼ばれ、教師の独創性を生かす余地を奪うものとして批判されてきました[8]。近年の教師の同僚性が着目される文脈においても、同僚性概念は、「共同歩調志向」の高い日本では、教師の実践を抑制する危うさがあるとの指摘がなされています[9]。しかし私たちがインタビューした女性教師は、「足並みをそろえる」ことを、他のクラスと異なることに不安を覚える保護者や、初任者やさまざまな事情で実践に十分な時間を割けない同僚へのケアとして捉えていました。また、協働で自分たちの実践を創造することとして捉えていました[10]。

　以上の知見を通して、私たちは、教育研究の主流が想定している同僚性や専門家共同体[11]とは異なるかたちで、女性教師がコミュニティを形成している可能性があると考えました。しかし低学年教育の研究では、先生個人に個別にインタビューをお願いしたため、学校のコミュニティの問題を十分に扱うことができませんでした。A小学校の先生の言葉は、そのような異なるかたちの教師のコミュニティが成立していることを感じさせました。そこで私たちは、

---

8) 永井聖二「日本の教員文化」『教育社会学研究』32巻，93-103頁．
9) 紅林伸幸「協働の同僚性としての《チーム》」『教育学研究』74巻2号，2007年，36-50頁．
10) ここで述べたことは、男性と女性を乱暴に対比しているように見えてしまうかもしれません。実際の研究では、男性の語りと女性の語りを対置せずに扱うために、「声」の概念を精緻化しています。詳しくは研究成果をまとめた『教師の声を聴く―教職のジェンダー研究からフェミニズム教育学へ』(浅井幸子・黒田友紀・杉山二季・玉城久美子・柴田万里子・望月一枝著，学文社，2016年) を参照してください。
11) たとえば紅林は、「協働の同僚性としての《チーム》」を自律性と専門性によって特徴付けています(紅林「協働の同僚性としての《チーム》」上掲論文)。中央教育審議会答申(2015)の「チームとしての学校」は、校長のリーダーシップによるマネジメントの強化や、教師と心理や福祉の専門家・専門機関との協働を提起しています。

A小学校をフィールドとして、その複数の先生にインタビューを行い、教師がどのように協働的な関係を構築しているかを検討したいと考えました。

研究への協力を依頼する

　次に行ったのは、A小学校の先生方への研究協力の依頼です。私たちの研究の場合、研究の対象となるA小学校の学校づくりが先にあり、研究の主題や方法はその対象に即して開発するべきものでした。

　幸いなことに、私たちは、知人の紹介でA小学校の校長先生と連絡をとることができました。そのようなツテがない場合は、公開研究会に参加する、学校長に宛てて手紙を書く、といった方法で連絡をとることになります。

　最初に校長先生にお会いした時に、女性教師が中心となる小学校の改革がどのように可能か、A小学校の事例を通して考えたいという希望をお伝えし、口頭で了解を頂きました。そして次にお会いした時に、「研究へのご協力のお願い」と「研究参加の同意書」の文書を持参しました。これらは研究倫理の順守のために必要とされる書類です。「研究へのご協力のお願い」の文書には、「研究の概要」「研究への撤回と協力について」「個人情報の保護」「問い合わせ先」「研究メンバー」が記されています。その文書に即して研究の詳細について説明するとともに、協力を辞退できること、発表に際して仮名を用いること、論文の公表前に内容をチェックして頂く機会を設けること等をお伝えしました。その上で「研究参加の同意書」に署名して頂きます。他の先生方にインタビューを行う際にも、その都度、研究の説明を行い、同意書に署名して頂きました。

　学校名や研究協力者の先生の名前を仮名にするかどうか、本研究の場合は判断を迷うところでした。個人情報の保護という観点からは、仮名にして匿名化することが望ましいと思われるかもしれません。しかし匿名化が望ましいか否か、一概には決められません。仮名を選択することによって、先生方の文章の典拠を示した引用はできなくなりますし、先生方との共同研究という形をとることもできなくなります。以下の節で述べるように、本研究はナラティブ探究を方法的基盤としていますが、ナラティブ探究では教師、子ども、研究者を「協同探究者」として位置付けます。研究方法の倫理という観点からは、匿名化せ

ず連名にする方が趣旨にあうのです。

　それでも私たちが最終的に匿名化を選んだのは、A 小学校の学校づくりの事実に即しながらも、学校改革を検討するための概念や理論を構築するという若干抽象度の高い研究目的を設定したからです。そうであるなら、個人情報はできるだけ伏せるべきだと考えました。もし学校づくりの具体的な過程の解明に重点を置いていたならば、匿名化せずに先生方との共同研究のかたちをとることを選んだろうと思います[12]。

先行研究を検討する

　ここから先の記述は、必ずしも時系列にはなっていません。理論的枠組みの構築や先行研究の収集と、インタビューの実施とその検討は、同時並行で往還しながら行いました。

　まず先行研究の検討について述べます。本研究にとって先行研究となるのは学校改革の研究です[13]。学校改革には、大きく分けて三つの形を指摘できます。一つめは、政策として教育改革が遂行され、その中で個々の学校の変革が目指される場合です。二つめは、個々の学校において、管理職や教師によって教育の改革が主導される場合です。三つめは、改革を推進する学校が、ネットワークを形成している場合です。この三つの形は対立しあうものではありません。学びの共同体の学校改革を例にとると、基本的には三つめの学校や教師がネットワークを形成している改革ですが、自治体の支援を受けている地域もありますし、その中で個々の学校に即して教師たちの自律的な取り組みが行われてい

---

[12] 教師と研究者が共同で学校改革を検討した研究として、「インクルーシブ教育における実践的思想とその技法」（小国喜弘・木村泰子・江口怜・高橋沙希・二見総一郎著，2015 年，東京大学大学院教育学研究科紀要 55 号，1-27 頁）、『「協働の学び」が変えた学校：新座高校 学校改革の 10 年』（金子奨・高井良健一・木村優編，大月書店，2018 年）などがあります。

[13] 学校改革研究のレビュー論文に、申智媛「学校改革研究における教師の経験を捉える視座」（『東京大学大学院教育学研究科紀要』51 号，2011 年，329-340 頁）、原田拓馬「学校改革研究の動向と課題」（『東アジア研究』14 号，2016 年，133-144 頁）があります。

ます。ただしA小学校の改革は、明確に二つめの形をとっています。すなわち、A小学校において独自に学校づくりが推進され、そのことを通して既存の学校文化や教師文化が問い直されています。

そこで先行研究をレビューする際には、学校づくりにおける教師の協働に着目する研究と、学校改革における教師の組織や関係に着目する研究をピックアップしました。前者については、私たちの研究と最も関心の近い研究にあたりますので、学校づくりにおいて教師の協働がどのように形成されているかということに関する知見を具体的に検討しました。

後者については、学校の組織を検討する研究と、それを経験する教師の経験の記述を試みる研究があります。組織研究が多く行われる中で、とりわけ近年になって、後者の教師の経験を解明する必要性が主張されています[14]。私たちの研究では、教師の経験を焦点化しながらも、その協働の中で組織が生成し、また組織が協働を支える様相を描きたいと考えました。その相互的な関係を検討するために採用したのがナラティブ探究です。

ナラティブ探究を探究する

教師の経験を明らかにするための研究の方法として、最もふさわしいのは、先生方に学校づくりの過程についてインタビューを行い、その語りを検討することでしょう。語りをどのように検討するかということについては、いくつかの異なるアプローチがあります。私たちの研究はその中で、ナラティブ探究（narrative inquiry）を方法的な基盤としました。

ナラティブ探究は、学校における教師と子どもの経験を明らかにする方法です。より広範にナラティブ・アプローチを用いた研究をナラティブ探究と呼ぶ場合もありますが、ここではカナダの教育学者クランディニン（D. Jean Clandinin）とコネリー（F. Michael Connelly）によって提起されたナラティブ・

---

14) 勝野正章「学校の組織と文化」小川正人・勝野正章編『教育行政と学校経営』放送大学教育振興会，2012年.

アプローチをさしています[15]。

　コネリーとクランディニンは1980年代に、教師の知識研究を行ない、「個人的実践的知識（personal practical knowledge）」の概念を提示しました[16]。この概念は、教師が経験を通して知識を得ていることを表現しています。そしてその知識としての経験が、ナラティブによって構成されるものとして捉えられることによって、ナラティブ探究の基本的なアイデアが成立しました。コネリーとクランディニンは、1990年の論文「経験の物語とナラティブ探究」において、次のように述べています。

> 人間は物語る生物であり、個人的かつ社会的に物語られた生を送るという主張は、教育研究においてナラティブを使用することを要請している。すなわちナラティブを研究することは、人間が世界を経験する方途を研究することである。この一般的な観念を教育に導入するならば、教育は個人的かつ社会的な諸物語の構築と再構築である、教師と学習者は自分自身と他者の諸物語の語り手であり登場人物であるという見方がもたらされる[17]。

　ここでは、人間が世界を物語として経験しており、その方法を研究するにはナラティブを研究することが必要だと述べられています。また、教師と子どもが関わりあいながらそれぞれの物語を紡いでいくという教育の捉え方が示されています。
　ナラティブ探究の特徴は、ナラティブが「現象」であると同時に「方法」でもあるという点にあります。それゆえ、ナラティブを断片化するのではなく、

---

15) 二宮祐子「教育実践へのナラティヴ・アプローチ—クランディニンらの「ナラティヴ探究」を手がかりとして—」『東京学芸大学学校教育学研究論集』第22号, 2010年, 37-50頁. 田中昌弥「教育学研究の方法論としてのナラティブ的探究の可能性」『教育学研究』78巻4号, 2011年, 77-88頁.

16) Connelly, F. M. and Clandinin, D. J., (1988). *Teachers as curriculum planners: Narratives of experience*, New York: Teachers College Press.

17) Connelly, F. M. and Clandinin, D. J., (1990). Stories of Experience and Narrative Inquiry, *Educational Researcher*, 19 (5), pp.2-14.

研究者と研究参加者の重層的なナラティブから協働的に物語を織り上げるのです。「探究」はジョン・デューイの概念であり、経験を再組織する反省的実践を意味しています。すなわち物語として経験されたものを反省的に再組織する営みがナラティブ探究ということになります。

　加えて重要なのは、ナラティブ探究には教師と研究者の倫理的な関係の希求が示されている点です。ナラティブ探究は、教師が研究の対象となり、研究者が研究するという関係を否定します。研究者は単に参加者が語るのを聞いて記録するのではなく、研究者もまた物語の語り手です。研究参加者である教師の物語と研究者の語りが融合して、「協同的な物語」として研究の物語が構成されます。すなわちナラティブ探究は、「教え学ぶ経験の物語」を聴き、「教育し、教育されるとは、どういうことなのか」という意味を協同で探究する研究として特徴づけられています[18]。

　その後クランディニンらは、新たな概念を開発しつつ、ナラティブ探究の方法を洗練させました。学校改革における教師の経験は、1998年の論文「生きられた物語—学校改革のナラティブな理解」において検討されています[19]。ここでは教師の知識は「個人的実践的知識」から発展させられ、「専門知の風景（professional knowledge landscape）」として理解されています[20]。この教師の知識のメタファーは、「空間（space）」「場（place）」「時間（time）」について語ることを可能にします。「風景」の語の重要性は、教師の専門的な知識を、多様な人、場所、事物の関係からなるものとして捉えるところにあります。それは「教室外」と「教室内」で構成され、研究や政策など教室外から付与され

---

18) クランディニンらは「ナラティブ」の語を語りを表現する語として、「物語（story）」の語をその語りを構成したものとして用いています。後から述べますが、セルフヘルプ・グループを物語の観点から検討したラパポート（Rappaport 1993）は、「ストーリー」を個人的な語りを表現する概念として、「ナラティブ」を共有される語り口を表す概念として使用しています。

19) Clandinin, D. J. and Connelly, F. M., (1998). Stories to Live By: Narrative Understandings of School Reform, *Curriculum Inquiry*, 28, pp.149-164.

20) 「専門知の風景」については以下の論文で展開されています。Clandinin, D. J., & Connelly, F. M., (1996). Teachers professional knowledge landscapes, *Educational Researcher*, 25 (3), pp.24-30.

る物語は「神聖な物語（sacred story）」、教室内で教師が経験する物語は「秘密の物語（secret story）」と名付けられています。両者が葛藤した時に、教師たちは「表向きのストーリー（cover story）」を語ります。そして教師が自身のアイデンティティを構成するのは、「支えとなるストーリー（story to live by）」を通してです。これらの概念を通して、教師のアイデンティティが複雑に構成される過程の記述が目指されます。

クランディニンらは、学校改革の新たな研究を企図していました。1960年代の学校改革の研究は、中央集権的で階層的な特徴を有していました。学校改革が教師によって進められるというより、官僚や研究者によるトップダウンの企図として理解されていたのです。それに対して、個人への着目の必要性が提起され、アクションリサーチや教師研究など、学校を舞台とする改革の検討が始まります。しかしクランディニンらは、それでは不十分だといいます。学校改革は複雑な実践的理論的社会的過程であり、学校や個人の歴史をふまえ、その経験を重層的に捉える必要があるからです。

ナラティブ探究の方法と概念は、『ナラティブ探究（Narrative Inquiry）』にまとめられています[21]。その後クランディニンらは、ナラティブ探究を、教師のみならず、子どもたちの学校における経験とアイデンティティを描く方向で発展させました。具体的には、カナダの二つの小学校におけるフィールドワークとインタビューをもとに、教師のストーリーと子どものストーリーが相互に関わりつつ構成される過程を描き出しています[22]。

学校改革をナラティブで探究する

教師と子どものストーリーの相互的な関係の検討は、興味深い試みです。しかし私たちが検討したいのは、学校改革における教師の協働です。そこで参考

---

21) Clandinin, D. J. and Connelly, F. M., (2000). *Narrative Inquiry: Experience and Story in Qualitative Research*, Jossey-Bass: San Francisco.
22) D. ジーン・クランディニン，ジャニス・ヒューバー，アン・マリー・オア，マリリン・ヒューバー，マーニー・ピアス，ショーン・マーフィ，パム・スティーブス著，田中昌弥訳『子どもと教師が紡ぐ多様なアイデンティティ』明石書店，2011年.

になるのは、クレイグ（Cheryl J. Craig）の研究です[23]。クランディニンのもとで博士号を取得したクレイグは、ナラティブ探究に依拠しつつ学校改革における教師の経験を捉える枠組みを開発しました。

重要な概念として提示されているのは、「改革についてのストーリー（stories of reform）」と「改革のストーリー（reform story）」です。学校で改革が行われる時、教師はその取り組みに外から付与された「改革についてのストーリー」を生きます。同時に教師たちは、特定の変化がどのように学校の文脈の中に反映されたか、自分たちがどのような経験をしたかを内側から語る「改革のストーリー」を生きます。この二つのストーリーに着目する枠組みは、学校改革の理念と個々の教師の経験とのズレを捉えることや、個々の教師の経験の多様性を描くことを可能にします。

クレイグはこの枠組みを用いながら、アメリカの学校改革の様相を描き出しています。「組織的な学校改革のただ中でのナラティブ探究」では、アメリカにおいて、クレイグ自身が研究者として参与した五つの学校の改革の経験が描かれています。その記述は、諸個人の経験に、国の政策、資金の配分、計画の適用の方途、研修のあり方など、改革の社会的な文脈が織り込まれている点で特徴的です[24]。「評価は失敗に終わった」では、同じ学校改革のプロジェクトについて教師の視点から評価の問題を検討し、評価者が教師らの葛藤に注意を払わなかったこと、評価者と教師が信頼関係を欠いていたことなどが指摘されています[25]。

クレイグの記述は、社会的な改革の文脈と個々の教師の経験の複雑な関係を捉えるものです。しかし、その枠組みでA小学校を描こうとした時には、困難がありました。クレイグの「改革についてのストーリー」と「改革のストー

---

23) 申智媛「学校改革研究における教師の経験を捉える視座」『東京大学大学院教育学研究科紀要』51巻，2011年，329-340頁．

24) Craig, C. (2009). Research in the midst of organized school reform: versions of teacher community in tension, *American Educational Research Journal*, 46 (2), pp.599-600.

25) Craig, C. J. (2010). "Evaluation Gone Awry": The Teacher Experience of the Summative Evaluation of School Reform Initiative, *Teaching and Teacher Education*, 26, 2010, pp.1290-1299.

リー」からなる枠組みは、学校改革を学校外部と内部の対抗する力学関係として捉えています。すなわち行政やプロジェクトからトップダウンで改革が要請され、学校や教師が葛藤を抱えつつ改革を推進するという図式です。この図式は、行政による改革の問題点を教師の視点から指摘することを可能にしますが、教師たちの自律的な学校づくりを捉えるのには向いていません。

コミュニティ・ナラティブの概念を導入する

そこで私たちは、アメリカの心理学者ラパポート（Rappaport, Julian）が、セルフヘルプ・グループの研究において提示した「コミュニティ・ナラティブ」の概念に着目しました[26]。本研究にとって示唆的に思われたのは、自らの人生の物語を時間やテーマに即して編む「個人のストーリー（personal story）」、社会的相互作用やシンボルを通してグループのメンバーで共有される「コミュニティ・ナラティブ（community narrative）」、社会的な文化機関を通して広範に流布し一般的な価値を規定する「支配的な文化のナラティブ（dominant cultural narratives）」の三つの次元が設定されている点です[27]。この枠組みは、行政や支配的な教師文化とは異なるものを生成しようとするコミュニティとして学校を捉えることを可能にすると思われました。

ナラティブ探究とセルフヘルプ・グループの研究におけるナラティブ・アプローチには、当事者の語るストーリーとその意味づけを重視するという共通点があります。ナラティブ探究は、政策や研究者の意味付与が特権化されている状況に対して、個々の教師のストーリーを正当に位置付けようとする倫理的な企図を持っていました。ラパポートがセルフヘルプ・グループの研究に適用したナラティブ・アプローチも、専門家のヘゲモニーを前提とするサービス・モデルの研究に対するオルタナティブとして定位されています。ナラティブ・ア

---

[26] 伊藤智樹「ためらいの声」『ソシオロジ』50 (2)，2005年，3-18頁．北村篤司・能智正博「子どもの「非行」と向き合う親たちの語りの拡がり」『質的心理学研究』13, 2014年，116-133頁．

[27] Rappaport, J., (2000). Community narratives: Tales of Terror and Joy, American Journal of Community Psychology, 28, pp.1-24.

プローチはセルフヘルプ・グループのメンバーを、スティグマ化された患者としてではなく、自らの生を生きる人々として見ることを可能にします。またそのことから、ナラティブ・アプローチは、何らかのコミュニティに属し、通常は何らしかの問題を抱えているすべての人々のアイデンティティの変化を検討できる枠組みであるといえます[28]。

　ラパポートが1993年の論文でコミュニティ・ナラティブの概念を提示した際には、個人の物語とコミュニティ・ナラティブの相互的な関係を通して、個人のアイデンティティがどのように変化するかということが焦点化されていました。それに対して、支配的な文化のナラティブの概念は、社会の変革が視野に入るとともに示されています。事例となっているのは、すべての人に基本的人権としての医療を求めるシャンペーン郡ヘルスケアコンシューマー（CCHCC）の運動です。マイノリティ、貧困層、中流層、専門職などが結びついた草の根の運動は、集合的な活動を通して生が改善されるという強力なコミュニティ・ナラティブを生成しました。ここではナラティブが、個人のみならず社会の変化のリソースとされています[29]。

　コミュニティ・ナラティブは、支配的な文化のナラティブに抗うナラティブが生み出され、異なる個人のストーリーを構築することを可能にする点で、価値や視点の変革が生起する次元です。ただし私たちの研究では、支配的な文化のナラティブもまた、生成するものとしての側面を強く持っていました。換言すると、既存の学校文化への批判が先にあるというよりは、A小学校の学校づくりを行う中で、教師が共有するコミュニティ・ナラティブと、そのコミュニティ・ナラティブが批判する支配的な文化のナラティブが、同時に生成されていました。それはA小学校の学校改革が、教師たちの協働的な学校づくりが、結果的に既存の学校文化の批判と変革を導くというかたちをとっていたからです。

---

28) Rappaport, J. (1993). Narrative studies, personal stories, and identity transformation in the mutual help context, Journal of Applied Behavioral Science, 29, pp.239-256.
29) Rappaport, J., (1998). The Art of Social Change: Community Narratives as Resources for Individual and Collective Identity, in X. B. Arriaga & S. Oskamp（Eds.）, *Addressing Community Problems: Psychosocial research and intervention,* Thousand Oaks, CA: Sage, pp.225-246.

インタビューを行う

　インタビューにあたって決めなければならないのは、どの先生にインタビューするか、何人の先生にインタビューするか、何を尋ねるかということです。私たちは、校長先生に最初に連絡をとり、そのインタビューを行うとともに、研究参加者の紹介をお願いしました。

　研究参加者の人数を決めるのは難しいことです。質的研究では「データの飽和」という考えがしばしば用いられます。新たな知見が得られなくなったところでインタビューを終えるという考え方です。しかし本研究では、個々の先生の語りはデータではなく、その先生の経験を表現するものです。その意味では、ライフヒストリー研究や歴史研究と同様に、一人の先生でも研究が成立する可能性があります[30]。ただし本研究では、コミュニティ・ナラティブ、すなわち教師の共有するナラティブを解明するという目的から、複数の先生のインタビューが必要でした。

　インタビューは半構造化インタビューのかたちで行いました。すなわち、A小学校に着任した時の印象、同僚との関係とそのエピソード、子どもの様子とそのエピソードなど、あらかじめ尋ねることを決めておいた上で、実際のインタビューでは、それをガイドとして用いながら、必要に応じて質問を加えたり、さらに語りを展開してもらったりしました。

　インタビューを行う際には、一人の先生のお話を二名以上で伺えるように日程を調整しました。それは、複数の異なる人間が話を聞くことによって、話しやすい雰囲気をつくったり、さらに深めるための質問を適切に行ったりすることが可能になると考えたからです。私たちは研究関心を共有していますが、異なる人生を送り、異なる性格を持ち、異なる会話の方途を使用してきています。あるインタビュアーが聞き流してしまう一言について、もう一人のインタビュアーが引っかかりを覚え、即興的な質問を行うことで重要な語りを得られるか

---

[30] 一人の先生の経験に即して行われた研究として、藤原顕・松崎正治・遠藤映子『国語科教師の実践的知識へのライフヒストリー・アプローチ――遠藤瑛子実践の事例研究』（渓水社、2006年）があります。

もしれません。これは共同研究の強みだと思います。

インタビューを読む

　インタビューはすべて文字に起こして精読しました。ナラティブ探究には、文字起こしの詳細な約束事はありません。ただし、物語を共同構築するという性格から、研究参加者の語りだけではなく、質問者の語りも文字に起こす必要があります。またナラティブ探究では、インタビューだけでなく、フィールドワークで得られた語りや文書もあわせて用います。本研究の場合、A 小学校のスクールレターや校長先生の講演記録を参照しました。

　ナラティブ探究では、ナラティブをナラティブとして探究します。すなわち、ナラティブを数量化したり、カテゴリーを抽出したりすることはせずに、研究参加者のナラティブと研究者のナラティブの共同構築のかたちで、ストーリーとしての研究論文を織り上げます。私たちも、得られたすべての語りを読みながら、どのようなストーリーが構築可能かを検討しました。

　とはいえ、ナラティブから構築できるストーリーは複数存在し、その中でどのようなストーリーを描くかということは、研究の関心との関係である程度定まってきます。私たちは、本稿の最初に述べたように、「(子どもを) みんなでみてくれる、いうのは、すごくありがたい」という先生の言葉から研究を出発し、このような教師の協働の経験の解明を目指していました。そこで、ここに現れているような、教師が協働で子どもをみるということについての語りに着目して読みました。そうすると個々の教師の物語のなかに、「できない」ということを語る語り（「できない」の語り）と、「できない」の語りを同僚と共有することについての語りを見出すことができました。「できない」の語りを共有することには、子どもたちを育てる上での積極的な意味が付与されていました。そして、「できない」の語りを許容しない既存の教師文化を批判的に捉える語りが生成していました。

　例を一つ示しておきましょう。次の語りは、音楽専科の加藤先生（仮名）のインタビューの一部です。開校二年目に、支援を必要とする子どもが一度に何人も入学してきた時の経験を語っています。

最初の授業の時のことは今でも忘れられない。ピアノをババババーンと叩いたかと思ったら、今度はドラムをガンガン打って逃げる。ナギサちゃんね。慌てて担任や支援員が追いかけるけども、追いつかない。それを見て、今度はケイちゃんタイちゃんが大声を出して走り回る。（…略…）もう、そこをグルグルグルグル走り回る。次々と連鎖反応が起きて、2倍3倍じゃなくて2乗3乗になって、音楽室は大パニック。たくさんの楽器がある部屋に入った嬉しさで大興奮。全く授業にならず、私のプライド、教師歴30年、見事にズタズタにされた瞬間だった。…私も、それはもうベテランと言われている時にこの授業やから最悪でしたよ。授業が成り立てへんわけやから。わ～どうしようって、たたずんでしまった1時間やから。でもね、「こんなんやってん」いうて職員室で言って。それが言えるA小ではあるわけですよ。歳いった者って普通、何かいい格好してしまうでしょう。「できんとあかん」みたいな。それがA小の仲間たちには、自分のできない事とかあかん事を、パッと言える雰囲気（があった）。

　私たちがこの語りに着目したのは、授業が成立しなかったことを語る「「できない」の語り」と、そのことを職員室で同僚に伝えたということを語る「「できない」の語りについての語り」が含まれているからです。この語りは、加藤先生の経験を語る「個人の物語」を表現しています。この個人の物語には、A小学校では「できない」を同僚に語ることができたというナラティブ・コミュニティの成立の物語が含まれています。「歳いった者って普通、何かいい格好してしまうでしょう。「できんとあかん」みたいな」という語りは、二つの意味で重要です。ここにおいて、ベテランの教師は「できる」のが当然であるという支配的な文化のナラティブが提示され構築され批判されています。またそのことを通して、「できない」ことを語ることができるというA小のナラティブ・コミュニティが提示され構築されています。

　加藤先生の語りが示唆するように、「できない」の語りがどのようにして可能になるか、どのような意味を持つかということは、ベテランと若手では異なっていました。そこで論文では、ベテランと若手に分けて「できない」の語りの検討を行っています。ベテランが「できない」と語ることは困難であり、校内研究の組織や校長の声かけを通して、「できない」の語りを可能にする場とナ

ラティブが構成されていました。若手の場合も「できない」と語ることは決して容易ではありません。校長やベテランのナラティブを通して「できない」の語りに積極的な意味が付与されることで、若手が安心して「できない」と語ることが可能になっていました。

　論文の結論では、このようなA小学校の教師のコミュニティ・ナラティブと、対抗すべき支配的な文化的ナラティブの構築を通して、一人ひとりの子どもの育ちに責任を負うことを中心に置いたA小学校の教師のコミュニティが形成されていた、ということを述べています。

共同的な物語の構築

　いったん完成した論文は、研究参加者の先生方にお送りして確認して頂きます。ナラティブ探究の場合、このやりとりは物語の共同構築の過程として位置付いており、倫理的な配慮以上の意味があります。むしろ、ナラティブ探究そのものが、教師や子どもの声を聴くという倫理的な営みとして定位されていると言った方が正確かもしれません。

　この先の課題には多くの方向性が考えられます。A小学校に即すならば、その「チーム」は教員ばかりでなく、職員、保護者、地域の人々を含んでいます。そのような多様な「チーム」の形成を捉えることは大きな課題でしょう。学校づくりの最も主要な参加者である子どもの声を聴くという課題もあります。

　研究方法を発展させる上では、A小学校以外の学校改革の過程を記述する挑戦が必要だと考えます。この研究の枠組みは、授業研究以外の場における教師のコミュニティの構築をどのように捉えるかという模索を通して構成されていますが、授業研究の場を「個人の物語」「コミュニティ・ナラティブ」「支配的な文化のナラティブ」の三つの位相で記述した時に見えてくることもあるかもしれません。

　いずれにせよ、研究の対象に即してナラティブを探究する枠組みや概念を模索することが必要となるでしょう。

> **研究法の心得**
> ❶研究方法に研究対象をあてはめるのではなく、研究対象に即して研究方法を開発する。
> ❷インタビューは繰り返し丁寧に読む。
> ❸インタビューの都合のいいところを切り取って使うのではなく、得られた語りのすべてを含む物語を織り上げる。

【書籍紹介】

①クランディニン，D. J. ほか（2011）『教師と子どもが紡ぐ多様なアイデンティティーカナダの小学生が語るナラティブの世界』田中昌弥，訳．明石書店
クランディニンとその大学院の指導生が、二つの学校でフィールドワークを行い、教師と子どもの経験をナラティブ探究の方法で検討しています。翻訳者の田中は、積極的に日本の教育研究にナラティブ探究を導入しています。

②浅井幸子ほか（2016）『教師の声を聞く―教職のジェンダー研究からフェミニズム教育学へ』学文社
女性と男性の小学校教師へのインタビューを通して、教職におけるジェンダーを解明しています。本書の研究では、教師の経験を検討する際に、ライフヒストリー・インタビューを行っています。

③鈴木悠太（2018）『教師の「専門家共同体」の形成と展開―アメリカ学校改革研究の系譜』勁草書房
アメリカの学校改革研究の展開を、「同僚性」「専門家共同体」の概念に着目して歴史的に記述しています。学校改革の研究を行う時に、先行研究の位置付けを確認することができます。

あとがき

　現在、日本の学校現場は大きな改革の渦のなかにあります。しかもその改革は、もう10年近く断続的に続いており、多くの混乱をもたらしながら、他方では新たな試みを生み出しています。多くの改革は教育政策の「大きな物語」として取り組まれており、ビッグデータにエビデンスを求める効果検証がいずれ盛んにおこなわれることが予想されます。

　他方で、教育実践は一つひとつの学校や教室で日々営まれている生活、一人ひとりの子どもや教師の個人的な経験の蓄積によってローカルに生成される「小さな物語」の集積によるものです。「大きな物語」としての教育改革が進行するなかでその意味を問うためには、自らの信念と専門性を子どもの学びのありように照らして問いつつ、教育実践を創出している教師と、人間としての本来的な賢さを発揮して学習環境と相互作用し、学習実践を創出している子どもが相互作用的に編み上げる「小さな物語」の質をとらえることが何より大切です。そのような個々の教室の日々の営み、一人ひとりの当事者の経験をとらえ、詳細に記述し、その意味を掬い取ること、ローカルな営みを蓄積してインターローカリティを志向することが、教育実践研究においてはなにより目指されるべきではないでしょうか。

　そのためのアプローチとして、質的研究法が多くの教師、教師を目指す学生、教育実践研究を志向する研究者や大学院生に学ばれることを願っています。その際、本書が教育実践のあり方を探究するための手引となれば大変うれしく思います。

藤江康彦

索引

■欧字

HSI（Historically Structured Inviting） 255
ICTを活用 126
ICレコーダー 20, 167
TEA（Trajectory Equifinality Approach） 255
TEM（Trajectory Equifinality Modeling） 255
TLMG（Three Layers Model of Genesis） 255
VUCA社会 106

■ア行

アクション・リサーチ 209
厚い記述 28
アップ 20
アプロプリエーション 91
新たな「事実」の生成 26
位置関係 91
一次資料 36
位置取り 4
一般化 9
一般性 191
イノベーション 116
意味 3
意味づけ 4
インター・アクション 22
インター・ビュー 22
インタビュアー 22
インタビュイー 22
インタビュー 22, 161, 238, 286
インタビュー調査 149
インフォーマント 18
インフォームドコンセント 13, 166
後向きアプローチ 127
内側の視点 18
映像記録 4
エスノグラフィー 147
エスノグラフィック 160
エピソード 4
エビデンス 160
援助要請 64
オーバーラポール 31
オープンコーディング 171
音 102
オリジナルな論文 35
音声記録 4

■カ行

回顧記述調査 130
解釈 2, 4
解釈可能性 26
介入研究 191
会話分析 24
学習科学 125
学習記録データ 128
学習プロセス可視化 130
学術的意義 6
確認する 5
学問の言葉 28
仮説検証 6
仮説生成 9
語り口 22
語りの様式 22
価値観 191
価値づけ 9
学級規範 144
学校改革 209, 274
学校改善 196
学校組織 209
学校づくり 273
カテゴリー 27
カテゴリー化 170
カテゴリー分析 218
仮名 25
関係性 10
観察 59, 238
観察者 2
観察者としての責任 19
観察者の立場 20
観察者への信頼 19
監視 184
カンファレンス 212
危害と利益の比較 12
企画力 116

「聴く」という行為 64
記述 4
教育実践研究 2
教員評価 184
教材 90
教室空間 90
教室談話分析 161
教師の経験 281
教師のコミュニティ 273
教師の手記 180
教師の知識研究 280
教師の「手の内」 19
教師文化 177
協調的問題解決 136
協働 74
共同研究 15
協働研究者 210
共同行為 91
協同的な読み書き 103
協働文化 275
共同歩調志向 276
記録の厳密性 20
空間 90
グラウンデッド・セオリー・アプローチ 22
クロスチェック 28
形象化（embodiment） 91
研究協力者 10, 36
研究者コミュニティ 29
研究者と研究対象との非独立性 3
研究成果 32
研究成果の公開 15
研究設問 5
研究デザイン 164
研究同意書 13
研究目的 24
研究倫理 163, 277
研究倫理規程 13
研究倫理綱領 13
研究倫理審査委員会 12
言語化 21
言語行動 26
言語的相互作用 26

建設的相互作用	130
現場の言葉	28
行為	90
広角	21
構造化面接	22
交流及び共同学習	162
ゴーイング・ネイティブ	23
コーディング	170, 246
コード	27
コード化	24
個人情報	19
個人情報の保護	277
個人的実践的知識	280
固有性	191
コンピテンシー	106

■サ行

再解釈	4
再生刺激法インタビュー	164
指す	94
査読	86
参加スタイル	60
三脚	20
参照視	103
参与観察	18
恣意性	4
ジェネラティヴィティ	219
視覚的情報	25
刺激再生法（stimulated-recall method）	239
思考	238
自己承認	188
仕事の仕方	177
自己の観察	189
自己理解	189
事実	3
事前同意	13
自然な学習や生活の姿	18
実行力	116
実践研究	210
質的アプローチ	228
質的研究	2, 160
質的心理学研究	34
質的データ分析法	170
質問紙	164
示す	90
視野	95
社会科	92
社会性	188
社会的構成主義	125
社会に開かれた教育課程	106
社会ネットワーク分析	134
社会文化的	5
社会文化的アプローチ	45
授業観察	180
授業研究	177, 275
授業研究会	209
ジョイント・アテンション	90
状況	2
小グループ	59
焦点的コーディング	171
承認	187
情報の秘密保持	14
資料分析	218
シングルケース	180
身体	90
身体感覚	5
信念	19, 77
図	33
推測する	5
ズーム	20
スクールミドル	202
図表	101
図表タイトル	33
成果としての記述	7
脆弱性	189
生徒承認	188
制度的行為	190
セグメント	170
セルフストーリー	117
先行研究	6, 32
善行と義務	12
専門家	183
専門家共同体	275
専門家の学習共同体	275
専門職の学び合うコミュニティ	221
専門知の風景	281
相互行為	22
相互作用	5
相互評価	111
即興的思考	76
存在	184
尊重と権利	12

■タ行

他者と共有可能	25
妥当性	170
妥当な解釈	4
ダブルロール（二重役割）	31
談話	59
談話分析	24, 218
小さな象徴	186
逐語化	159
知識構成型ジグソー法	128
知識伝達研究	191
地図	92
地方創生イノベーションスクール 2030	107
注視	90
注目児	21
聴覚的情報	25
長期的探究学習	106
データ収集	17
データに密着した分析	20
データの管理	14
データの飽和	286
出来事	4
「出来事」との遭遇	21
デザイン研究	125
デザイン原則	126
手元	94
道具	91
当事者	9
当事者インタビュー	212
等至点（Equifinality Point：EFP）	255
東北クラスター	107
盗用	35
同僚性	273
ドキュメント	18
特別支援学校	162
特別支援教育	160
匿名化	168, 277
匿名性の原則	14
とまどう	5
トライアンギュレーション	217, 239
トランスクリプション	25
トランスクリプト	25

■ナ行

内蔵マイク	20
なじむ	5
生データ	36
ナラティブ・アプローチ	279
ナラティブ・コミュニティ	273
ナラティブデータ	22

ナラティブ分析		
	22, 24, 177, 218	
二重投稿	35	
日誌	180	
日本質的心理学会	34	
ノート	59	

■ハ行

パイオニア径路	203
発話	8, 64
発話行為	26
発話データ	130
発話の対話的定位	47
パフォーマンス課題	108
パフォーマンス評価	108
バフチン	47
半構造化インタビュー	
	244, 286
半構造化面接	22
半構造化面接法	165
板書	20
反省性	4
反省的実践	281
判断	238
ピアレビュー	111
光	102
非言語的行為	22
非言語的行動	25
非言語的コミュニケーション	
	91
非構造化面接	22
筆記記録	19
ビデオ	188
ビデオカメラ	160
ヒドゥン・カリキュラム	145

ひと・もの・こと	2
批判	184
表	33
フィードバック	36, 214
フィールド	4
フィールドノーツ	4, 14, 150
フィールドワーク	147, 160
フェイク授業	185
フェロー径路	203
フォロアーシップ	116
不均衡な力関係	22
複雑	3
複雑さ	3
複線径路等至性アプローチ	
	196
プライバシーの保護	13, 163
プロジェクト学習	107
プロのよそ者	18
文章	101
分析単位	182
分析の枠組み	26
文脈	2
変容過程	59
方略	238

■マ行

マージナライズ	191
前向きアプローチ	126
学びの共同体	181, 275
マルチヴォーカリティ	134
マルチメソッド	217
身振り	90
見る	90
文字	91
文字起こし	7

文字化	25
物	90

■ヤ行

予備調査	211
読み書き	91

■ラ行

ライフストーリー研究	165
ライフヒストリー研究	286
螺旋構造	211
ラポール	11, 201, 209
ラポールの形成	19
リーダーシップ	116
リヴォイシング	75
リヴォイス	53
理解の質	60
リサーチクエスチョン	32
量的アプローチ	228
量的研究	3, 160
理論の構築	27
理論の言葉	28
倫理	10
倫理的配慮	22
倫理的配慮に関するチェック項目	35
倫理的ふるまい	19
ルーブリック	108
歴史調査	212
レンズ	20
ローカル	33
ワードクラウド	114

■ワ行

わかるための記述	7

■**執筆者紹介**（2018年執筆時）

第Ⅱ部

第1章　濵田秀行（はまだ ひでゆき）　群馬大学 教育学部 准教授

第2章　山路　茜（やまじ あかね）
　　　　　　　　　　　　立教大学 大学教育開発・支援センター 助教

第3章　一柳智紀（いちやなぎ とものり）　新潟大学 教職大学院 准教授

第4章　古市直樹（ふるいち なおき）
　　　　　　　　　　　　高知大学 教育研究部人文社会科学系教育学部門 講師

第5章　坂本篤史（さかもと あつし）　福島大学 人間発達文化学類 准教授

第6章　益川弘如（ますかわ ひろゆき）　聖心女子大学 文学部 教授

第7章　笹屋孝允（ささや たかよし）　三重大学 教職大学院 特任講師

第8章　楠見友輔（くすみ ゆうすけ）　東京大学 大学院教育学研究科

第9章　津久井純（つくい あつし）
　　　　　　　　　　　　国際開発センター 経済社会開発部 主任研究員

第10章　時任隼平（ときとう じゅんぺい）
　　　　　　　　　　　　関西学院大学 高等教育推進センター 専任講師

第11章　木村　優（きむら ゆう）　福井大学 連合教職大学院 准教授

第12章　一前春子（いちぜん はるこ）　共立女子短期大学 文科 教授

第13章　芦田祐佳（あしだ ゆか）　東京大学 大学院教育学研究科

第14章　束原和郎（つかはら かずお）（学校法人桐朋学園）桐朋小学校 教諭

第15章　浅井幸子（あさい さちこ）　東京大学 大学院教育学研究科 准教授

■編著者紹介

秋田喜代美（あきた きよみ）
1991 年　東京大学大学院教育学研究科博士課程修了　博士（教育学）
　　　　 東京大学大学院教育学研究科長・教育学部長　同教授を経て
　　　　 現在　学習院大学文学部教授，東京大学名誉教授
　　　　 教育心理学・発達心理学・保育学
〈主要著書〉『はじめての質的研究法：教育・学習編』監修・共編著（東京図書，2007）
　　　　　　『これからの教師研究―20 の事例にみる教師研究方法論』共編著
　　　　　　　　　　　　　　　　　　　　　　　　　　　　　　（東京図書，2021）
　　　　　　『授業研究と学習過程』共著（放送大学教育振興会，2010）
　　　　　　『学びの心理学―授業をデザインする』（左右社，2012）
　　　　　　『学校教育と学習の心理学』共著（岩波書店，2015）
　　　　　　『人はいかに学ぶのか：授業を変える学習科学の新たな挑戦』共監訳書
　　　　　　　　　　　　　　　　　　　　　　　　　　　（北大路書房，2024）ほか

藤江康彦（ふじえ やすひこ）
2000 年　広島大学大学院教育学研究科博士課程後期修了　博士（教育学）
現　在　東京大学大学院教育学研究科教授
　　　　 教育心理学・教育方法学・学校教育学
〈主要著書〉『はじめての質的研究法：教育・学習編』共編（東京図書，2007）
　　　　　　『これからの教師研究―20 の事例にみる教師研究方法論』共編著
　　　　　　　　　　　　　　　　　　　　　　　　　　　　　　（東京図書，2021）
　　　　　　『授業研究と学習過程』共著（放送大学教育振興会，2010）
　　　　　　『質的心理学ハンドブック』共著（新曜社，2013）
　　　　　　『21 世紀の学びを創る：学習開発学の展開』共編著（北大路書房，2015）
　　　　　　『質的心理学辞典』共編著（新曜社，2018）ほか

これからの質的研究法　～15 の事例にみる学校教育実践研究～

2019 年 4 月 25 日　第 1 刷発行　　　　　　　　　　　　Printed in Japan
2024 年 5 月 25 日　第 4 刷発行　　　　　Ⓒ Kiyomi Akita, Yasuhiko Fujie　2019

編著者　秋田喜代美・藤江康彦
発行所　東京図書株式会社
　　　　〒102-0072　東京都千代田区飯田橋 3-11-19
　　　　電話：03-3288-9461
　　　　振替：00140-4-13803
　　　　http://www.tokyo-tosho.co.jp

ISBN 978-4-489-02307-1